危局

END TIMES

精英、反精英与政治解体之路

Elites, Counter-Elites,
and the Path of
Political Disintegration

Peter Turchin
[美] 彼得·图尔钦 著

李艳 译

中信出版集团 | 北京

图书在版编目（CIP）数据

危局：精英、反精英与政治解体之路 /（美）彼得·图尔钦著；李艳译. -- 北京：中信出版社，2024.11. -- ISBN 978-7-5217-6929-6

I. K712.07

中国国家版本馆 CIP 数据核字第 2024DJ1167 号

End Times: Elites, Counter-Elites, and the Path of Political Disintegration by Peter Turchin
Copyright © 2023 by Peter Turchin
Simplified Chinese translation copyright © 2024 by CITIC Press Corporation
ALL RIGHTS RESERVED
本书仅限中国大陆地区发行销售

危局：精英、反精英与政治解体之路
著者：［美］彼得·图尔钦
译者：李艳
出版发行：中信出版集团股份有限公司
（北京市朝阳区东三环北路 27 号嘉铭中心　邮编　100020）
承印者：嘉业印刷（天津）有限公司

开本：880mm×1230mm 1/32　　印张：12.25　　字数：223 千字
版次：2024 年 11 月第 1 版　　印次：2024 年 11 月第 1 次印刷
京权图字：01-2024-5206　　书号：ISBN 978-7-5217-6929-6
定价：75.00 元

版权所有·侵权必究
如有印刷、装订问题，本公司负责调换。
服务热线：400-600-8099
投稿邮箱：author@citicpub.com

目录

前言　　VII

第一部分
权力的历史动力学

第一章　精英、精英生产过剩和迈向危机之路
谁是精英？社会权力的来源　　003
抢椅子游戏　　006
民众贫困化　　012
特朗普：一位不可能的总统　　014
林肯：另一位不可能的总统　　017
洪秀全：一位不可能的帝王　　024
迈向危机之路　　029

第二章　回溯：历史的教训
路线图　　031
法国中世纪晚期的危机　　033
不和谐时代　　040

真正的"权力的游戏" 041
　　精英的一夫多妻制效应 048
　　传染病和动态同步 050
　　总结：到目前为止的故事 057

PART TWO

II

第二部分

不稳定的因素

第三章 "农民正在造反"
　　史蒂夫 062
　　凯瑟琳 067
　　研究数据 069
　　生理健康 076
　　绝望之死 079
　　里根时代的趋势逆转 082
　　社会和心理健康 087
　　财富泵，又来了 089

第四章 革命队伍
　　简 094
　　学位生产过剩 099
　　胜利者和失败者 103
　　如何跻身前列 106
　　意识形态格局的破碎 108

战后意识形态共识的瓦解　　113
　　作为政治倡导者的反精英者　　118
　　革命吞噬了自己的儿女　　120

第五章　统治阶级
　　安迪和克拉拉　　123
　　历史上和今天的统治阶级　　126
　　埃及，一个军事政体　　128
　　美国统治阶级的形成　　134
　　当今的美国财阀政体　　139
　　阴谋与科学　　141
　　财富与影响力　　144
　　移民　　147
　　"是什么"和"应该是什么"　　151

第六章　为什么美国是财阀政体？
　　美国例外论　　153
　　他还吞噬了吉姆·克劳　　157
　　进步时代的趋势逆转　　163
　　大压缩时代　　169
　　复杂社会的脆弱性　　173

PART THREE

第三部分
危机和后果

III

第七章 国家的崩溃

独自醒来的尼禄   179

社会的崩溃：社会学和心理学方法   182

内战是如何开始的   185

苏维埃之后的斯拉夫国家   193

乌克兰：财阀政体   197

主要信息   205

第八章 近未来的历史

超越尖点   209

多路径预测   211

美国的革命局面   222

社会行动需要组织   227

持不同政见者   230

下一场斗争   242

第九章 财富泵与民主的未来

危机的后果   245

英国：宪章运动时期（1819—1867年）   247

俄国：革命时期（1855—1881年）   251

长期成功的案例   256

为什么民主政体容易受到财阀精英的攻击   259

| 致　谢 | 267 |

附录一　一门崭新的历史学科

巴贝奇学会会议	271
历史学、心理史学、历史动力学	272
战争的数学	279
士气因素	284
作为科学的历史	287

附录二　历史的宏观镜

半人马座的外星社会学家	294
如何构建我们自己的宏观镜	299
代理参数	301
历史的骨头	304
教区登记册能告诉我们的有关英国革命的信息	307
个人电脑革命	310
Seshat	310
CrisisDB	318

附录三　结构–动力学方法

"摘樱桃"和"普洛克路斯忒斯之床"	321
作为一个整体的社会动态	323
结构与动力学	325

| 注　释 | 331 |
| 参考文献 | 361 |

前　言

英国历史学家阿诺德·汤因比曾在回应一位评论家时打趣道，历史并不是"一件破事接着一件破事"[1]。很长一段时间以来，汤因比的观点是少数派。包括著名的卡尔·波普尔等人在内的历史学家和哲学家都强烈认为，历史科学是不可能的。我们的社会太复杂，人类太多变，科学进步无法被预测，文化在空间和时间上差异太大。科索沃与越南完全不同，内战前的美国不会告诉我们关于21世纪20年代美国的情况。这一直是，而且在很大程度上仍然是大多数人的观点。我希望这本书能让你相信这种观点是错误的。历史科学不仅是可能的，而且是有用的：它能帮助我们预测我们在当下做出的集体选择如何给我们带来更美好的未来。

我的学术生涯始于20世纪80年代，当时我是一名生态学家，以研究甲虫、蝴蝶、老鼠和鹿的种群动态为生。当时，计算机处理能力的快速发展使动物生态学发生了革命性的变化。我从不排斥数学，所以我接受了从生态学到复杂性科学的转变，复杂性科学将计算机建模与大数据分析相结合，以回答诸如为什么许多动物种群会经历繁荣-萧条周期等问题。然而,到了20世纪90年代末,我觉得我们已经回答了我进入该领域时希望研究的大多数有趣问题。带着一些忐忑,我开始考虑如何将这一复杂性科学的方法应用于对人类社会的研究,包括过去的人类社会和今天的人类社会。四分之一个世纪后,我和致力于此的同事们建立了一个蓬勃发展的领域,被称为历史动力学〔cliodynamics,源自希腊神话中历史女神的名字Clio以及"动力学"(dynamics),即变化的科学〕。我们发现,在过去一万年的人类历史中,可以观察到一些重复出现的重要模式。值得注意的是,尽管存在着无数的差异,但在根本的和一些抽象的层面上,复杂的人类社会是根据相同的一般原则组织起来的。对于怀疑论者和那些纯粹好奇的读者,我在本书末尾的附录中加入了一篇关于历史动力学的更详细的介绍。

从一开始,我和我在这个新领域的同事们就关注政治一体化和解体(特别是国家形成和国家崩溃)的周期。我们在这一领域的发现可以说是最有力的,也可以说是最令人不安的。通过定量的历史分析,我们清楚地看到,世界各地的复杂社会都会受到反复出现的、在一定程度上可预测的政治不稳定浪潮的影响,这些政治不稳定的浪潮是由在人类数千年历史里运行的同一组基本力量引起的。几年前,我突然意识到,假设这种模式成立,那么我们就正在走进另一场风暴。2010年,科学杂志《自然》邀请来自不同领域的专家来展望未来10年，我明确提出了这一观点，认为从美国历史的模式来看，到21世纪20年代初，我们将面临另一次剧烈的不稳定高峰。遗憾的是，在这几年里，我的模型并没有被推翻。你正在读的这本书是我尽最大努力用通俗易懂的方式，也就是用非数学术语，来解释这个模型的成果。它建立在多个不同领域大量且重要的工作之上；我并没有声称它是完全独创的。我要说的是，我们都应该从这样一个事实中得到信心，即社会也曾走到同样的十字路口，尽管有时（甚至在大多数时候）这条路通向了巨大的牺牲和社会崩溃，但有时也给大多数身处其中的人带来了幸福得多的解决方案。

那么，这个模型是什么？简单来说，当一个国家，比如美国，实际工资（按通货膨胀调整后的美元计算的工资）停滞不前或下降，贫富差距不断扩大，拥有高级学位的年轻毕业生过剩，公众信任度下降，公共债务激增时，这些看似完全不同的社会指标实际上是动态关联的。从历史上看，这些事态发展一直是即将出现的政治不稳定的主要指标。在美国，所有这些因素在20世纪70年代开始出现不祥的转变。数据显示，2020年前后，这些趋势形成的合流预计将引发一次政治不稳定的升温。如今来看果不其然。

的确，美国无疑正处于危机之中，但在如何解释这一危机的问题上我们有非常大的分歧。有些人指责种族主义者、白人至上主义者以及其他投票给特朗普的"可怜虫"。其他人则指责反法西斯运动、深层政府和"自由派蠢货"。在真正偏执的边缘派的想象中，中国的特工已经渗透到美国政府的各个层面，或者弗拉基米尔·普京的无形之手正在操控着特朗普这个木偶。与此同时，造成我们这个时代不和谐的更深层原因仍然鲜为人知。

确实有"隐形的力量"将美国推向内战的边缘，甚至可能更进一步，但真相并不在于神秘的国内团体或外国特工策划的阴谋。本书对此的解释更简单，也更复杂。之所以更简单，是因为我们不需要构建复杂的理论结构来"将各个点联结起来"，并将险恶的动机归咎于行坏事者。事实上，我们理解自身困境所需的信息是公开且没有争议的。

我们需要知道的大部分内容与邪恶或道德败坏者的诡计无关。相反，我们需要关注被广泛认同的关于工资、税收、GDP（国内生产总值），以及政府机构和盖洛普等组织大量推出的社会学调查的大数据。这些数据为社会科学家发表在学术期刊上的统计分析提供了材料。这就是本书提供的解释也更加复杂的原因。简而言之，我们需要通过复杂性科学来理解所有的数据和分析。

学科专家和政治家经常援引"历史的教训"。问题是，历史记录是非常丰富的,无论他们在政策辩论中支持哪一边,他们都可以很容易地从中找到支持自己论点的案例。显然,从这些像摘樱桃一样精心挑选的例子中做出推论是不可行的。

历史动力学则不同。它使用数据科学的方法,将几代历史学家汇编的历史记录作为大数据。它采用数学模型来追踪复杂的社会系统,即我们的社会中不同"运动部分"之间错综复杂、相互作用的网络。最重要的是,历史动力学使用科学的方法,其中的替代理论将接受数据的实证检验。

那么,关于我们当前的困境,历史动力学告诉我们什么呢?事实证明,自从大约5 000年前第一个以国家形式组织起来的复杂社会出现以来,复杂社会无论在一段时间内多么成功,最终都会遇到问题。所有的复杂社会都经历了交替循环,即内部和平与和谐周期性地被内部战争与冲突的爆发打断。

我的叙述是为了努力解释非个人的社会力量如何将社会推向崩溃的边缘或者更甚。我将在人类历史中寻找例子,但我的主要目标是说明我们是如何步入当前的不和谐时代的,并聚焦美国展开实证调查。因为这场危机有着深刻的历史根源,所以我们需要回到"新政"时期,当时不成文的社会契约已成为美国政治文化的一部分。这种非正式、不明确的契约以类似于北欧国家更正式、更明确的三方契约的方式,实现了工人、企业和国家之间的利益平衡。在持续了两代人的时间里,这一隐含的契约为美国带来了前所未有的广泛的福利增长。与此同时，"大压缩时代"（Great Compression）极大地减少了经济不平等。许多人被排除在这一隐含的契约之外，尤其是美国黑人，这一事实我将详细阐述。但总的来说，在大约 50 年的时间里，这个国家的工人利益和企业主利益保持着平衡，因此总体的收入不平等水平仍然很低。

这种社会契约在 20 世纪 70 年代末开始瓦解。结果，以前与整体经济同步增长的普通工人的工资开始落后。更糟糕的是，实际工资停滞不前，有时甚至下降。其结果是，大多数美国人的生活质量在许多方面有所下降。最引人注目的趋势是平均预期寿命停止增长甚至下降（早在新冠大流行之前就开始了）。当工人的工资和收入停滞不前时，经济增长的成果却被精英阶层收割。一种反常的"财富泵"开始产生，将财富从穷人那里抽走，然后输送给富人。"大压缩"发生了逆转。在许多方面，美国在过去 40 年发生的事情与 1870—1900 年相似。如果说二战后的时期是一个真正的广泛繁荣的黄金时代，那么在 1980 年之后，美国确实进入了"第二个镀金时代"。

正如我们的模型预测的那样，流向精英阶层（即众所周知的最富有的 1% 群体，甚至是最富有的 0.01% 群体）的额外财富最终给财富持有者（和权力持有者）带来了麻烦。社会金字塔已经变得头重脚轻。我们现在有太多的"精英追逐者"在政治和商业高层争夺数量有限的职位。在我们的模型中，这种情况被称为"精英生产过剩"。民众贫困、精英生产过剩及其引发的精英内部冲突裹挟在一起，逐渐削弱了我们的公民凝聚力，即全民合作的意识，没有这种意识，国家很快就会从内部腐败。社会日益脆弱，表现为对国家机构信任度的断崖式下跌，以及管理公共话语和民主制度运作的社会规范的瓦解。

当然，这只是一个简单的总结。本书的重要部分将揭示这些想法，将它们与关键的经济和社会指标的统计趋势联系起来，并追溯一些受这些社会因素冲击的人的典型故事。尽管我在这里主要关注美国和美国人，但本书将深入世界其他地区以及过往的时期。同样，美国的危机并非没有先例，我们可以从过去吸取教训。

归根结底，本书的核心问题是关于社会权力的。社会由谁统治？统治精英如何保持他们在社会中的主导地位？谁是现状的挑战者，以及精英生产过剩在这些挑战者的产生中扮演着什么角色？为什么无论是历史上的还是今天的统治阶级，有时都会突然失去对权力的控制并被推翻？让我们开始回答这些至关重要的问题吧！①

---

① 考虑到不同地区的文化差异，本书在引进时对一些内容进行了必要的编辑，以期为读者带来更好的阅读体验。——编者注

I

[第 一 部 分]

权力的
历史动力学

第一章

精英、精英生产过剩和迈向危机之路

谁是精英？社会权力的来源

一

谁是精英？你，读者，是精英吗？如果让我打赌，我预测99%的读者会回答："不是！"那么首先，让我们定义一下我所谓的精英是哪些人。在社会学中，精英并不是指在某些方面比其他人更优秀的人。他们不一定更努力、更聪明或更有才华。他们只是拥有更多的社会权力——一种能够影响其他人的能力。一个更能描述精英的词语是"权力持有者"。

由于权力在接下来的叙述中如此重要，我们将会在后面的章节中再次提到它，届时我会讨论社会学家如何定义古往今来不同社会中的权力和权力持有者。但是现在，我们走个捷径。

在美国，权力和财富密切相关。因此，弄清楚哪些人属于哪些等级的权力持有者相对简单。（第五章将对"谁统治"这一问题进行详细介绍。）

比方说，如果你是一个美国人，并且你的资产净值为100万~200万美元，那么你大概能跻身前10%的行列，这处于美国精英群体的底层。[1]这类人大多并非特别有权力，并没有很多人听命于他们，但这数百万美元的财富（以及通常伴随而来的较高收入）赋予这10%的人很大的掌控力——对自己生活的掌控力。他们可以拒绝不如意或薪水不够高的工作，或者拒绝在他们不愿前往的城市工作，甚至可以选择退出无休止的激烈竞争。他们通常拥有自己的房子，能送孩子去上好大学，突发医疗事件也不会动摇其地位。无疑，他们已经摆脱了"不稳定的生活"。

对于那些资产净值以千万甚至数亿美元计的人来说，财富和真正权力之间的关联才开始变得更密切。这一阶层的人包括企业主和大公司CEO（首席执行官），他们能对成百上千的雇员行使权力。很多有权势的政客也居此列。（大约有50名国会议员的资产净值超过1 000万美元。）不过，财富和政治权力之间的关联也不是一成不变的。9位美国总统的资产净值甚至没有达到或超过100万美元（以现价美元计算），包括哈里·杜鲁门、伍德罗·威尔逊和亚伯拉罕·林肯。但是超过一半的美国总统有足够的财力使自己置身于现今前1%的层级。[2]在1850年以前,所有的美国总统都(至少)位于前1%。

此外需要记住的一点是,在美国,成为权力持有者的穷人不会长久地处于贫穷状态。比尔·克林顿成长于阿肯色州的一个贫困家庭,其继父酗酒且暴虐,但现在他的财富据估计至少有1.2亿美元。[3]在美国,财富和政治权力之间产生密切关联的部分原因在于,很多在职业生涯之初一文不名的政治家,在离开政府工作之后加入了富人的行列。但是,一个同样重要的原因是,那些已经非常富有的人比普通人更有可能寻求和获得政府职位。想想罗斯福、肯尼迪家族、罗斯·佩罗、迈克尔·布隆伯格,当然还有特朗普。

然而,即使在美国,财富和权力之间的关联也不是牢不可破的。下面,我们来讨论权力的其他来源。第一种是最强硬也最粗暴的社会权力形式,即高压权力:它是一种强制力,或者一种强制性威胁。专门施展高压权力的美国人,比如军事将领和警察,通常完全附属于其他形式的权力。埃德加·胡佛——美国第一任也是最有权势的一任联邦调查局局长——是其中的例外,不过这种情况非常罕见。

第二种权力是财富(或更广义地说,是积累的物质资源)。富人可以雇用别人做他们想做的事情(在一定范围内)。

第三种是更为微妙的一种权力形式,即官僚权力或行政权力。现代人从属于各式各样的机构。通常,我们要听命于各种各样的"领导"。当然,这些关系中存在着一种高压权力的元素,因为不服从指令会导致你被解雇、罚款或逮捕。但是大多数时候,我们服从指令只是因为社会规范的力量。机构中不同级别的领导行使着不同层级的权力,机构规模越大,职位越高,他们的权力就越大。

第四种是最"软"的一种权力形式,即意识形态权力——信仰的力量。软实力,或者信仰,是一种能够影响民众的强大力量。拥有这种权力的人包括思想领袖(比如著名的"公共知识分子")、各大报纸的专栏作家,以及如今拥有数百万粉丝的社交媒体人物。

正如我们所看到的,"谁是精英?"这个简单的问题并没有一个简单的答案。人类社会是复杂的系统,尝试用过于简单的体系去解释其中社会权力的流动可能会事与愿违。我的工作是使我的理论尽可能简单,但是不至于太简单。[4]

抢椅子游戏

一

我们一旦开始思考所谓的精英行为,就会见识到其复杂性的多个层面。第一,就财富而言,精英与非精英之间没有严格的界限。收入前 10% 的人（差不多是以现价美元计算的百万富翁）可以对他们自己的生活有很多掌控权。收入前 1% 的人（差不多是千万富翁）可以对别人的生活有很多掌控权。身价上亿乃至数十亿美元的富翁甚至拥有更多的权力。但是前 1% 的人和前 10% 的人之间没有清晰的边界——收入分布是一条平滑的曲线。社会对前 1% 和前 10% 的人在态度上无巨大差异，或者对前 10%、前 1% 和前 0.1% 的人在态度上也是如此。在第三章，我们将看到另一种根据受教育程度（有四年大学教育经历和没有这一教育经历）来区分社会阶层的方式，如果我们想理解生活轨迹和社会态度多样性的话，这种方式会显著得多。[5]

不同的社会精英通常善于运用不同种类的社会权力：陆军将领、海军将领和警察局长施以高压权力；CEO 和财富持有者行使经济权力；参议员和联邦部长掌管行政权力；电视主持人和有影响力的主播施展说服力。每一种影响力都有自己的权力等级。这在军事指挥链中尤为明显，但是其他软性的权力种类也有自己的等级序列。

当我们提出"如何造就精英"这一问题时，复杂性的第三个层面便出现了。为了理解精英生产过剩，我们需要理解精英的社会再生产——随着时间推移，精英发生了什么事情。

让我们区分那些已经属于精英群体的人（建制精英）和那些想要进入精英群体的人（精英追逐者）。精英追逐者以不同的形式呈现，取决于他们所追逐的权力类别和想获得的级别。比如，大部分陆军中尉想成为少校，大部分少校想成为准将，而大部分准将则致力于在军衔上加更多的星。同理，千万富翁想成为亿万富翁，那些赚到人生第一笔上亿美元财富的人则致力于进入十亿美元富翁的阶层。

尽管不是每个人都有志于获得更多的权力，但权力追逐者的数量永远大于相应的职位数量，这就造成一些人非常努力但无法获得相应职位——失意的精英追逐者。当精英追逐者想要的权力的相应职位数量远远超过供给数量的时候，精英生产过剩就会产生。现在，让我们聚焦于财富和政治之间错综复杂的关系，并观察精英生产过剩在这一领域是如何形成的。

从20世纪80年代开始，美国超级富豪——资产至少为千万美元者——的数量飞速增长。[6]1983年，这种家庭的数量仅为66 000户，到2019年（可获取这一数据的最后一年），这一数量增长了9倍多，为693 000户。这种变化并不是因为美元的通货膨胀；我们调整了进入这一阶层的家庭资产门槛（按1995年不变价美元计算）。在这一期间，超级富豪家庭总户数增长了53%，因此按比例计算，千万富翁的数量占人口总数的比例从0.08%膨胀至0.54%。

富人财富激增的现象也同样发生在精英底层。如果千万富翁的数量增长到原来的10倍，家庭资产为500万美元及以上的家庭数量就会增长到原来的7倍，那些资产仅在百万层级的人数将增长3倍。总的来说，我们看到的群体财富等级越高，过去40年里其财富增长得就越快。

富人数量的增长从表面上看并不是一件坏事。美国梦的一部分不就是变得富有吗？但是这个好消息包含两个负面因素。第一，巨富阶层的迅速膨胀并非与其他人群的财富无关。当巨富的数量成倍增加的时候，典型美国家庭的收入和财富实际上在减少。（比"典型"更准确的用词是"中位数"，这一数值将财富分布从正中间一分为二；美国劳工阶层的经济衰退将会是第三章的主要议题。）普通美国人和富裕精英之间的财富差距加剧了经济不平等，这一问题近年来引起了广泛讨论。

第二个更为微妙也更不容易被普遍理解的问题是，[7]当社会金字塔变得头重脚轻时，这将给社会的稳定性带来极为严重的影响。

要理解原因，让我们看看这样一个游戏。在音乐剧《庇隆夫人》中，一群阿根廷军官玩了一个听音乐抢椅子的游戏。它是这样进行的：音乐响起时，军官们开始绕着一组椅子走；音乐停止时，每个人都必须找到一把椅子坐下。不过，游戏玩家的数量比椅子要多一个，因此总有一个倒霉的军官找不到椅子从而出局。然后撤掉一把椅子，游戏重新开始。最终，只有一个人是赢家。在《庇隆夫人》中，赢家是胡安·庇隆上校，他后来在音乐剧中（同样在现实生活中）成为阿根廷总统和正义党创始人。

在精英追逐游戏（或简称追逐游戏）里，我们在每局中增加玩家的数量，而不是减少椅子的数量。和抢椅子游戏一样，开始时有10把椅子，代表权力职位（比如政府职位）。在第一局中，11位玩家（精英追逐者）抢椅子。10个人可以获得精英资格，失败者则成为一个失意的追逐者。在接下来的几局中，我们增加玩家的数量，最终达到2倍、3倍（同时椅子的数量不变）。赢家的数量保持不变，但失意的追逐者在增多，从最初的1人增加到10人，然后20人。随着游戏的进行，想象一下混乱和冲突的程度会加深。（我不建议在小孩的生日聚会上玩这个游戏。）这当中也蕴含一个不同寻常的放大效应：当我们2倍、3倍地增加追逐者数量时，失意的追逐者的数量会10倍、20倍地膨胀。（这是精英生产过剩游戏的普遍特征。）

根据博弈论（研究策略互动的一个数学分支），玩家必须在给定规则内设计出获胜策略。但在现实生活中，人们总是在窜改规则。当每一个权力职位的追逐者数量增加时，一些人就不可避免地想要挑战规则。比如，你可以在某把椅子旁放慢速度，甚至停下来等待音乐停止，同时推走其他的竞争者。恭喜你，你成了一名反精英者——一个想通过破坏规则在游戏中抢先的人。不幸的是，其他人也很快意识到这一点，每个椅子前都很快聚集了比肩接踵的人，很快你就知道如何应对失控的拳殴。这最终成为一个帮助我们理解现实生活中精英生产过剩后果的好模型。

如我们所见，在过去40年的实际生活中，各阶层财富持有者的人数已成4倍、7倍甚至10倍增长。他们中只有一小部分人选择花一大笔钱去谋求公职。比如，他们可能渴望在众议院或参议院中有一席之地。他们可能去角逐州长一职。当然，最终的奖励是总统职位。这些权力职位的数量在过去几十年里没有变多，但追逐者的数量随财富持有者总数的增长而增加。由于放大效应，失意的追逐者的数量呈爆炸式增长，增长速度远超业已惊人的财富持有者的扩张速度。

这一结论并不仅仅是一个抽象模型，现在我们可以用它来解释响应性政治中心（Center for Responsive Politics）所记载的美国公职选举中的若干趋势。[8] 其中一个趋势是，自筹资金型候选人的数量在20世纪90年代开始增长。在2000年的国会选举（含众议院和参议院席位）中，有19位候选人花费了至少100万美元自有资金用于竞选。在下一轮选举中，有22位同样富有的追逐者争抢一个国会议员席位。20年后，旗鼓相当的候选人的数量几乎翻倍，在2018年和2020年分别有41位和36位候选人各自花费至少100万美元。

衡量财富持有者生产过剩对选举影响的一个更好标准，是竞选成功的成本。毕竟，不是所有有政治抱负的富人都亲自参加竞选。反而，他们大多选择资助那些能在华盛顿帮他们推进政策议程的职业政客。根据响应性政治中心搜集的数据，成功赢得众议院选举的平均花费从1990年的40万美元增长至2020年的235万美元，而成功赢得参议院选举的平均花费从1990年的390万美元增长至上一轮选举的2 700万美元。

在过去40年里，美国每两年就会上演一次精英生产过剩的游戏。随着玩家数量增加，打破规则的概率也在增加。那些游戏规则，即受社会规范和制度约束的民众选举，在现实生活中一再被打破，这又有什么奇怪的呢？

然而，精英生产过剩只是故事的一半。财富持有者阶层的扩张并非与其他社会群体无关。是时候引入社会稳定模型的第二个因素，即民众贫困化了。

民众贫困化

一

我们的社会共同创造了大量的产品和服务，经济学家已经掌握了很多关于如何评估其总量，即GDP的知识。是的，这里仍存在一些恼人的问题。（我们应该怎样将家务劳动包含在内？犯罪活动应该如何计算？）但是，我们依然可以通过政府机关公布的GDP数据来估算任意一个国家每年创造的财富总值。

由于经济的发展，GDP经常随着时间的推移而增长，但绝非无限增长。因此，GDP如何在不同类型的消费者间进行分配成了一个有趣的问题。在我们的理论中，我们将社会结构分成三个主要部分：国家、精英和其他人。这一模型极大简化了我们现代社会引以为荣的复杂性（并且我们已经知道定义精英群体并不简单）。但是，我们将会看到这一模型映射现实的程度在经验上是有意义的，并能提供信息。

近年来，精英阶层的财富膨胀是以谁为代价呢？财富是积累的收入；为了保证财富的增长，精英阶层必须直接分得一定比例的GDP。过去40年里，政府所消耗的GDP比例变化不大。[9]因此，主要的输家是普通美国人。

对20世纪30年代以后的两代人来说，美国劳工阶层的实际工资经历了稳定的增长，实现了人类历史上前所未有的广泛繁荣。但是在20世纪70年代，实际工资停止增长。虽然整体经济继续增长，但是流向普通劳工阶层的经济增长份额却开始萎缩。我们可以通过追踪相对工资——典型工资（比如，非技术工人或者制造业工人的工资，只要基于同一群体的工资便没有影响）除以人均GDP——的动态来表明财富泵的运行。20世纪60年代以前相对工资增长强劲，但是到了70年代相对工资开始下降,到2010年相对工资几乎已经折半。[10]流向劳工阶层的经济增长份额的趋势反转也导致了富人财富的变化。这就是马太效应:如果你把穷人的东西给了富人,那么富人会更富,穷人会更穷。

当美国进入一个工资水平停滞甚至下降的时代,它影响的不仅是衡量幸福的经济标准,也包括生理标准和社会标准。这一点将在第三章加以详细阐述。但是现在需要指出的是,大部分美国人的预期寿命在新冠大流行前几年就已经开始下降了。2000—2016年,未受过大学教育的人因自杀、酗酒和吸毒过量而经历"绝望之死"的人数激增,拥有大学及以上学历的人则保持水平不变,相应的死亡人数远低于未受过大学教育者。[11]这就是民众贫困化的样子。

民众贫困化滋生了不满,并最终会演变成愤怒。不满的民众加上一大批精英追逐者,构成了一个一点即爆的结合体,正如美国自2016年以来所经历的那样。

特朗普:一位不可能的总统

一

唐纳德·特朗普是一位不可能成为总统的总统。他是美国历史上唯一一位没有任何从政经历就登上总统宝座的人。[12]

2014年，没有人（或许甚至包括特朗普自己）能想到他会成为世界上最强大国家的统治者。他以令人眼花缭乱的方式登上全球权力的顶峰，这是如此令人震惊，以至于一半的美国民众和大部分的美国统治精英确信，他不是通过正当途径赢得总统之位的。很多人选择相信阴谋论，并假想唐纳德·特朗普当选是俄罗斯的诡计。直至今日，专家和专栏作家们仍在争辩特朗普是如何以及出于何种原因当选总统的。

人类的大脑天然以如下方式思考：我们在任何变化发展（尤其是深刻影响我们的那些发展）的背后看到的都是"能动性"[13]。我们很难理解，很多重大事件的发生并非受到神秘阴谋家的策划，而是受到非个人的社会力量的驱使。但是为了理解特朗普的上位之路，以及在更广泛意义上，为了理解为什么美国深陷危机——我们需要的不是阴谋论，而是科学理论。

为了理解唐纳德·特朗普何以成为第45任美国总统，我们不应该把注意力更多放在其个人品质和手段上，而应更多地注意将他推至顶峰的深奥难解的社会力量。特朗普就像一艘在海啸中被裹挟至风口浪尖的小船。两股最重要的社会力量，即精英生产过剩和民众贫困化，带领美国进入特朗普执政的时代，并将其推向国家崩溃的边缘。

将唐纳德·特朗普归为精英追逐者似乎非常奇怪。毕竟，他生来富有，并继承（或者被他父亲赠予）了数亿美元的资产。[14]然而，他非常完美地诠释了如上给出的定义。特朗普是渴望从政的不断扩张的超级富人大军中的一员。尽管他已经非常富有（肯定是亿万富翁，或如他声称的拥有数十亿美元的富翁）且出名，但他想要更多。

特朗普并不是第一位角逐总统宝座但毫无从政经历的巨富。史蒂夫·福布斯（资产估计为4亿美元）在1996年和2000年作为共和党初选的候选人参与角逐，但是他没有走太远。拥有数十亿美元的富翁罗斯·佩罗在1992年和1996年作为独立候选人参与角逐，在第一轮竞选中只获得近20%的选票。为什么福布斯和佩罗失败，而特朗普成功了呢？

我的回答包括两部分。第一，2016年时的民众贫困化与1992年相比要严重得多，特朗普聪明且果断地在总统竞选中利用了这一社会力量。最终，一大群落魄的美国人把选票投向了最不可能的候选人——一个拥有数十亿美元的富翁。对他们中的很多人来说，这与其说是对特朗普的支持，不如说是不满、愤怒和反抗统治阶级的情绪表达。我们将在第三章进一步讨论大众不满的原因和影响。

第二，到2016年，精英生产过剩的游戏已经到达了歧点，竞选活动中的行为准则被抛在一边。2016年的共和党总统初选中，主要候选人的数量为史上最多：总共17名竞选者入围竞争。[15]这场精英追逐游戏演绎得淋漓尽致，让被动卷入其中的美国民众叹为观止。为了赢得媒体关注和留在竞选中，候选人竞相说着最荒诞不经的话，抛出最不可思议的言论；而那些"严肃认真"的候选人则在投票中落败并被淘汰。[16]

最终，毫无疑问，特朗普比他的竞争者更善于掌舵驾船（并且其团队的其他成员也非常重要，如自诩为革命战略家的史蒂夫·班农）。但是，在其他拥有数十亿美元的富翁失败的情形下，人们不应该仅因为特朗普（或班农）的成功就给予他们太多的赞美。使特朗普登上总统宝座的是精英间的冲突和特朗普个人能力的结合。他能够疏解由民众的不满招致的压力，而很多人没有充分理解，或者不想理解这种压力的普遍性和致命性。

美国当前的困境并不是独一无二的，这是本书的中心主题之一。让我们穿越时空去看看另一位精英追逐者，他的生命轨迹解释了这股不稳定的孪生力量，即精英生产过剩和民众贫困化是如何发挥作用的。

林肯：另一位不可能的总统

一

亚伯拉罕·林肯，美国第16任总统，是美国历史上最受尊敬的人物之一。林肯的雕像比真人还要大，它安详地坐落在位于华盛顿特区国家广场一侧的林肯纪念堂里。可是，林肯的真实生活可一点也不安宁。他输掉的选举要比他赢得的多得多，他曾精神崩溃，并在生命的某一刻决定放弃自己的政治生涯。当然，他在1860年赢得了最重要的那次选举，但在担任总统期间，他受到了来自各界的谩骂。历史学家史蒂芬·奥茨直言不讳：

> 北方民主党人指责他是废奴主义的倡导者，废奴主义者指责他是蓄奴州的愚蠢产物，形形色色的共和党人则指责他是无能的江湖骗子。事实上，林肯可能是美国历史上最不受欢迎的两三位总统之一。[17]

林肯是另一位不可能成为总统的总统，他的权力崛起之路受到精英生产过剩和民众贫困化这一孪生社会力量的推动。内战之前，美国受到南方奴隶主贵族和东北部资本贵族（商人、银行家和律师）联盟的统治。[18]这一联盟的经济基础是南方种植园中的奴隶种植加工的农产品，其中第一项也是最重要的就是棉花。棉花贸易是纽约商业精英最重要的生意，他们将南方的农产品出口，同时进口欧洲的制成品。另一部分精英（尤其在马萨诸塞州）用南方的棉花生产纺织品。这一联盟，尤其是南方蓄奴州一方，主导着美国内战前的政治局面。根据1787

年臭名昭著的"五分之三妥协",南方白人选票的权重更高,在分配议员席位数和总统选举团成员席位数时,奴隶人口的五分之三将被计算在内(当然,奴隶本身无权投票)。尽管北方的自由人口近乎南方的两倍,但南方精英也操控了参议院的一半席位。美国最富有的人中有三分之二生活在南方——7 000个财富超过10万美元(按现价美元计算,超过200万美元[19])的美国人中南方占4 500人。富裕的贵族阶层有资源、有时间去竞选公职、追求政治事业,并影响选举,而他们中的大多数都生活在南方而不是北方。南方精英还控制了政府高层,大部分总统、副总统、内阁部长、政府高级官员、参议员和首席大法官都来自南方。

另外,林肯的出身非常卑微。他是一位自学成才的律师,在伊利诺伊州(当时位于美国西北边境的一个州)开启了自己的政治生涯,远离弗吉尼亚州和东海岸的权力中心。他和那些掌控早期共和党的权贵非常不同。直到游戏接近尾声的时候,林肯才认真地将竞选总统作为自己的政治抱负。事实上,人们更了解他先前的失败,而不是他的成功。那么,这位来自偏远地区、自学成才的律师是怎样被推上总统宝座的呢?

19世纪50年代的美国和2020年的美国,尽管有诸多不同,但仍有一些惊人的相似之处。在19世纪20—60年代,相对工资(工人工资占经济产出的比例)下降了近50%——正如过去

50年的美国所经历的那样。[20]这对普通美国人的福祉具有毁灭性的影响。这一趋势在衡量生活质量的生理标准方面得到了最好的体现：美国人10岁时的平均预期寿命减少了8年！本土美国人的身高开始萎缩，而18世纪时他们是世界上最高的一群人。贫困化滋生了不满，并且迹象随处可寻。社会压力不断增加的一个明显迹象是城市骚乱事件的发生。1820—1825年处于好时代，只发生了一起致死的城市骚乱事件（至少导致一人死亡的暴力冲突）。但内战之前的5年间（1855—1860年），美国城市受到了至少38起致死的城市骚乱事件的冲击。民众日益不满的另一个迹象是民粹主义政党的崛起，比如反对移民的"一无所知"党（Know-Nothing Party）。

在林肯崛起以及由其当选引发的内战之中，另一个相关因素是精英的生产过剩。1820年之后，经济增长带来的大部分收益都流向了精英阶层，而非劳工阶层；精英人数及财富爆炸式增长。1800—1850年，百万富翁（按现价美元计算是拥有数十亿美元的富翁）的数量从6人增至约100人。当然，美国的人口也在增长（从500万增长到2 300万），但是同期每百万人中百万富翁的数量增长了4倍。[21] 1790年首富的资产为100万美元（所有者是伊莱亚斯·德比），1803年首富的资产为300万美元（所有者是威廉·宾厄姆）。此后，首富的资产继续攀升，似乎没有止境：1830年为600万美元（所有者是斯蒂芬·吉拉德），1848年为2 000万美元（所有者为约翰·J.阿斯特），1868年为4 000万美元（所有者为科尼利尔斯·范德比尔特）。[22]其他一些针对不同阶层富人的统计数据均揭示了这样一个趋势：穷人越来越穷，富人越来越富。

新财富主要来自采矿、修铁路和钢铁生产，而不是棉花和海外贸易。新的百万富翁的经济利益与老牌精英产生分歧，前者对于受到后者统治的限制感到恼火。在制造业赚钱的新精英们支持高关税，以保护正在崛起的美国工业，并且赞同国家对"内部改进"（收费公路、运河和铁路建设）的扶持。种植和出口棉花并从海外进口制成品的老牌精英自然支持低关税。他们还反对将政府资金用于内部改进，因为他们是通过江河、大海将货物运抵世界市场。新经济精英支持国内工业化、进口替代以及由自由劳动力生产的农产品（如小麦）的出口。这些商人开始争辩，认为南方奴隶主对联邦政府的压制阻碍了银行和运输系统的必要改革，并因此威胁到他们自身的经济福祉。

此外，精英数量的急剧增长破坏了政府职位供求之间的平衡。一些财富持有者自己竞聘公职，另一些人则偷偷用自己的资源支持前者的竞争对手。并且，商业家族的儿子们常常选择走专业路线，尤其是法律专业。当时，获得法律培训是进入美国政界的主要途径，并且现在依然是这样。那个时候，一个人并不需要从法学院获取学位，因而成为律师相对容易。在数量激增的律师（包括林肯）中，越来越多的政府职位的追逐者产生了。同时，政府职位的供给停滞不前。比如，1789—1835年，美国众议员的数量从65人增加到242人，但从此便停滞不前。[23] 随着精英追逐者数量暴增，对政治权力的争夺也愈演愈烈。

那是更为残酷的时代，精英内部的冲突采取了非常暴力的形式。在国会，暴力和受威胁的暴力事件增加，并在19世纪50年代达到顶峰。1856年，南卡罗来纳州的众议员普雷斯顿·布鲁克斯在参议院鞭笞马萨诸塞州的参议员查尔斯·萨姆纳，这是此类暴力事件中最著名的一次，但不是唯一一次。1842年，田纳西州众议员托马斯·阿诺德"在斥责了自己政党的一位支持奴隶制的成员之后，两名南方民主党成员怒气冲冲地向他走来，其中至少一人携带了鲍伊刀——一种6~12英寸①的刀具，通常绑在背上。他愤怒的同事骂阿诺德是'该死的胆小鬼'，并威胁要'完全'割断他的喉咙"[24]。在1850年的一场辩论中，密西西比州的参议员亨利·富特将手枪对准了密苏里州的参议员托马斯·哈特·本顿。在另一场激烈的辩论中，一名纽约国会议员无意间掉了一把手枪——从他的口袋中滑落——几乎在国会大厦引爆了一场大规模枪战。[25] 林肯是这

---

① 1英寸=2.54厘米。——编者注

场政治混战的一部分，尤其在他的早期职业生涯中。他经常辱骂他的对手，有几次几乎要和他们打起来，有一次差点和他们进行决斗。

经济政策的差异和职位竞争激发出打破南方统治联邦政府这一局面的强烈动机。历史教科书告诉我们，美国内战是为了废除奴隶制，但这并不是故事的全部。一种更好描述这一冲突的说法是，这场战争是为了推翻奴隶制度的拥护者。事实上，尽管到1860年大多数北方人认为奴隶制是不道德的，但是只有非常少的一部分人（北方废奴主义者）强烈感到这个问题足以成为政治议题的中心。在南方，这一"特殊制度"对绝大多数白人来说意味着丰厚的利润（因为大多数白人要么拥有奴隶，要么渴望拥有奴隶），以至于他们觉得有必要去维护它。大部分北方白人非常清醒，黑人被奴役的困境不足以激发他们为之战斗，甚至牺牲。然而，由于奴隶制为南方统治提供了经济基础，因此在意识形态上，对奴隶制的攻击能够加强对奴隶主的政治攻击。大多数北方人谴责"奴隶权力"——南方的权贵——以及他们对国家政治的统治。林肯的政治安排反映了这些情绪。起初，他并不打算废除南方奴隶制，但是他强烈反对将奴隶制（以及奴隶制拥护者的权力）扩展到新的州。

剩下的就是历史了。第二政党体系的瓦解导致了19世纪50年代支离破碎的政治格局。4名主要候选人参加了1860年的总统选举。林肯获得的选票不足40%，但在选举团选举中获胜。南方脱离了联邦，引发了内战。北方在战争中的胜利推翻了战前统治阶级，新的经济精英取而代之，从此主导美国政权。（我将在第五章详细论述。）

美国现在所处的不和谐时代，与160年前内战终结的时代有着诸多相似之处。今天的专家经常评论说，感觉美国在重温19世纪50年代。确实，尽管内战前的美国和今天的美国是两个非常不同的国家，但它们有很多相似之处。现在让我们来看看另一位精英追逐者，他也生活在动荡年代并被推至权力巅峰。这一次，我们将目光从西半球转向中国。

洪秀全：一位不可能的帝王

一

直到200年前，中国一直是世界上经济最强大的国家，其GDP份额约占全球的三分之一。[26] 今天，中国的GDP以PPP（Purchasing Power Parity，购买力平价）计算，再次成为世界第一，比GDP第二大的国家（美国）超出约20%。然而，在这两个繁荣期之间，中国经历了100年的磨难，也就是今天中国人所说的世纪耻辱。1820年之后，中国的GDP开始萎缩；到1870年，它还不到西欧的一半。这个国家经历了看似无休止的饥荒、起义和被外敌打败的羞辱。中国是怎样成为"东亚病夫"的？是什么造就了它过去 50 年奇迹般的经济复苏？

1644—1912 年，中国由清朝统治。虽然这个王朝是由满洲通过武力建立的，但它迅速采用了中国传统的统治形式。特别是，清王朝由学者型官员组成的阶层统治，这些人只有在成功通过一系列难度不断增加的考试（科举考试）后才能够加官晋爵。超过 90% 的人口是农民，剩下的人则为工匠、商人和士兵。但是官吏——通过考试获得资历的阶层——统治着一切。即使是清军最高级别的指挥官也常由学者型官员担任，而不是武士。

清朝前期经济增长强势，文化灿烂辉煌。农业技术的改进和玉米、红薯等新作物的广泛种植增加了粮食的产量。早期工业化也促进了人口的强劲增长。但是当这些创新所带来的有益影响消耗殆尽后，人口的增长并没有停止。到 1850 年，中国的人口较清朝初期增长了 3 倍之多，每位农民的可耕地面积缩水了近三分之二，实际工资下降，平均身高（衡量生理健康的可靠指标）变低。清朝初期没有大规模的饥荒；上一次饥荒发生在 1630—1631 年的中国西北部，当时正值前一个王朝——明朝——的末年，这次饥荒导致明朝分崩离析。下一场大规模饥荒发生在 1801 年，随后又发生了一系列饥荒：1846—1849 年、1850—1873 年、1876—1879 年（900 万至 1 300 万人丧生）、1896—1897 年和 1911 年（引发了推翻清王朝统治的革命）。总的来说，很明显，1800年以后中国的民众贫困化水平非常高。[27]那么精英的生产过剩情况呢？

在清朝，精英大多数是通过国家考试体制（科举考试）选拔的，在县级、州府级和国家级考试中表现得出类拔萃的考生会被授予不同等级的官衔。清朝前期这套体制运行得非常好，它确保了官员有着高水平的文化素养和个人能力。对儒家经典的研究有助于在统治阶级中塑造一种共同的气质面貌，使他们在文化、道德和社会观念上达成共识。这套体制强调论功行赏，从而支持了政权的合法性。

不幸的是，事实证明，这套文官制度在面临人口增长的压力时显得非常脆弱。政府职位的数量主要由行政单位［从省级（最高一级）到县级（地方一级）］的数量决定。因此，权力职位的数量相对稳定。而整个清朝时期精英追逐者的数量不断增加——成4倍增长的全国人口为其提供了基础。精英追逐者数量的增长不仅因为更庞大的人口来源，还因为显著扩张的富商阶层，其中产生了致力于加入文人学士行列的新生力量。虽然不是故意为之，但清王朝在事实上创立了追逐椅的游戏制度。到1850年，中国产生了大量仕途无望的失意追逐者。

洪秀全（1814—1864年），太平天国起义的领袖，是这些失意追逐者中的一个。他是一个富裕家庭的第三个儿子，他的家庭有能力聘请老师为其提供正式的教育。他成功通过县试，但除此之外，他都碰了壁。他四次参加科举考试，无一成功。

在洪秀全第三次落榜之后，理想与现实之间的差距将他压垮。他精神崩溃，一病不起，差点就死掉。在生病的时候，他想象出一系列宗教画面。后来，他读了基督教传教士出版的中文小册子，他将从中学到的基督教知识与他想象的画面相结合，形成了一种新的融合宗教，其主要目标是清除中国清朝的儒家思想——这实质上是清朝的国教。尽管洪秀全认为他的新信仰是基督教的一个宗派，但传统基督徒和西方传教士坚决不同意这种说法。

1843年，在府试第四次落榜之后，洪秀全开始宣扬他的新信条，先是向亲朋好友，之后更为广泛地传播。他最初的两个皈依者冯云山和洪仁玕，成了他的副手。他们也都是没有通过科举考试的考生。因此，三个失意的精英追逐者转而对抗精英。清朝政府注意到此事，派兵镇压萌芽中的太平天国运动——洪秀全所称的"拜上帝会"。

在最初的几年里，拜上帝会扩张缓慢。1847年，洪秀全只有2 000名追随者，他们被组织成许多个独立的团体。从政府当局的角度来看，更不妙的是他们开始攻击佛教寺庙，破坏佛像或"偶像"。1850年暴发了一场流行病，传言向上帝祈祷就能治愈疾病，于是信众人数激增。[28]

清政府官员担心这种新的威胁，派士兵去围捕洪秀全和冯云山，当时附近的拜上帝会会众携带剑和矛，攻打皇帝的军队并轻而易举地击败了他们。这次胜利之后，洪秀全第一次号召他的追随者们聚集在一起。次年，即 1851 年，洪秀全宣布发动起义，并成为太平天国的天王。他的许多追随者卖掉了财产，纷纷涌向他的旗下。在接下来的两年里，太平军在与试图镇压起义的清军作战时向北穿过广西。洪秀全的军队一开始只有一万人，但民众贫困、无地的普遍状况加之农村混乱的秩序确保了大量的新兵加入其中。到 1853 年，太平军已经有了 50 万人。[29] 民众贫穷化和精英生产过剩是一种爆炸性的组合。贫穷的民众产生了原始的能量，而一个反精英的领袖提供了一个组织来引导这些能量对抗统治阶级。

1853 年 3 月，庞大的太平军占领了南京——中国南部的重要城市。此后的十多年里，洪秀全做起皇帝，定都南京，占据了中国东南的大部分地区，鼎盛时期统治的人口为 3 000 万。他几乎成功推翻了清朝，而同时期中国的其他地区也正在经历着大规模的起义，但最终他失败了。经过多年的战斗，曾国藩率领的清军包围了南京。洪秀全病倒，于 1864 年 6 月 1 日去世。一个月后，南京被攻陷。

作为一个年轻人，洪秀全一直坚持不懈地努力并且有自己的过人之处，正如他之后的事业所证明的那样。但有太多的考生来争抢数量固定的职位，他最终成为失意追逐者中的一员。

而且他并不孤单。他的副手和太平军中超过半数的高级将领都是科举考试中的失败考生。[30]

洪秀全的宿敌曾国藩也有着卑微的出身背景。[31] 他是一个农民家庭中五兄弟的老大。洪秀全的父亲比较富有，负担得起教育费用。然而曾国藩的父亲在最低级别的县试中失败了16次——16次！——才通过。曾国藩在同一考试中（只）失败了6次，并在22岁时通过。第二年，曾国藩通过了府试（洪秀全在这一级别的考试中失败了4次）。后来，在京城举行的最高级别的科举考试中，曾国藩又失败了2次，但在第3次考试中高居皇榜。最终，他来到了湖南，一个位于不断壮大的太平天国西部边境的省份。因此，组织和领导清军的主要力量去打败太平军的任务就落在曾国藩的身上。在差点推翻清王朝的太平天国运动中，对立双方中的一方由精英成员领导，另一方由转向反精英的失意的精英追逐者领导。

迈向危机之路

一

唐纳德·特朗普、亚伯拉罕·林肯和洪秀全是生活在不同世界的不同精英追逐者。但是，他们的人生轨迹在深层次上有着诸多相似之处。他们都曾生活在（或者正生活在）一个不和谐的时代，社会的不稳定压力——民众贫困化和精英生产过剩——达到顶点。这三位都是到达权力顶峰的精英追逐者，哪怕只是短暂的。当他们的"国家"危机瓦解时，他们都在权力之巅。

这三位追逐者崛起后所发生的灾难的严重程度有很大差异。毫无疑问，太平天国运动是最严重的，因为它可以说是人类历史上致死人数最多的内战。它持续了14年，造成3 000万~7 000万人死亡。

造成60万人死亡的美国内战仍然是迄今为止美国历史上最血腥的冲突。这场斗争也导致了亚伯拉罕·林肯死亡，他被南部联盟的同情者、演员约翰·威尔克斯·布思暗杀。

唐纳德·特朗普担任总统的后果最为温和。然而，在他执政期间，疫情暴发了，其造成的死亡人数比西班牙流感还要多；他执政的2020年可谓地狱之年，政治动荡导致25人死亡[32]和超1万人受伤[33]，造成超20亿美元的损失[34]。一场给美国政治制度带来巨大冲击的国会大厦骚乱结束了特朗普的总统任期。当然，我们并不知道美国的这个不和谐时代该如何走向终结。未来的历史还没有被书写。我们所知道的是，推动美国陷入内战的两股力量——民众贫困化和精英生产过剩——直到2022年仍未减弱。关于此类的危机时期，历史能告诉我们什么呢？

第二章

回溯：历史的教训

路线图

一

所有以国家形式组织起来的复杂人类社会，都会经历反复出现的政治不稳定浪潮。最常见的模式是大约持续一个世纪的整合阶段与瓦解阶段的交替。整合阶段的特征是内部和平、社会稳定和相对合作的精英。瓦解阶段则相反：社会不稳定，精英之间的合作破裂，以及持续爆发的政治暴力，如叛乱、革命和内战。"合""分"这一共同主题的表现形式各有差异；稍后我将讨论为什么有些周期更短，而有些周期更长。此外，危机的严重程度也千差万别。尽管危机变化无常，但动乱的时刻总会到来。迄今为止，我们还没有看到任何例外能摆脱这一规律。

在我的团队所做的研究中,没有一个社会的整合阶段能持续超过200年。[1]

附录一和附录二详细阐述了历史动力学的历史和方法,因为它们与本书所聚焦的模型密切相关。这部分的大意是,在过去的10年里,我一直协调的一个大型研究网络已经创建出一个涉及数百个历史国家和当代国家的大型数据库,重点研究这些社会是如何陷入政治危机的,然后又如何从危机中解脱,并取得了不同程度的成功。这一危机数据库(CrisisDB)提供了确凿的证据,表明尽管不同国家的个案存在很多明显(或者是不明显)的差异,但我们都看到了它们的显著共同点。

我们的分析指出了社会不稳定的四个结构性驱动因素:民众贫困化带来了大规模调动群众的可能性;精英生产过剩导致了精英内部的冲突;财政健康状况的恶化和政府合法性的削弱;地缘政治因素。最重要的驱动因素是精英内部的竞争和冲突,这是危机爆发最可靠的预测因素。其他因素也常常存在,但它们并不普遍。例如,对于一个强大的帝国来说,地缘政治因素的重要性就会有所降低。这样的国家往往太大,很少受到周围邻国的影响,其社会瓦解的力量往往是从内部产生的。借用阿诺德·汤因比的话,伟大帝国的灭亡不是由于谋杀,而是由于自杀。[2]

我还要提到另外一个复杂因素。当仔细观察瓦解阶段时,我们发现它并不是毫无规律、难以捉摸的。相反，集体暴力程度的变化往往遵循着一种规律。一代人打了一场全面内战，但是下一代人（儿子辈）在这种暴力中伤痕累累，维持着不稳定的和平。接下来的一代人（孙子辈）从小没有直接遭受过暴力，又去重复祖父们的错误。这种动态下形成了一个大约持续50年时间（两代人）的暴力循环周期，一直到这种结构性困境以某种方式得到解决，才会进入下一个整合阶段。

现在，让我们长时间地跟踪某一特定地区的社会不稳定和政权瓦解的动态，从而使这些理论想法更加明晰。我将以中世纪的法国为起点开始对不稳定周期的研究，这是中世纪鼎盛时期西欧最富有、最强大的王国。然后，我们将及时跟进，追踪法国和更广阔的西欧地区中接连不断的不稳定浪潮。我选择欧洲是因为我们可以获得很多可供参考的定量数据，它们揭示了欧洲在民众贫困化、精英内部冲突和其他主要的不稳定驱动因素方面的发展趋势。但毫无疑问，这些导致危机的历史力量并不是以欧洲为中心的——所有复杂的社会都容易受其影响。

法国中世纪晚期的危机

一

13世纪是中世纪法国的黄金时代。在这一世纪，由法国王室直接控制的领土面积增长了2倍。到1300年，法国已经主导了西欧的军事、政治和文化。法国的人口数量超过2 000万人——西欧三分之一的居民都要效忠法国国王。截至那时，拥有23万人口的巴黎是拉丁基督教世界中最大、最辉煌的城市。中世纪鼎盛时期的法国不仅是西欧最强大的王国，而且还是一个文化强国。哥特式建筑风格——被同时代的人称为法国风格——从法兰西岛大区发展起来，并从那里传播到英格兰、德意志、西班牙和意大利北部。13世纪，巴黎大学成为欧洲主要的学习中心和哲学研究中心，吸引了当时最优秀的思想家。法语成为欧洲最重要的国际语言，英格兰、佛兰德、匈牙利、那不勒斯和西西里王国的贵族都说这种语言。[3]

然而，到了1300年，法兰西王国的辉煌开始褪色。黄金时代变成了镀金时代。尽管精英阶层的财富没有减少，但普通人的生活状况在恶化。民众贫困化的根本原因是1300年以前的两个世纪里西欧人口暴增。如果说在1100年大约有600万人居住在现代法国境内，两个世纪后，这一数量则超过了2 000万人，增长了2倍多。人口爆炸摧毁了中世纪经济为农民提供土地、为工人提供工作和为所有人提供食物的能力。大多数民众生活在饥饿的边缘，1315—1322年的一系列作物歉收和牲畜流行病使社会系统濒临崩溃。到1325年，法国的人口比 1300 年达到的峰值低了 10%~15%。然后黑死病来袭，四分之一到一半的人口因此死亡。到 14 世纪末，法国的人口急剧减少到 1 000 万，仅是 1300 年人口的一半。

似乎数以百万计的死亡还不够，人口灾难对社会稳定还产生了另外一种更微妙但仍具毁灭性的影响，即它使得社会金字塔头重脚轻，不可持续。1250 年以后，贵族人口的增长速度超过了普通人口的增长速度，因为他们的经济实力强于普通人。事实上，民众贫困化使精英受益，他们从高地租、低工资和高食品价格中获利。换句话说，13 世纪大规模的人口过剩创造了一个财富泵，它以牺牲农民的利益为代价，让土地所有者富裕起来。

随着收入增加，许多底层贵族发现，把财产分给两个或更多的儿子也能让所有继承人有足够的收入来维持贵族地位。那些财富分布广泛的巨富则会将一些位置偏僻的资产分给年幼的儿子们，以扶植他们成为中层贵族。随着富有的农民和成功的商人跻身贵族阶层，社会向上流动的速度也在加快。当饥荒和流行病来袭时，精英比普通人的处境更好，抵御力更强，死亡率更低。所有这些趋势交织在一起，增加了贵族相对于生产阶级的数量，使社会金字塔头重脚轻，并在一段时间后彻底扭转贵族阶层的经济命运。在 1300 年以前，贵族享受着有利的经济结合——相对少的精英和廉价而丰富的劳动力。但到 14 世纪中期，情况彻底发生逆转。

由于缺少足够的收入来维持精英地位，贵族们开始谋求政府职位，并从农民手中榨取更多的资源。然而，国家不可能雇用所有的落魄贵族——他们实在太多了，并且王国本身也正陷入金融危机。由人口大规模增长导致的物价上涨吞噬了国家的收入，而试图满足精英需求的努力也使王室财政紧张，濒临崩溃。

从农民那里榨取更多收入意味着，地主除了掠夺剩余产出，还开始剥削农民赖以生存的资源。地主的压迫动摇了其自身的经济基础，因为农民的反应是逃跑、挨饿或在徒劳的起义中死去。由于这两种策略都失败了，贵族们开始转而互相倾轧。精英生产过剩的游戏进入了最后的暴力阶段，精英内部的冲突遍布法国各地。[4] 在 14 世纪 50 年代，内部秩序的崩溃触及王国的核心。

卡佩王朝的最后一位国王于 1328 年去世，没有留下任何男性继承人。腓力六世继承王位，这是瓦罗亚王朝的第一位国王。但另外还有两位继承人同样渴望获得王位：纳瓦拉的查理二世和英格兰的爱德华三世。这些强大领主之间的三角斗争，加上艾顿·马赛领导的巴黎市民起义，以及扎克雷起义（农民起义），导致了 1360 年法国政权的彻底瓦解。

对此，本书不打算加以详细描述。相反，让我们继续鸟瞰这段历史，看看接下来发生了什么。

14世纪50年代法国政权的瓦解震惊了统治精英。在1359年的三级会议上，不同的派系放下分歧，就拯救国家的问题达成一致。在接下来的20年里，法国采取了系统而又不引人注意的军事行动（避免了以前对他们来说颇具灾难性的重大战役）。到1380年，王室军队已经镇压了内部的起义军，并几乎将英国人驱逐出法国国境。但这一成功后来被证明是暂时的，因为导致法国陷入危机的结构性力量——民众贫困化、精英生产过剩和政权削弱——还没有得到妥善解决。我们再次发现，集体暴力的周期往往会在瓦解阶段再次出现，这一周期大约持续50年。法国中世纪晚期的危机并不是个例。

随着新一代领导人取代了14世纪50年代亲历政权瓦解的那一代领导人，他们重复了长辈的错误。由于内战局势的变化，两个贵族派系——勃艮第人和奥尔良人——为争夺首都而战，轮流互相屠杀。1413年，巴黎爆发了另一场血腥的城市起义。1415年，另一位英格兰国王亨利五世参加了战斗。历史重演，法国军队在阿金库尔经历灾难性的失败，正如在克雷西战役中一样。可怕的是，法国政权的第二次瓦解与第一次的轨迹如此相似。也许历史不会重演，但它肯定会押韵。[5]

第二次政权解体比第一次更为严重，幸存下来的法国精英花了更长的时间才联合起来。但他们做到了，他们再次驱逐了英国人，最后一个大城市波尔多在1453年重新回到法国人手中。[6]

在百年战争结束之后，法国享受了长达一个世纪的整合阶段。为什么1450年以前的一个世纪如此暗淡，而之后的一个世纪又如此辉煌？答案是：将法国推向内战的驱动力在1450年左右停止了运作。饥荒、流行病和内战"解决"了民众的贫困，其累积效应使法国人口减少了一半。现在农民有大量的土地，劳动力的缺乏使工人的实际工资增长了不止一倍。暴跌的土地租金和上涨的工资有效地关闭了财富泵。

最重要的是，在克雷西、普瓦提埃和阿金库尔展开的大屠杀，以及一系列不太为人所知的战役消灭了成千上万的"多余"贵族。此外，还要考虑到派系分裂期间的大屠杀。（正如一位目击者在他1418年5月的日记中所描述的那样，首都的街道上到处都是战败者的尸体，"像泥里的猪一样堆积着"。）虽然在1300—1450年人口总数减少了一半，但同一时期贵族的数量下降了80%。[7]社会金字塔不再是头重脚轻，而是重新达到了一个更加稳定的结构——底部宽，顶部窄。在没有精英生产过剩的情况下，精英内部的竞争和冲突也平息了。与此同时，对社会解体的黑暗时期的记忆与对来自英格兰人的外部压力的记忆在精英阶层之间铸就了一种新的民族团结情感。在这种精英内部合作的新氛围中，国家财政改革成为可能，从而为法国未来几代人的发展提供了坚实的财政基础。

造成不稳定的主要内部压力——贫困化和精英生产过剩——消退了。那么外部因素又如何呢？很多历史书把百年战争描绘成法国国王和英格兰国王之间的王朝冲突。但这是对一系列极其复杂的多边冲突的一种非常肤浅的理解。正如法国著名历史学家费尔南·布罗代尔所写的那样，这一时期的一个更好的名字是"百年敌对"[8]。14世纪和15世纪两个政权解体的根本原因来自内部，英格兰本质上扮演的角色只是一只豺狼，吃着已经死去的狮子的尸体（英文读者请原谅我的这一说法）。由于中世纪英格兰拥有的人口和资源不及法国的三分之一，这两个王国的重量级别非常不同（几个世纪之后这种情况会改变）。让如今的英国孩子有理由引以为豪的克雷西战役、普瓦提埃战役和阿金库尔战役的重大胜利，最终并没有给当时的英格兰王室带来持久的好处。事实上，它们最终帮助法国解决了精英生产过剩的问题，并打造了一种民族团结意识，这对于精英就如何为国家建立坚实财政基础的问题达成共识非常重要。

这并不是说英格兰在"百年敌对"中所扮演的角色微不足道，而是说英法冲突并不是两个政权解体的根本原因。毕竟，英格兰和法国从11世纪到19世纪几乎一直处于战争状态。[9]从这个角度来看，1338—1453年这一时期并没有什么特别之处。

不和谐时代

一

历史学家早就注意到,历史存在一种节奏。内部秩序井然、文化辉煌和社会乐观的"黄金时代"之后,是互相残杀、文化衰败和社会黑暗的"动乱时代"。欧洲历史学家给每个时期都起了一个名字。因此,中世纪鼎盛时期之后是中世纪晚期的危机。文艺复兴之后是17世纪的普遍危机。我们这个时代之前的最后一个完整周期是启蒙运动或理性时代,以及之后的革命时代。

中国历史学家也注意到了类似模式,他们称之为改朝换代。公元前221—公元1912年,从秦朝到清朝,中国一再经历统一(和重新统一),并一度得到有效统治。然后礼崩乐坏,带来了衰落和分裂。正如中国历史小说《三国演义》所说:"话说天下大势,分久必合,合久必分。"古埃及的历史学家也将其历史分为古王国、中王国和新王国,每一时期都伴随着第一、第二和第三个中间期。

CrisisDB 的统计分析证实了我们对历史的这一直觉,但这种宏观的历史模型并不是简单的、数学意义上的精确循环。首先,整个整合-瓦解周期的长度随着社会特征的变化而变化。其次,在瓦解阶段,集体暴力往往反复发生,约50年为一个小周期。

在法国，处于整合阶段的中世纪鼎盛时期开始于伟大的统一者腓力二世［也被称为腓力·乌古斯都（1180—1223年在位）］的统治，结束于1350年。在中世纪晚期的瓦解阶段（1350—1450年）结束之后，下一个整合阶段，即文艺复兴，只持续了一个多世纪（1450—1560年）。下一个瓦解阶段（1560—1660年）开始于法国宗教战争（1562—1598年）的爆发。随后是第二波不稳定浪潮，开始于17世纪20年代的大规模起义、胡格诺派战争和农民起义，并在1648—1653年的投石党运动中达到高潮。在法国的最后一个完整周期中，整合阶段，即启蒙运动，从1660年一直持续到1789年法国大革命的爆发。瓦解阶段，即革命时代，包括拿破仑时期、1830年和1848年的革命，以及1871年巴黎公社的余震（尽管最后一次是由普法战争的灾难性失败引发的）。因此，每个阶段持续大约一个世纪，大概有几十年的误差，整个周期长度大约为250年、210年和210年。[10]

真正的"权力的游戏"

一

为了与法国进行结构性比较，我们来追溯一下英格兰的周期。在这里，中世纪周期包括两个长期内战的时期，即斯蒂芬国王统治时期的无政府状态（1138—1153年）和玫瑰战争（1455—1485年）。虽然整合阶段相对和平（与即将到来的阶段相比），但它被男爵的叛乱打断，这种叛乱大约每隔50年重复一次。[11]和法国一样，英格兰也遭受了1315—1317年大饥荒和黑死病的双重打击，但与法国不同的是，它并没有立即陷入混乱。为什么历史动力学理论没有设想一些严格的长度固定的周期性循环呢？因为它是一个动态模型，遵循着每个社会内部力量的发展规律。造成社会不稳定隐患的最重要的驱动因素是精英生产过剩。如果这一因素突然减弱了，会发生什么呢？这场危机将被推迟到未来。这就是在中世纪晚期的英格兰发生的情况。

当14世纪50年代法国解体的时候，英格兰所有的剩余精英（就像在法国一样，英格兰有大量的剩余精英）跟随他们的国王横跨英吉利海峡。他们中的一些人在战斗中丧生，但大多数人发现法国战争是一笔利润极为丰厚的生意。普瓦提埃战役和克雷西战役的胜利（以及随后一些较小战役的胜利）使他们从数千名被俘的法国贵族手中获得了一些数额巨大的赎金和很多笔数额较小的赎金。法国的乡村仍然很富裕，并贡献了大量的战利品。这些战利品都是在所谓的骑行（chevauchées，一种稍加伪装的掠夺形式）期间收集的。被征服领土上的一些城堡和土地被分给国王和权贵信赖的侍从。换句话说，英格兰将其过剩的精英和不稳定因素输出到了法国。

但美好的时光不会永远持续下去。法国人从 1360 年开始联合起来，到 1380 年就已经把英格兰人驱逐出境。那时候，英格兰才开始陷入自身的混乱。突然间，所有那些过剩的精英都回来了。他们因为在法国的连年征战而变得铁石心肠，习惯了谋杀、酷刑和勒索，并因为战败而遭受贫穷和痛苦。正如类似时期的通常表现一样，社会的崩溃同时表现在几个方面。农民受到的压迫越多，精英就越是陷入困境。最终，农民忍无可忍。1381 年由瓦特·泰勒领导的农民起义遭到血腥镇压，但它吓坏了精英，迫使他们减轻了强加在生产阶级身上的负担。在西部，威尔士发生了一场由欧文·格伦道尔领导的分离主义起义。在中部，理查二世及其派系与被称为"上诉派贵族"（Lords Appellant）的反对派之间展开了针对国王权力的反复斗争，但最终以 1399 年理查二世被废黜告终，金雀花王朝进入兰开斯特王朝。如果这一切听起来都很像《权力的游戏》，那是因为乔治·R. R. 马丁正是根据历史上的兰开斯特王朝塑造出他的兰尼斯特王朝的。[12]

15 世纪初，法国再次解体，1415 年另外一位英格兰国王加入这场战争，大批没落的精英又随他一起跨越英吉利海峡。早些时候我已经指出，历次危机与其之前的一次危机之间都有着可怕的相似之处。这就好像社会有一套应对国家崩溃的文化模式——法国模式或英格兰模式，视具体情况而定。1415年以后英格兰的发展轨迹就是这种奇怪模式的另一个例子。和以前一样，英格兰人的发展一切顺利——好景持续了一段时间。不稳定因素被成功输出到法国，在1415—1448年，英格兰没有发生大的骚乱。然而，随着法国在1450年左右成功夺回了国土，越来越多的英格兰剩余精英不得不重返家园。时任国王亨利六世不适合统治，王室委员会以他的名义执政。兰开斯特派的领导权落入了安茹的玛格丽特手中。一个同时代人写道："这个女人卓尔不群，既美丽又善良，既有智慧又有谋略，既有胆识又有勇气，更像一个男人，而不是一个女人。"[13]（马丁显然将她作为瑟曦·兰尼斯特的原型。）

精英派系和王室宠儿助长了混乱的兴起。大贵族们继续壮大由武装侍从组成的私人军队，他们相互争斗，恐吓邻邦，破坏法庭，并试图控制政府。1450年又发生了一场由杰克·凯德领导的大规模农民起义。1455年，玫瑰战争爆发了，并一直持续到1485年。

据说，当马丁观看《权力的游戏》第一季时，他对自己创造的角色彼此之间施暴、背叛和残杀的画面感到震惊。然而，历史上的玫瑰战争同样残酷。三个国王被废黜并遭杀害，许多权贵经常未经审判便被处决。最终处于战败一方的贵族被要求跪在泥里，当场被斩首。此外，兰开斯特家族和约克家族之间的战争只是冰山一角。与这场争夺王位的王朝冲突一样，在竞争的精英之间也爆发了很多区域性或地方性的私人战争。在《兰开斯特家族的终结》一书中，英国历史学家 R. L. 斯托里描述了殃及英格兰西部、北部和东部的至少 8 场类似冲突。普通人在这种精英内部争斗中遭受了巨大的痛苦，因为每个派系都经常对反对派系的佃户进行勒索、抢劫和谋杀。

需要牢记的是，尽管中世纪的英格兰通常比今天的英国暴力得多，但玫瑰战争的暴力程度远远超出了正常水平。在整合阶段，每隔一代人我们都会看到一场反对国王的男爵叛乱，但与玫瑰战争相比，这些叛乱更像是武装示威，目的是使国王重视男爵提出的要求。例如，1215—1217 年的叛乱是通过国王签署《大宪章》来解决的，叛乱精英的要求得以满足。但在玫瑰战争中，双方的目标都是消灭敌人。

《权力的游戏》的观众有时会抱怨，他们喜欢的角色经常在故事中被淘汰，这令人沮丧。然而，现实生活中的情况就是这样。毕竟，玫瑰战争的主要推动者是 1450 年左右英格兰程度极深的精英生产过剩。除非因为极度疲劳，战争会一直持续到问题以某种方式解决才停止。但当新一代上任时，由于没有对暴力免疫，战争又会重演。想要结束瓦解阶段，促使其形成的结构性条件就需要被逆转。

当然，战斗中或处决中的死亡并不是减少精英生产过剩的唯一机制。它在权贵阶层中似乎是主要方式，但在此阶层以下的社会梯队中，扮演主要角色的机制是向下的社会流动。大多数贵族并不是在内战或私人战争中阵亡的；他们只是在一段时间后接受了他们的收入不允许他们保持精英地位，于是悄悄沦为普通阶层。内战，以及总体上高水平的暴力，仍然是默许贵族失去地位的重要的（即使不是最直接的）动因。经过几年、几十年的暴力和动荡，最残暴的人被杀害了，而其他人意识到没有必要延长战争，于是开始安定下来，过上没那么光鲜的和平生活。从权贵到乡绅，英格兰的各阶层精英在中世纪晚期的危机期间大量减少。

在英格兰，我们有一个有用的定量指标来追踪这一趋势，那就是葡萄酒，因为喝葡萄酒（而不是麦芽酒）是精英地位的一个标志。在他们财富的巅峰时期，英格兰的精英们从加斯科涅进口并消费了 2 万吨葡萄酒。到玫瑰战争结束时，进口的葡萄酒还不到 5 000 吨，直到 1490 年之后葡萄酒进口量才开始恢复。这暗示着英格兰精英人数减少了 80%，与法国在不和谐时代结束时贵族人数减少了 80% 相似。[14]

虽然内战最激烈的时期在 1485 年结束，但发生了几次余震；我们知道在 1489—1497 年，有三次被迅速镇压的小规模起义。在那之后，英格兰有两代人都没经历过一次起义。鉴于现代英格兰早期普遍存在的暴力，这是一项相当了不起的成就。

下一个整合阶段终于到来了。

英格兰接下来的两个周期在时间长度上与法国类似。但由于英格兰摆脱中世纪晚期危机的时间比法国晚很多，两国未能保持同步。17世纪的全面危机始于1639年英格兰境内一场被称为"主教战争"的苏格兰起义，紧接着是英格兰内战，然后于1651年结束。照例，在经历了一段短暂的尚不稳定的和平时期之后，英格兰不得不经历另外一场内战的爆发，即光荣革命（1688—1689年），它终结了17世纪的瓦解阶段（同样落后法国几十年）。革命时代在1830年到达英格兰，而在法国，当然是由1789年的巴士底狱风暴揭开序幕的。简而言之，法国和英格兰表现得就像两个悬挂的重物，在同一时期内来回摆动，但一个落后于另外一个。

在革命时代，这两个王国的另一个不同之处是，法国多次遭到一场又一场革命的打击（1789年、1830年、1848年……），而英格兰在1830年进入"革命局面"之后就以某种方式避免了政权解体。这为什么会发生是一个非常有趣的话题，因为它可以为我们提供一些信息，使我们自身能够重复这一伟大的成就。我将在第九章继续探讨这个问题。

精英的一夫多妻制效应

一

虽然在1100—1815年战争几乎从未间断,[15]但或许正因为如此,英格兰和法国有着非常相似的社会构成。因此,它们的周期长度如此相似(即使不同步)就不足为奇了。然而,这种动态的相似性并不一定适用于任何复杂的人类社会。一些社会以更快的速度经历整合-瓦解周期,而另一些则更慢,其差别取决于不同的社会结构。

因为社会和政治动荡最重要的驱动因素是精英生产过剩,那么让我们思考一下精英再生产(和精英生产过剩)的细节是如何影响社会节奏的——社会可以以多快的速度陷入或者摆脱危机。在前工业社会,获得精英地位是非常难的,尽管对普通人而言也不是不可能。精英阶层扩张的速度,以及由此所造成的精英生产过剩的发展速度,受到精英生物繁殖的强烈影响——更确切地说,受到精英男性的繁殖率的影响。(不管我们喜不喜欢,男性在这些社会中掌管着上游的权力。)在人类社会中,男性繁衍成功的最大影响因素就是男性可以获得的配偶的数量。

在西欧王国,如法国和英格兰,基督教限制了男性可以拥有的合法伴侣的数量。当然,有权势的男人可以,而且经常在与合法妻子的婚姻关系之外与情妇建立关系。这种结合的后代也有机会进入贵族阶层。但是这种"私生子效应"并没有显著提高中世纪和现代早期欧洲社会中精英追逐者的产生速度。

相反,在伊斯兰社会中,一个男性可以拥有四个合法妻子,以及所有他负担得起的妾室。做一个妾室的儿子并没有什么可耻的。广泛的一夫多妻制,即娶很多妻子的做法,也是草原牧民的传统规定。结果,这些社会以惊人的速度培养出精英追逐者。精英生产过剩的发展速度越快,其整合阶段的持续时间就越短。

因此,该理论告诉我们,一夫一妻制统治阶级社会和一夫多妻制统治阶级社会之间的整合-瓦解周期的时间长度应该存在显著差异。根据我的计算,在一夫一妻制社会中,典型的周期长度应该在200~300年,而在一夫多妻制社会中,典型的周期长度应该只有大约100年,甚至更短。[16] 我们看到法国和英格兰的周期(并且根据CrisisDB,欧洲其他社会的情形大致相同)印证了这一理论的推测。那么一夫多妻制社会的情况呢?

事实证明,这个问题在几百年前已经被阿拉伯著名历史学家和哲学家伊本·赫勒敦回答过了,他于1332年出生在突尼斯。伊本·赫勒敦注意到,在他的家乡马格里布(位于北非,埃及西部)以及其他伊斯兰世界中,政治动态往往呈周期性发展。在一个新王朝建立之后,它能持续大约四代时间,然后灭亡并被一个新王朝取代。然后，这一周期再次重复。[17]有些王朝只能持续三代时间，有些则能持续五代时间，但平均而言，伊本·赫勒敦发现的周期长度是四代时间，相当于100年。正如该理论所预测的，这比欧洲的周期要短很多。但是，让我们观察一下伊本·赫勒敦发现的周期在其他一夫多妻制社会中是否也存在，比如欧亚大陆中部的游牧社会。

成吉思汗及其继任者领导的西征就是一个很好的对比。13世纪上半叶，蒙古人征服的大片领土包括农耕民族聚居的四大"文化区域"。从东到西，它们分别是中国、中亚河中地区、波斯（包括美索不达米亚）和东欧。从13世纪中期开始，这四个区域中的每一个都由成吉思汗家族后裔所建立的王朝来统治。[18]根据我们的理论，这四个王朝应该符合伊本·赫勒敦提出的"大约一个世纪为一个周期"的说法。事实确实如此。在所有这四个区域，成吉思汗家族后裔所建立的王朝都在14世纪中期瓦解。[19]CrisisDB更正式的统计分析证实，一夫多妻制社会的兴衰周期要比一夫一妻制社会短得多。

传染病和动态同步

—

研究复杂系统的科学家必须在过度复杂化和过度简单化之

间找到一条中间道路。一方面，历史不仅是一件破事接着一件破事；另一方面，它也不是对数学意义上的精确循环的简单重复。

我们对伊本·赫勒敦的周期概念所进行的讨论表明，社会经历繁荣-萧条周期的时间尺度取决于它们的文化特征，比如精英阶层中实行一夫多妻制的程度。通过比较英格兰和法国这两个"亲密的敌人"，我们会发现另一个复杂因素——可以延长或缩短周期的地缘政治环境。在中世纪晚期的危机中，通过向法国输出不稳定因素，英国得以推迟自己进入动乱时代的时间。这就是非线性动力学框架以及更广义的复杂性科学在理解历史方面如此卓有成效的原因——它为我们提供了一套工具，用以研究不同因素如何相互作用并产生系统性的动态。一套相对较小的机制可以产生极其复杂的动态，这就是复杂性科学的本质：复杂的动态不必有复杂的原因。

复杂性科学还能产生什么其他见解呢？一个具有创造性的概念是动态同步（dynamic entrainment）。如果你把几个节拍器放在同一块板上，然后让它们开始随机摆动（不同步），一段时间后，它们就会开始完全同步地一起摆动。[20]荷兰物理学家克里斯蒂安·惠更斯在1665年首次观察到这个现象，并称之为"古怪的感应"。

同步可以帮助我们理解为什么不稳定浪潮经常能在同一时

间冲击很多社会。以17世纪席卷了整个欧亚大陆的全面危机为例。为什么英格兰内战、俄国混战和中国明朝的覆灭几乎发生在同一时间呢?为什么18世纪是这三个国家内部和平与帝国扩张的时期呢?

造成这种同步的一个可能原因是外部驱动。在本章的前半部分,我们了解了连年自然灾害和作物歉收是如何造成1315—1317年西欧大饥荒的。大饥荒与一个被命名为沃尔夫极小期(Wolf Minimum,1280—1350年)的太阳活动低谷期同步。大多数气候学家都认为,太阳活动减弱会使地球气温降低。在阿尔卑斯山北部的欧洲,作物歉收的主要原因就是湿冷的天气——它延缓了作物的成熟,并增加了作物在收获前腐烂的可能性。其他的太阳活动低谷期包括斯波勒极小期(Spörer Minimum,1460—1550年)和蒙德极小期(Maunder Minimum,1645—1715年),它们也都与低于平均气温和作物歉收的发生率相关。

将社会瓦解与气候波动联系起来是崩溃论者最喜欢的消遣方式。但是,从气候恶化向社会瓦解的方向绘制一个有直接因果关系的箭头并不容易。在过去的1 000年里,太阳活动低谷期只是偶尔与瓦解阶段重合。沃尔夫极小期的恶劣气候有可能是造成大饥荒的原因,而大饥荒又接着破坏了中世纪晚期欧洲社会的稳定。后来的蒙德极小期也发生了大饥荒,影响了北欧,波及范围从法国到斯堪的纳维亚半岛再到俄国。1694—1703年，法国有 200 万人饿死。同一时期，俄国因饥荒饿死的人数或许多达其总人口的 10%。但是这两个帝国——一个由路易大帝统治，另一个由彼得大帝统治——都有很强的恢复能力（正如皇室绰号所暗示的那样）。这些饥荒给人类带来了巨大的痛苦，也给两个君主国带来了巨大的压力，但它们并没有将这两个国家推向崩溃的边缘。

在我看来，气候波动造成的外部驱动力并不是社会瓦解的直接原因。它的影响更加微妙。这就是在古怪的感应中摇摆的节拍器可以提供帮助的地方了。请把帝国看作在整合阶段和瓦解阶段之间来回摇摆的节拍器。现在假设在欧亚大陆的不同地区有周期不同步的两个帝国。然而，两者都受到相同的全球气候波动的影响。如果一个帝国在其周期中有所"领先"，那么一段时期的良好气候就能使其在陷入危机之前多持续一段时间。相反，一段时期的恶劣气候将把一个落后的帝国更早地推入危机。随着这种气候"助推"（nudges）效应的不断累积，这两个帝国将变得越来越同步，就像同一块板上的两个节拍器一样。当然，帝国的繁荣-萧条周期比节拍器的摆动要复杂得多。但是一般原理在这两种"振荡器"中都以相似的方式运行。这种外力甚至不需要是周期性的。助推可以在任何时候随机出现——它们的作用是使不同的周期趋于同步，而不是导致周期本身，这些周期是由每个帝国的内部机制驱动的。

第二种引起同步的力量，即传染病，它比外部驱动力更为强大。历史动力学的分析表明，严重的流行和大流行往往与重要的社会政治动荡有关。我们在过去至少2 000年的历史中一直观察到这种模式，最早可以追溯到安东尼瘟疫（2世纪）和查士丁尼瘟疫（6世纪）。黑死病（14世纪）在亚非欧大陆的传播是中世纪晚期危机的一个组成部分。瘟疫的大规模卷土重来恰逢17世纪的全面危机，而最令人震惊的霍乱大流行（19世纪）发生在革命时代。这种相关性背后的因果关系是非常复杂的，反馈回路在两个方向都有发展。[21]我们将通过追踪长期周期的各个阶段如何影响重大流行病的发生概率，来稍微解开这当中的因果关系。

如前所述，每个长周期都包含一个整合趋势，随后是一个瓦解趋势。在这个周期的起始阶段，人口从最低限度开始增长，并且距离承载能力的上限（国土可以养活的人口总数，取决于可耕地面积和当时的农业技术水平）还很远。因此，实际工资很高，并且因为土地充足，劳动生产率也很高。此外，大部分剩余的农作物被生产者自己消耗，因此这一时期成为农民的黄金时代。

然而，人口的增长最终达到了马尔萨斯极限。随着民众日益贫困，农民的黄金时代结束了，社会进入了精英的黄金时代——他们从低工资和自有土地所产出作物的高价格中获利。精英阶层购买力的不断增强为工匠和商人创造了就业机会。农村失业加上城市对劳动力的需求（存在于手工业和贸易领域，包括对服务于富人的仆人的需求）推动了人口向城市流动。在此期间，城市需求增长的速度超过了总人口增长的速度。精英阶层对奢侈品的需求推动了长途贸易。

这些趋势使新疾病更容易出现，使现有疾病更容易传播。第一，人口增长导致人口密度超过"流行病传播阈值"——一种新疾病得以传播的最低人口密度。第二，普遍贫困导致生活水平下降，致使营养不良和身体对感染的抵抗能力减弱。第三，城市化意味着越来越多的人口涌入了城市，而那些城市在前工业时代是臭名昭著的肮脏之地。第四，迁徙和流浪的增加使人际互动更为频繁，疾病更容易传播。第五，长途贸易使边远地区产生了联结，促进了疾病在欧洲大陆范围内的传播。

因此，那些濒临危机的社会很有可能遭受流行病的袭击。但是因果关系也可以朝相反的方向流动。一场严重的流行病破坏了社会的稳定，因为穷人的死亡率高于精英的死亡率，社会金字塔变得头重脚轻。致命的流行病还会使政府失去合法地位，从而破坏社会合作。过去，这样的重大灾难被认为是神厌恶统治者的标志，或者是上天收回了授权。今天，我们倾向于用更唯物主义的方式来思考，指责政府失职，未能采取有效措施以阻止疫情。最终结果会产生同样的负面后果：民众对政府机构的信任坍塌破坏了它维持内部和平稳定的能力。重大的人口灾难，如流行病和饥荒，往往成为社会陷入危机的触发因素，因为它们会导致民众贫困化（和大规模动员民众的潜力）激增，以及政府合法性（及其镇压内部暴力的能力）骤降。

因此，传染病是驱动不稳定浪潮的一个重要机制，使很多欧洲国家甚至全世界陷入危机。然而，传染源并不一定是病毒或微生物。思想也会传染。

还记得"阿拉伯之春"吗？[22] 它始于 2010 年 12 月 18 日的突尼斯。之前一天，水果小贩穆罕默德·布瓦齐齐自焚，以抗议警察的腐败和不公。从那里，它传播到阿尔及利亚（2010 年 12 月 29 日）、约旦（2011 年 1 月 14 日）、阿曼（2011 年 1 月 17 日）、沙特阿拉伯（2011 年 1 月 21 日）、埃及（2011 年 1 月 25 日）、叙利亚（2011 年 1 月 26 日）、也门（2011 年 1 月 27 日）和苏丹（2011 年 1 月 30 日）。到 2011 年 2 月底，它已经蔓延到阿拉伯世界的其他国家（包括伊拉克、利比亚、科威特、摩洛哥和黎巴嫩）。布瓦齐齐的自焚并不是"阿拉伯之春"的根源。它只是一个触发器。在"阿拉伯之春"之前的几年和几十年里，"大火"所需的结构性条件一直缓慢发展。[23] 但是，思想的传染促使阿拉伯世界的叛乱和革命几乎同时爆发。

许多政治评论员指责新兴的社交媒体是带来"阿拉伯之春"的原因。然而,那些认为这是人类历史上前所未有的事件的人根本不了解历史。在2010年"阿拉伯之春"发生之前,1848年发生了"民族之春"。它在1月开始于意大利,但当时很少被人注意到。最有影响力的事件是法国的"二月革命",它引发了3月德国、丹麦和瑞典的起义。哈布斯堡帝国也在3月发生了多次叛乱,其中最重要的发生在匈牙利和加利西亚。6月,1848年革命蔓延到罗马尼亚;7月,到爱尔兰。[24]

1848年的欧洲没有互联网,但消息通过报纸迅速传播,革命的触发因素是1848年2月22日开始革命的法国。到3月底,欧洲大陆的大部分地区都处于动荡之中。

总结:到目前为止的故事

一

在第一部分,我们探究了那些困扰人类社会的不稳定浪潮反复出现的原因。我们的研究先从今日的美国开始,然后追溯了美国的历史,以及世界其他地区的情况。在第二部分,我将再次回到美国,更加深入地研究那些塑造了我们当前不和谐时代的"隐秘"进程。在方法论上,到目前为止,我一直是用古代社会陷入危机并随后以某种方式处理危机的具体例子,来说明我们从历史动力学分析中得到的经验教训。但是历史动力学不仅仅是一些历史例子的集合。为了从历史中汲取真正有用的经验教训，以使我们掌握在未来摆脱困境所需要的知识，我们需要将以语言形式表达的关于社会如何运作的观点转化为数学模型。然后，我们需要将我们的理论与数据相结合，同时避免那些看似符合结论实则有逻辑隐患的例子。这意味着我们必须构建一个历史数据库，并对其进行统计分析。对于那些希望更多了解历史动力学在实践中如何应用的读者，我建议你在阅读第三章之前先阅读附录章节。对于那些喜欢直接深入其中的读者，请继续阅读。

II

[第 二 部 分]

不稳定的因素

第三章

"农民正在造反"

现在我们已经比较了一些社会系统的结构和动态,在这一基础上,我们将重新回到对美国的研究。我们将从最大的利益群体即劳工阶层开始。通过对人类行为的大数据集进行总体分析,我们可能会得出让人惊讶的结果。不过我会以简短的故事展开本章和接下来的几个章节,你如果愿意,可以把这些故事作为一些原型的例证。我也担心在建构这一理性的社会力量模型时,可能会忽视鲜活的真实世界。但除此之外,我可以保证的是,在这些故事中嵌入的每一个重要事实都有足够多的现实世界先例。

史蒂夫

一

"那么,你11月要把票投给特朗普了吧?"我在2016年的夏天问了史蒂夫,"但他是一个亿万富翁啊。他对普通民众了解多少,又关心多少呢?他就是个小丑。"

史蒂夫从一包万宝路香烟中抖出一支烟,然后点燃了它。

"我其实并不打算投给特朗普。问题是那些一直在把这个伟大的国家推倒在地的自由派精英。那个女人只关心为他们看守财富的银行家。她说像我这样的'可怜虫'是问题所在。我和'白人特权'?真是让人恶心的笑话。真正的白人至上是《财富》500强企业的CEO,他们90%是白人男性。可不知道为什么,企业媒体没有看到房间里的那头大象。不,我不相信民主党和自由派媒体告诉我们的事情。至少特朗普正在大声说出我们所有人的想法。"

史蒂夫在纽约州北部的一个下层中产家庭中长大。他的父亲在一家生产高速公路基础设施产品的工厂做过机械师。这份工作带来的收入不太多但稳定,这让史蒂夫家庭得以维持中产阶层的地位。史蒂夫的母亲不工作,家里有自己的房子,可以供史蒂夫的姐姐读一所当地的大学。

史蒂夫认为自己对上大学不感兴趣。他的高中成绩并不那么优秀。此外,当他的姐姐从文理学院毕业时,她的文凭对就业和工资并没有明显的影响。大学毕业两年后,她和她的丈夫搬到了北卡罗来纳州,那里的税收和生活成本都比较低,并且她丈夫有着更好的就业前景。

史蒂夫没有上大学,而是报名参军,并随军去了德国。不过,他只服了一次兵役。当时,美国正要在阿富汗、伊拉克等地发动一系列对外战争。史蒂夫觉得他冒着生命危险参加和自己毫无关系的战争没有任何意义。令人悲伤的是,他的父亲年纪尚轻就突然因心脏病而去世,史蒂夫想在这个困难时期帮助他的母亲。但当回到家时,史蒂夫发现,他不能像父亲那一代人一样指望获得一份稳定的工作。他在工地上干了一段时间,最终靠自学成了一名汽车修理工。

虽然不适合任何管理角色,但他有双好手,是一名优秀的工人,他的修车技能获得了老板的赏识。尽管如此,他的实际工资水平仍然要比他父亲的低得多。此外,他的工作也没有保障。有些事情总会发生,比如,修理厂倒闭了,或者由于需求减少而不得不裁员,或者老板要求加班但又拒绝支付加班费。

结果,史蒂夫一两年就要换一次工作,不得不间歇性地依靠失业救济金生活。申请救济金是一个有失体面的漫长过程,史蒂夫经常几个星期没有任何收入。领取救济金的一个负面影响是,他不得不更多地接受低薪工作,即使这些工作与他的技能不匹配。他知道自己是一个好工人,并且在以前的工作中,他每小时能挣 25 美元。他凭什么要接受一份只支付最低工资的工作呢?并且在纳税之后,他实际上挣的钱要比他目前领取的失业救济金少。史蒂夫想工作——他喜欢修理汽车,而且擅长修理汽车,但他讨厌因不愿去从事一份低薪的临时工作而被称为懒汉。虽然他不知道这个词,但他是"不稳定无产者"(precariat)中的一员。[1]

他的母亲在当地的沃尔玛找到了一份工作,这很不错。尽管与粗鲁的顾客打交道很不愉快,而且工资也很低,但好处是通勤时间很短。此外,史蒂夫和他的妈妈因为拥有自己的住房而感到非常幸运。他们镇的房地产税很高——每年超过 5 000 美元。不过,住在自己家里总比租房子好。另外一个幸运之处是,作为一名退伍军人,史蒂夫通过退伍军人健康管理局获得了免费的医疗保险。

不过也必须承认,史蒂夫已经无法存下钱以备不时之需了。即使他做得再好,钱也总会在下一个发薪日之前花完。

史蒂夫想要一个家庭和几个孩子。虽然他曾有几个女朋友,但是没有任何一段关系转成长期关系。他不知道问题出在哪里,但是现在他已经开始自己第 5 个 10 年的生活了,他觉得他可能不得不接受没有孩子的生活。

史蒂夫有两大爱好:汽车和枪支。第一个帮他赚钱,而第二个是他没有积蓄的原因之一。他收集了很多枪支,并经常在射击场用它们射击。他的朋友大都是退伍军人，并且和他一样痴迷于枪支。对他们来说，美国宪法最神圣的部分是第二修正案："人民持有和携带武器的权利"。通过他的朋友，史蒂夫了解了"誓言守护者"组织。作为一名老兵，他被该组织欣然接纳，他还参加了几场支持第二修正案的示威活动，但最近他已经离开了该组织。

史蒂夫的政治观点受到个人经历和社会环境的影响。总的来说，他很清楚，他的国家正在朝着错误的方向前进。他的祖父母生活在经济大萧条和第二次世界大战期间。他们经历了一段时期的艰难生活，但随着国家进入战后时代，情况明显好转。他的父母是婴儿潮一代，生活得更好。美国是一个伟大的国家，每一代普通人的生活质量都在显著提高。然而，对史蒂夫和他的朋友们来说，情况并不是这样。不知何故，普通人的富裕时代已经结束，取而代之的是一个动荡的时代。孩子的境况比父母更糟，这是不对的。

更糟糕的是，根据史蒂夫的说法，控制美国的"世界精英"事实上已经在向他这样的人——没有受过大学教育的异性恋白人男性宣战了。正如希拉里·克林顿在2016年提出的著名论调所言："他们是'可怜虫'——种族主义者、性别歧视者、恐同分子、仇外分子、伊斯兰教仇恨分子。"尤其当他失业的时候，史蒂夫觉得自己是美国最没有权势的人之一。他和他的朋友们认为，精英们急不可耐地想要除掉他们。自由派专家和政客迫不及待地希望像史蒂夫这样的人最终被"正确"的选民击败。正如他从右翼评论员那里听到的那样，精英们积极努力，通过鼓励移民使那一天更早到来。

虽然他的父亲是一名坚定的民主党人，但史蒂夫在2016年之前都懒得去投票。没有任何一个主流的政治家能够吸引他。这一切随着2016年特朗普的上台得到了改变，特朗普出人意料地获得了共和党人的提名。史蒂夫并没有完全相信特朗普，但至少特朗普用语言表达了史蒂夫及其朋友们的感受。他承诺排干沼泽并筑墙。这一说法引起了共鸣，尽管史蒂夫怀疑特朗普是否会被允许做其中的任何一件事情。不过，这并不重要。史蒂夫对特朗普的候选人资格表示欢迎，认为这是对华盛顿精英阶层的重锤。看着精英们在特朗普的攻击下局促不安是一种乐趣。

史蒂夫并不是一个革命者。他不希望分裂国家，重塑社会。相反，他希望一切能回到他的父母和祖父母那时的状态。这就是他对特朗普的口号——"让美国再次伟大"——的理解。

尽管史蒂夫如此讨厌主流政客，但是他更鄙视主流媒体。他唯一收看的主流媒体节目是福克斯新闻的《塔克·卡尔森今夜秀》(*Tucker Carlson Tonight*)。然而，他的主要信息来源和思想来源是和他一样同为退伍军人的优兔（YouTube）博主。当企业媒体称他的新闻来源为"假新闻"时，他笑了——在他看来，是像CNN（美国有线电视新闻网）这样的频道才在传播假新闻。史蒂夫说，假新闻的一个特别话题是目前流行的枪击事件。其中大多数话题是由枪械管制倡导者策划的，目的是动摇公众形成反对第二修正案的舆论。这是他强烈感受到的一件事；国家拿走他的枪支是对他底线的侵犯。他愿意使用武器来捍卫自己携带武器的权利。正如他的朋友布拉德常喜欢说的那样："我们有武器，他们都能这样对我们，那么当我们的武器被拿走之后，他们又会对我们做什么？"

凯瑟琳

一

在唐纳德·特朗普因当选美国总统而震惊世界一两年后，我们的政治精英仍在努力处理这一令人震惊的转折，这时我与其中的一位进行了一次有趣的谈话。凯瑟琳本人是个资产位于前1%的富翁，住在华盛顿特区。她同时和富豪慈善家以及资深/新晋政客保持着广泛的联系。她经常充当这两个群体之间的中间人。她在某个地方听说我几年前发表了一项预测，预言美国即将出现不稳定局面，她想知道这一预测的依据是什么。更具体地说，她想知道为什么2016年这么多人投票支持特朗普。

我开始像往常那样滔滔不绝地向她讲述社会和政治不稳定的驱动因素，但我还没有讲完第一个因素——民众贫困化，就被打断了。"什么贫困化？"凯瑟琳反驳道，"生活从来没有比现在更好过！"然后她建议我读一读史蒂芬·平克那时刚刚出版的《当下的启蒙》。她还建议我看看马克斯·罗泽（Max Roser）的网站"以数据看世界"（Our World in Data）上面的图表。推荐了这两个渠道之后，凯瑟琳敦促我重新思考自己的看法："只需要参考这些数据。生命、健康、繁荣、安全、和平、知识和幸福水平都在上升。"[2] 全球贫困正在减少；儿童死亡率正在下降；暴力正在减少。每一个人，即使是在最贫穷的非洲国家，都有一部智能手机，其技术水平与前几代人相比堪称奇迹。

就目前而言，凯瑟琳是对的。根据马克斯·罗泽的说法[3]，如果在1820年，世界上超过四分之三的人生活在极端贫困中，那么今天只有十分之一的人处于这种境况。在过去的两个世纪里，全球贫困状况每10年都会有所好转，1970年后的好转速度尤其引人瞩目。

但史蒂夫并不在乎1820年以来，甚至1970年以来全球贫困的改善情况。无论如何，自1970年以来，贫困人口下降的大部分原因都是中国经济的巨大增长。这与他有什么关系呢？他比撒哈拉以南非洲的大多数人更富有这一点有什么要紧的呢？

他之所以不与乍得种高粱的农民相比而是与他的父辈相比，是因为他非常清楚，自己这一代人的经济状况比他父亲那一代人差。

当凯瑟琳说生活从未如此美好时，这不仅是基于全球视角，还有个人视角。她和她交往的人（主要是其他资产位于前 1% 的人，还有少数资产位于前 10% 的人）在过去的几十年里发展得非常好。她自己的经历与平克和罗泽所引用的乐观统计数据相一致，但这不是史蒂夫和那些同他处于同一社会环境的人所经历的。难怪这两个群体对国家的发展方向感受不一致。

在凯瑟琳看来，史蒂夫的问题主要是他自己的过错。在当今以知识为基础的经济中，高中学历是不够的，他需要接受大学教育才能发展。他还需要接受财务训练。与其把多余的钱花在枪支和弹药上，他不如把这些钱存入个人退休金账户。

那么谁是对的？史蒂夫的经历有多典型？他认为美国正在朝着错误的方向前进，这有道理吗？这些问题只能用统计数据来回答。

研究数据

一

凯瑟琳承认，日益严重的不平等是一个问题。然而，在她看来，尽管不平等加剧是真实的，但是把它作为一个需要紧急采取行动的问题又有些夸大其词。穷人的生活水平虽然改善得不够快，但仍在改善。基于资本主义和自由市场的经济体系正在发挥作用。解决不平等问题的最佳办法就是促进经济增长。[4]

美国人的生活水平在提高吗？回答这个问题的通常方法是看看家庭收入的变化趋势。由于我们的目标是理解为什么特朗普会在2016年赢得竞选，因此让我们看看在此之前的40年里，收入是如何变化的。对这一比较而言，1976年是一个很好的起点，因为正是在这一年史蒂夫的年轻父亲获得了一份稳定的工作。他和他的妻子搬进了他们的新房子。他们正满怀期待地迎接他们的第一个孩子——史蒂夫的姐姐。生活很好，而且将越来越好。

根据美国人口普查局的数据，[5]家庭实际平均收入（以通货膨胀调整后的2020年美元表示）从1976年的61 896美元增加到2016年的89 683美元，增幅达45%，这看起来相当不错。然而，平均收入并不是我们需要了解的最佳指标，因为平均是指同时计算贫穷家庭（一个收入接近最低工资的养家糊口者挣得2万美元）和富裕家庭（一个大公司的CEO平均收入为1 660万美元）的收入。[6]我们想要知道的是典型家庭的情况，而不是收入分配的极端情况。为此，我们需要考虑收入中位数：将收入分配精确地一分为二的收入水平。美国人口普查局提供了有关收入中位数的数据，这很有帮助。1976—2016年，收入中位数从52 621美元（按2020年美元计算）增长到63 683美元，增长了21%。虽然不及45%，但仍有可观的增长，对吧？

然而，让我们将这些家庭收入的统计数据与工资进行比较。毕竟，尽管史蒂夫和他母亲2016年的收入总和比他父亲1976年的收入还要多，但这是因为两个家庭成员都在工作。史蒂夫的妈妈在沃尔玛工作，并不是因为她喜欢这种体验，而是因为如果没有她的收入，他们就无法支付账单。家庭收入的增长并没有带来生活质量的提高，只是使他们不至于落在人后。

当我们审视工资指标时，所谓的经济状况改善则被进一步淡化了。1976—2016年，实际工资中位数从每小时17.11美元增加到18.90美元，即增长10%。[7]当我们按种族划分这些数字时，我们看到黑人劳动者的改善情况略好，为12%。但由于他们从1976年的较低水平起步，2016年的工资中位数仅为每小时16.06美元。相比之下，西班牙语裔劳动者的改善幅度仅为6%。我们还看到，在工资分布的底端，第一个十分位群体（最低工资劳动者的10%）也只提高了6%。

当我们深入研究这些数字时，所谓的经济增长为大多数美国民众带来美好生活的图景就变得不那么美好了。确实，将10%分摊到40年中，差距并不起眼。而且别忘了，这种总体变化绝不是连续的。例如，在20世纪90年代，典型的劳动者群体正在衰落，他们的实际收入比20世纪70年代时少。

在工资分布的不同部分追踪实际工资的变化是一种有用的方法，但不是唯一的方法，甚至可能不是最好的方法。在不同的十分位数之间没有明显的断层，分布是平滑的。另一种方法是观察不同阶层劳动者的工资变化。最近，社会科学家开始关注受教育程度如何影响经济福祉。[8]

统计学家根据美国人的受教育程度，将他们分为五个等级：高中以下（2016年占人口总数的9%）、高中（2016年占26%）、大学未念完（2016年占29%）、学士学位（2016年占23%）和高级学位（2016年占13%）。[9] 就经济财富而言，最明显的断层出现在衰落的前三个阶层（受教育程度较低）和领头的后两个阶层（受教育程度较高）之间。拥有学士学位的劳动者的实际平均工资，从每小时27.83美元增加到34.27美元。（和以前一样，我用通货膨胀调整后的美元来比较1976年和2016年的状况。）拥有高级学位的美国人境况更好，从33.18美元升至43.92美元。然而，只有高中学历的劳动者工资从19.25美元下降到18.57美元。对于没有完成高中学业的劳动者，工资从15.50美元降至13.66美元。就人口统计学下的不同分类而言，结果与上述总体模式有些差异：男性的境况比女性差，黑人的境况比白人或西班牙语裔差。[10] 然而，对于所有类别而言，受教育程度较低的人和受教育程度较高的人之间的差距随着时间的推移而不断加大。

从这些数据得出的惊人结论是，没有四年制大学学位的美国人——占人口总数的64%——以绝对值来计算一直在落败；在2016年之前的40年里，他们的实际工资一直在缩水。然而，我们的研究还没有结束。到目前为止，我们一直关注的完全是通货膨胀调整后的工资，或者"实际工资"，但是什么让它们成为现实的呢？根据通货膨胀调整工资并不像看起来的那么直接。在过去的几十年里，一些商品变得更便宜了，比如电视和许多玩具。其他东西的成本，比如新车，以当前美元计算没有太大变化，这意味着以通货膨胀调整后的美元计算，新车变得更便宜了，但其他项目和产品的成本增长速度远大于官方通货膨胀率。为了估算这一速度，政府经济学家必须定义一篮子消耗品，然后计算其每年的成本变化。这种方法存在几个问题。首先，史蒂夫和凯瑟琳的篮子完全不同。换句话说，每个人都经历了不同的通货膨胀率。其次，一篮子消耗品随着时间的推移发生了巨大变化。例如，1976年人们没有智能手机，现在每个人都在使用。我们如何将这一因素考虑在内呢？

政府经济学家构建和调整一篮子消耗品的过程有些不透明，正如一些批评者所说，容易受到操纵。毕竟，当政府机构报告经济增长时，它们有强烈的动机低估通货膨胀率，因为这会让政府看起来更好。在美国，GDP 计算创造的所有商品和服务的总和。然后，这一数字除以美国人口总数，得出人均 GDP。最后，根据篮子的成本进行调整，得出实际人均 GDP。低估通货膨胀会使实际人均 GDP 增加，这会使政府看起来更好。一些评论家提出了自己估算通货膨胀的方法，尽管主流经济学家通常认为这些方法是充满谬误的。无论孰是孰非，这里的主要观点都是，考虑通货膨胀从而调整工资并不是件简单的事情，这可能会给我们使用的统计数据带来很大的误差。不同的政府机构使用不同的价格指数：居民消费价格指数（CPI）和个人消费支出价格指数（PCE）。它们之间的平均差额是 0.5%。[11] 这看起来可能不大，但请记住，40 年变化 10%（实际工资中位数的增长幅度）意味着每年变化 0.25%，即 CPI 和 PCE 价格指数差额的一半。

尽管如此，很明显，2016 年挣得的美元收入与 1976 年挣得的美元收入仍是不同的，我们需要以某种方式调节这一变化。通常的做法是使用政府统计数据。正如我们所看到的，根据这一计算，实际工资中位数在 40 年内增长了 10%，即每年增长 0.25%。即使如此，这些数据看起来也相当单薄。另一种方法是分解篮子，并分门别类地研究不同的商品和服务。例如，定义美国中产阶层生活质量最重大的项目是什么？显然，一个是高等教育，一个是拥有住房，再一个是保持自己的健康。奇怪的是，这三项主要支出的成本增长速度远大于官方给出的通货膨胀率。

为了更好地理解这一信息，让我们忘掉真实美元（事实证明它并不那么真实），而只使用名义（当前）美元进行计算，从而跳过调节通货膨胀的步骤。1976年，公立大学的平均学费为每年617美元。这听起来几乎不真实。1976年，一名工资达到中位数的工人需要工作150小时才能挣够一年的大学学费。2016年，公立大学的平均学费为每年8 804美元。一名工资达到中位数的工人需要工作500小时才能挣够一年的大学学费——时长是原来的3倍多。购买中等住房的挑战与之类似：与1976年相比，一名工资达到中位数的工人在2016年必须多工作40%的时间才买得起房子。较之既往，实际中位数工资10%的增长开始显得更加微不足道。

更糟糕的是，如果我们不使用中位数工资，而是使用高中毕业生的平均工资做同样的计算（请记住，1976—2016年，平均工资的绝对值有所下降），那么，支付大学学费所需的工作时长几乎是原来的4倍（精确地说是3.85倍）。与1976年相比，"劳工阶层"（受教育程度较低）出身的父母在2016年不得不工作4倍时长才能支付起孩子上大学的费用。这意味着在短短几十年内，从受教育程度较低的阶层跨越到受教育程度较高的阶层的能力急剧下降。

生理健康

一

到目前为止，在这一针对美国劳工阶层命运变化的调查中，我们只关注到了福祉的经济维度。但是幸福和它的对立面——贫困——还有其他维度：生理维度和社会维度。其中第一个维度普遍与健康有关，它从许多方面来说都是考察生活质量的一个更好、更诚实的指标。关于健康，我们能说什么呢？

生理健康最敏感的指标之一是人口的平均身高。[12] 身高是由生物体在最初 20 年的生命中，其营养摄入量和环境对其需求之间的平衡决定的。营养最重要的来源是能量摄入，但饮食质量（例如蔬菜是否新鲜）也会影响身高。阻碍身高发育的环境压力包括疾病的高发病率（因为抵抗传染需要消耗能量）和繁重的劳动（如果需要儿童和青少年付出体力劳动）。因此，决定身高的许多因素都受到家庭经济状况的影响。更多的收入意味着更多更好的食物。财富还可以购买更好的医疗服务，让孩子们不必在工厂工作。海滩度假可以让成长中的孩子补充足够的维生素 D。因此，人口的平均身高为纯粹的经济指标（如实际工资）提供了非常有用的修正。我们有可能通过人类骨骼来对身高做出可靠的推测，从而追踪史前人口的健康状况。

在 18 世纪，美国拥有世界上最高的人群。[13] 在美国出生的美国人平均身高不断增长，这种情况一直持续到 1830 年出生的那一代人。在接下来的 70 年里，平均身高的下降超过 4 厘米。在 1900 年另一个转折点之后约 70 年，这一趋势再次呈高度正增长。在此期间，平均身高足足增长了 9 厘米。然后发生了一些事情。从 20 世纪 60 年代出生的那代孩子开始，身高就停止增长了。这一趋势变化只影响到了美国。在其他高收入的民主国家，平均身高持续增长，今天地球上最高的人群生活在荷兰、瑞典和德国等国家。这没有发生在美国。这是怎么回事呢？

当 15~20 岁的青少年经历成长高峰后，他们就达到了成人身高。一旦我们到了 20 岁出头，我们的身高就停止增长了（并且开始萎缩，尽管速度很慢）。因此，1960 年出生的孩子的身高部分取决于他们在 1975—1980 年的生活环境。这些环境条件在很大程度上取决于他们父母那一代人的工资。因此，当美国人的典型实际工资在 20 世纪 70 年代晚期停止增长的时候，他们孩子的平均身高也停止了增长。[14]

另一个非常有用的生理健康指标是预期寿命。对于生活在遥远过去的人群来说，这一指标的数据更难估算。然而，由于诺贝尔奖获得者罗伯特·福格尔和其他经济史学家的研究，我们非常幸运地获得了整个美国历史的数据。[15] 在这两个世纪中，预期寿命的变化与身高数据的变化密切相关。[16] 这并不意外，因为在个人层面上，预期寿命与身高之间存在着强烈的正相关性，除非是极端身高。换言之，这两项指标在反映生理健康方面互为补充。当它们同时下降的时候，人口出现问题的可能性就会增加。

今天，我们能够处理非常详细的数据，这些数据使社会科学家能够重建不同社会阶层的预期寿命趋势或死亡率趋势。例如，当一个人在美国去世时，相关部门会为其出具一份死亡证明，其中提供了死者的各种数据，包括受教育程度。著名经济学家安妮·凯斯和安格斯·迪顿最近在利用这些统计数据衡量幸福感时发现了一个非常令人忧心的趋势。他们发现，2013—2014年，美国白人出生时的预期寿命下降了十分之一。在接下来的3年里，全部美国人的预期寿命都有所下降。所有年龄段的死亡率都有所上升，但中年美国白人的死亡率增长最快。凯斯和迪顿写道："预期寿命的任何下降都是极为罕见的。连续3年的下降，我们对此感到非常陌生；自1933年出生登记覆盖各州以来，美国人的预期寿命从未连续3年下降过。"[17]美国人预期寿命的下降始于新冠大流行前几年，但这场大流行带来了重大冲击。到2020年，出生时的预期寿命比2014年减少了1.6岁。[18]

凯斯和迪顿的书中所讲述的故事大多是美国白人劳工阶层的故事。非西班牙语裔美国白人占劳动适龄人口的62%，追踪他们的健康状况对于理解美国这样一个国家的发展走向非常重要。然而，如果像媒体那样将凯斯和迪顿所进行的研究的意义只局限于"愤怒的白人",那就错了。一直以来损害劳工的经济和社会力量,已经影响到美国所有的劳工阶层,无论性别、种族或族裔。然而,他们的生活受到这些力量影响的时间可能明显不同。

当前的全球化浪潮始于 1980 年左右,这给美国黑人,尤其是生活在内城区的黑人造成了尤为严重的打击。受过更好教育的美国黑人迁往了更安全的社区和郊区。在城市核心区,结婚率下降,犯罪率和暴力致死率上升,可卡因和艾滋病的双重流行对美国黑人产生了严重的影响。因此,20 世纪 80 年代美国黑人劳工阶层的遭遇可以作为 30 年后影响美国白人的类似发展的预演。黑人的死亡率一直高于白人,在 20 世纪 90 年代初,黑人的死亡率是白人的两倍多。但是 2000 年之后,随着白人死亡率的攀升,黑人死亡率迅速下降,两者之间的差距缩小到 20%。不幸的是,黑人预期寿命的增长在 2013 年停滞了。这一趋势逆转的一个主要因素是 2013 年后,受教育程度较低的美国黑人遭受"绝望之死"的人数增加了。[19]

绝望之死

一

如前所述,在过去 40 年中,"证书阶层"(拥有学士学位或更高学位的美国人）和"劳工阶层"（受教育程度较低的美国人）的经济命运有着非常明显的差别。受教育程度较高的人工资增长，那些受教育程度较低的人工资减少。那么，福祉在其他维度发生了什么变化呢？得益于凯斯和迪顿所做的大量研究，我们知道了这个问题的答案，并且这个答案并不乐观。"证书阶层"的死亡率一如既往地保持下降趋势。然而，劳工阶层的死亡率上升，预期寿命下降。

凯斯和迪顿记录的第一个死亡率增长的人群是45~55岁的白人男性劳工阶层。这一群体的死亡率趋势在20世纪90年代末发生了逆转，[20]其死亡率上升受到很多因素的共同驱动——凯斯和迪顿将这些因素统称为"绝望之死"。绝望之死是由自杀、酗酒和滥用药物导致的——这些都是逃避身心痛苦的方式。自杀是最快的方式；但药物过量和酒精性肝硬化导致的死亡同样是自己造成的，只是需要更长的时间。尤为令人震惊的是，尽管受教育程度较低的男性因绝望而死的人数增长了3倍，但受教育程度较高的男性的死亡率几乎没有改变。[21]

然而，绝望之死不仅仅折磨着男人。凯斯和迪顿写道：

> 早期媒体对我们工作的报道经常冠以"'愤怒'的白人男性正在死亡"这样的标题，我们认为这是因为人们没

有想到女性也会以这些方式自杀。历史上来看,她们没有,但这种情况已经改变了。根据我们掌握的数据,在世界上的任何地方(甚至包括中国,而在过去中国常常是例外),女性自杀的可能性更小似乎都是事实,而她们死于酒精性肝病或药物过量的可能性更小。然而,图表显示,"绝望之死"的流行对男性和女性的影响几乎相同。并且经过分别考察,每一种因素(包括自杀、药物过量和酒精性肝病)对两性的影响也相差不大……这一流行不分性别。

在20世纪90年代早期,白人女性(无论她们的受教育程度如何)死于酗酒、自杀或药物滥用的风险都很低。然而,从那时起,不同教育背景的女性的人生轨迹开始出现分叉,就如男性的情况一样。

到了2005年,因绝望而死亡的青年人数开始增加。三四十岁的美国人的死亡率比他们父母的死亡率增长得更快,尽管由于老龄化的影响,我们经常观察到相反的情况。于是,一种自相矛盾的情况出现了,即年老一代的死亡率低于年青一代的死亡率。正如凯斯和迪顿所写:"父母不应该看着他们成年的孩子死去。这是正常秩序的颠倒;孩子应该埋葬他们的父母,而不是相反。"

早在2010年,当我谈到对动荡的二十年代的预测时,我就指出了相对工资的下降、身高的下降（尤其对弱势群体而言）以及福祉在社会维度方面的恶化（下文将对此进行详细介绍）。但美国人的预期寿命仍在增长，尽管它落后于在其他富裕民主国家中所观察到的增长幅度。当时，我解释道："我们生活在一个后马尔萨斯时代的世界里。在这个世界里，我们很难想象贫困化会导致预期寿命的绝对下降。"我错了。2015年，当我第一次读到凯斯和迪顿的著作时，我真的很震惊。

里根时代的趋势逆转

—

我们怎样理解这一点呢？经济趋势（如不平等加剧）发挥着重要作用，但若认为不平等和贫困化之间有直接的因果关系，未免太过草率。以下我重构了导致美国预期寿命减少和更广泛意义上的健康状况恶化的一系列原因。我的解释与凯斯和迪顿，以及约翰·科姆洛什等经济学家的观点一致。[22] 不过，我将更深入地追溯过去，并将其置于历史动力学的总体框架内。[23]

美国和任何其他复杂的社会一样，经历了整合阶段和瓦解阶段的更迭。第一个瓦解阶段大约始于1830年，结束于1930

年左右。[24] 在此期间，出现了两次集体暴力的高峰，相隔约50年：内战（及其严重后果）和1920年左右的不稳定浪潮。在美国第一个不和谐时代，统治精英对政治暴力所造成的破坏程度感到恐惧。他们设法取得团结，就一系列的改革达成一致，从而结束了第一个不和谐时代。这些改革始于1900年前后的进步时代，并在20世纪30年代的新政中得以最终确定。其中，最重要的结果是，企业、工人和国家之间达成了不成文的社会协议，赋予了工人组织和集体谈判的权利，并确保他们能够更充分地分享经济增长的收益。这一协议不仅有经济学的意义，还奉行了不同社会部门（用历史动力学的术语来说，即平民、精英和国家）之间相互合作的理念。尽管最初某些精英阶层成员对该协议进行了激烈抵制，[25] 但国家在应对大萧条和第二次世界大战所造成的后果方面取得的成功让所有人（除了少数边缘群体）相信这项协议是一件好事。

我们不应该忘记，加入这项协议的是白人劳工阶层；美国黑人被冷落了。（我将在第六章中再次谈到这重要的一点。）讽刺的是，财富谱的另一端——超级富豪——也成了输家，因为三方契约终止并最终扭转了财富泵。在咆哮的二十年代发家的百万富翁中，近一半在大萧条和随后的几十年中出局，不过，当时工人工资的增长速度超过了人均GDP。1929—1982年，无论是以实际价值还是以工人工资中位数的倍数衡量，[26] 美国顶级富豪的财富规模都在大幅缩小。最大的赢家是中产阶层。

但这种情况并没有持续下去。20世纪70年代，新一代精英开始取代"伟大的公民一代"[27]。新一代精英没有经历过上一个年代的动荡与混乱，他们忘记了历史，并开始逐步拆除战后繁荣时代所依托的支柱。之前由边缘经济学家主张的新古典经济学思想现在成为主流。[28] 里根总统执政的20世纪80年代是工人和企业之间合作的理念被抛弃的转折点。相反，我们进入了"贪婪是好事"的时代。

与此同时，劳动者的工资受到了来自各方面的压力，这些压力改变了劳动力的供需平衡。大批的婴儿潮一代开始寻找工作，越来越多的女性也进入了劳动力市场，加之大量增加的移民，这些因素共同导致了劳动力供应的膨胀。但是随着企业将生产转移到海外以顺应全球化，以及最近兴起的生产自动化和机械化，劳动力需求却减少了。因此，相对于需求来说，劳动力的过量供给给劳动者的工资带来了下行压力。随着保护劳动者的机构的力量越来越弱，工资无法抵抗这种下行压力，于是实际工资下降，尤其是受教育程度较低的劳动者工资——他们的技能在新经济中的需求减少，并且与受过大学教育的劳动者相比，他们面临着来自移民、自动化和离岸外包方面更激烈的竞争。[29]

劳动力的供求平衡显然产生了强烈的影响，但是纯粹的经济因素不足以解释为什么自20世纪70年代以来，典型劳动者的相对工资一直在下降。对工资数据的统计分析表明，另外一个因素（也是关键因素）是关于非精英劳动力适当工资水平的文化观念和政治观念的转变。这"另外的经济"因素的一个很好的表示是实际最低工资。[30] 从新政到伟大社会，这些非市场力量推动最低工资以超过通货膨胀的速度上涨。然而，在20世纪70年代，一种相反的趋势占据了上风，使实际最低工资因通货膨胀而下降。然而，这里重要的不是最低工资对总体工资的直接影响，因为它只涉及了美国一小部分劳动力，所以影响很可能是轻微的。此外，许多州将最低工资定在联邦水平之上。这个变量的主要价值在于它是非市场力量复杂性的体现，其中也包括精英对集体谈判的态度。[31]

经济学家的最新论文有力地证明了非市场力量在解释美国劳动者工资下降中的重要性。安娜·斯坦斯伯里和劳伦斯·H.萨默斯在2020年进行的一项分析中提出了各种证据，表明劳动者权力的下降这一因素比企业在产品市场上权力的增加（"卖方垄断"）、企业在劳动力市场上权力的增加（"买方垄断"）或技术的发展更为重要。[32] 劳伦斯·米舍尔和乔希·比文斯于2021发表的一篇文章进一步证明，1979—2017年的工资压制是由于权力平衡的变化，而非自动化和技术变革。米舍尔和比文斯认为以下综合因素能够大体解释生产率和时薪中位数增长之间的差异：

1. 宏观经济紧缩，包括提升失业率，使其高于抑制通货膨胀所需的水平，以及应对经济衰退的动力不足；
2. 企业驱动的全球化，主要原因是在跨国公司的要求下，政策选择削减非大学学历劳动者的工资和工作保障，同时保护企业经理和专业人员的利润和薪酬；
3. 集体谈判受到蓄意破坏，原因是司法判决和政策选择招致越来越激进的反工会商业行为；
4. 劳工标准降低，包括最低工资下降，加班保护削弱，未对"窃取工资"的行为或基于性别、种族、族裔的歧视进行执法；
5. 雇主强加的新合同条款，如约定离职后不得参加竞争，以及强制接受私人和私下的申诉仲裁；
6. 公司结构发生变化，原因是雇佣关系断裂（或国内外包）、行业放松管制、私有化、影响整个供应链的买方主导地位以及雇主集中度的提高。[33]

中左翼经济学家日益达成共识，认为自20世纪70年代以来，不平等的权力在抑制非精英劳动者的工资上涨方面比技术变革起到了更重要的作用。[34]

社会和心理健康

一

随着受教育程度较低者的经济条件逐渐恶化,帮助他们开展社会生活和合作的社会机构也在相应减少。这些机构包括家庭、教会、工会、公立学校及其家长教师协会,以及各种各样的社区志愿团体。所有这些机构的数量都在下降,整体合作程度和社会嵌入度也在下降。[35] 正如凯斯和迪顿所言,绝望之死的流行只能部分归结于经济状况的恶化,另一重要原因是社会联系的逐步解体。

不断恶化的经济和社会状况对个人幸福(或其反面,即痛苦)有着直接的影响。社会心理学家已经发现,仅仅通过系统地询问人们的感受,就有可能对他们的幸福程度进行测量。这种方法很简单,却可以获取关于"主观幸福感"的可靠数据,并且其他不同的方法也给出了相似的(强相关)答案。最近几项受凯斯和迪顿启发的研究表明,过去20年来,美国人的主观幸福程度有所下降。例如,大卫·布兰奇弗劳尔和安德鲁·奥斯瓦尔德使用美国疾病控制与预防中心每月进行的调查来测量"极度痛苦"的程度。[36] 他们发现,处于极度痛苦中的美国人比例几乎翻倍,从1993年的3.6%到2019年的6.4%。与凯斯和迪顿之前的研究结果一致,在美国白人劳工阶层中所观察到的负面影响最强烈。在这一群体中,同一时期极度痛苦(绝望）的比例从不足 5% 增长到超过 11%。另一项研究显示，不满程度的增加在预测政治行为方面有着强烈的影响。乔治·沃德和合著者通过使用一套不同的数据集（来自盖洛普每日民意调查，按县汇总）所进行的研究表明，低主观幸福感是不满情绪的一个有力标志，与投票反对当权者的状况高度相关。尤其是在 2016 年，它是特朗普县级投票结果的最强预测因子。[37]

在这方面，正如我们所看到的，社会、文化和心理因素起着非常重要的作用。这些非经济影响包括腐蚀性意识形态，例如安·兰德的客观主义和新主流经济学，它们鼓吹经济效率和市场原教旨主义，其代价是不再广泛地改善民众福祉。另一个因素是优绩主义的兴起，其带来的结果有些出人意料。哲学家迈克尔·桑德尔对此有着最好的表述：

> 成功者受到鼓励，将成功视为自己行动的结果，以此衡量自己的美德，并且看不起那些比他们不幸的人。那些失败的人可能会抱怨，这个系统受到操纵，胜利者徇私舞弊，并且操控了上位之路。或者他们可能怀有一种沮丧的想法，认为他们的失败是自己造成的，认为自己就是缺乏成功的天赋和动力。[38]

到 2016 年，美国人将自己划分为两个社会阶层：受教育阶层和贫困阶层——就像《悲惨世界》那样。根据马克思的说法，它们不是阶级，因为它们不是由其与生产资料的关系来定义的。并且，它们都不是政治舞台上有凝聚力的角色。尤其是受教育程度较低的"贫困者"，他们因种族而严重分裂。（我们将在第四章讨论受教育阶层的内部分化。）不过，这两个阶层可以依据一系列特征得以鲜明地区分：心理方面（"极度痛苦"水平的高或低）、社会方面（结婚率的高或低）、政治方面（倾向于投票给共和党人或民主党人）、经济方面（经济前景的好或坏），也许最可悲的是生理方面（预期寿命的缩短或延长）。由于大学费用的急剧增长，阶层之间的鸿沟变得难以跨越。

尽管这两个阶层都没有内在凝聚力，但他们都倾向于认为对方比实际体量更为庞大。他们也倾向于指责对方是美国走上错误轨道的原因。

财富泵，又来了

一

在第一章，我介绍了相对工资（工资除以人均GDP）。通过剔除调节通货膨胀的部分，我们可以避免追踪普通美国人经济福祉时的错误倾向。

当我们考虑美国从建国到现在相对工资的动态时，数据呈现出明显的双波模式。1780—1830 年，相对工资几乎翻了一番。然而，从 1830 年达到峰值后，到 1860 年它增长的部分几乎全部回落。截至 1910 年，相对工资一直在这一数值附近低水平波动，随后又出现一个稳定增长期，一直持续到 1960 年，此时相对工资再次翻了一番。从 1970 年开始，相对工资又开始下降，并在我撰写本章时继续下降。1976—2016 年，相对工资几乎损失了其价值的 30%。

相对工资的动态包含了哪些关于社会的信息呢，尤其是关于它如何从外部和内部的冲击中快速回弹的信息？很多。让我们假设，精确到十分位的所有美国劳动者（从最低的 10% 到中位数，再到最高的 10%）的相对工资在很长一段时间内保持稳定。这意味着所有劳动者的工资都在与整体经济同步增长。正如约翰·肯尼迪在 1963 年（当时相对工资处于峰值）所言，水涨船高。但在过去 40 年中，相对工资一直在下降。最高收入者的游船一直在飙升，而其他所有人的游船都在下沉，收入最低的那 10% 的游船坠入深渊。自 1830—1860 年的 30 年以来，相对工资从来没有如此持续地下降过。与相对工资一样，身高和预期寿命等生理健康指标也同样经历了两个大周期。

出于对公平和公正的基本考虑，相对工资的下降不会带来幸福的生活状态。为什么大多数劳动者不能平等地分享经济增长的成果呢？从事低薪工作的人从事着关键的社会工作。社会越来越富裕，他们的工资没有随之上涨似乎是不对的。在肯尼迪时代，美国社会绝非奉行彻底的平均主义，更不用说社会主义。美国是一个贫富悬殊的资本主义国家。但人们对政府机构和国家合法性的信任程度很高，部分原因是即使是穷人也看到了，他们的生活从这代人到下一代人都在明显改善。1910—1960年，相对工资几乎翻了一番。这意味着，普通百姓的船事实上比整体经济上涨得更快。当时的富人却在衰落。但奇怪的是，权贵们也没有因此而不高兴。他们在20世纪70年代变得不高兴。稍后我们将讨论精英的反抗。

但也许，读者的心不会为穷人的困境而悲痛。有许多非常优秀的人相信优绩主义应该是我们社会的主要组织原则。那些贡献大的人应该得到相应的奖励；为公司创造数十亿美元收入的CEO应该成为亿万富翁。落后的人需要统一行动起来——掌握正确的技能，或者更加努力、聪明地工作。正如俄罗斯具有讽刺意味的谚语所说："营救溺水者是溺水者自己的事。"[39]

此外，你可能不会同情低学历阶层中的许多人——持枪的种族主义者、白人至上主义者、性别歧视者、恐同分子、恐跨分子和仇外分子。根据希拉里·克林顿的著名判断，大约一半给特朗普投票的人都是这样的可怜虫。在大多数复杂的人类社会中，上层阶级对下层阶级存在一定程度的鄙视。"农民正在造反。"

但是，你应该考虑另一个非常严肃的问题：为什么劳工阶层的幸福感下降是一件坏事？因为它从根本上破坏了我们社会的稳定。最明显的是，大量人口的生活水平下降会动摇政府机构的合法性，从而削弱政府的合法地位。民众贫困化增加了聚众反抗的潜力。过去，当农民无法再承受痛苦时，他们会起义。中世纪晚期的危机期间，英格兰的瓦特·泰勒起义和法国的扎克雷起义就属于这种情况。像尼克·哈诺尔（Nick Hanauer）这样资产位于前 0.01% 且具有前瞻性的超级富豪一直警告我们，如果我们不采取措施来解决突出的不平等问题，那么干草叉就又要来了。[40]

这是相当明显的事实。不太明显的事实是，相对工资的下降开启了所谓的财富泵。经济增长的成果必须流向某个地方。如果国家收入占 GDP 的比重相对稳定，而普通劳动者工资占 GDP 的比重却在下降，那么经济增长的成果就被经济精英夺取了，这些经济精英包括顶级收入者（如 CEO 和公司律师等）和资本所有者。这需要时间，但最终财富从普通民众流向精英会导致精英生产过剩和精英内部冲突，如果不及时制止，就会导致国家解体和社会崩溃。社会革命的结果表明，在社会和政治的动荡时期，富人可能比普通人更脆弱。

另外一个来自历史动力学的不太显明的观点是,劳工阶层福祉的普遍恶化为其成员创造了逃往"证书阶层"的强大动力。当然,接受教育是解决我们在本章中所讨论问题的标准方法。在19世纪的美国,对东海岸的贫困民众的建议是:"向西走,年轻人!"今天的建议则是:"上大学,或者更好一点,获得专业学位。"在个人层面,对于那些想逃避动荡的人来说,这是一个很好的建议。但是,在集体层面,当大量追逐者寻求进入精英阶层时,会发生什么呢?

我们的数据库CrisisDB显示,尽管民众贫困化是造成社会和政治动荡的主要因素,但精英生产过剩更为危险。深入研究精英生产过剩的微观动力学是下一章的重点。

第四章

革命队伍

简

一

警察冲向了靠近简的一群"占领华尔街"运动的抗议者，用棍棒殴打他们，并用胡椒粉喷雾喷射他们。警察要将他们铐起来拖走，他们尖叫着在地上颤抖。简在之前的人生中从未面对过这样的暴力。目睹这些令她感到恐惧。

简在曼哈顿一个富裕家庭长大。她的父亲是纽约一家公司律师事务所的高级合伙人，母亲是一名摄影师和艺术赞助人，曾担任纽约现代艺术博物馆的托管人。他们住在上东区的一栋两层大公寓，夏天会搬到他们在汉普顿的度假别墅。

简的父母让她在纽约的一所只招收富家子弟的私立学校就

读。这段时间对她而言痛苦不堪。事实上，她认为毕业前的最后一年是她一生中最糟糕的一年。在"虎妈""虎爸"的鞭策下，学生们努力取得最高成绩，积累课外经验，以增加进入常春藤名校的筹码。如果有一名学生法语得了 A-，老师就不得不忍受其母亲长达 40 分钟的愤怒谴责。这样的学生以理想的平均绩点毕业不足为奇。优异表现的背后是巨大的压力。几个月以来，简感到非常焦虑，充满压力，疲惫不堪，以至于发现自己无法入睡。她的医生给她开了安眠药。

尽管如此，简还是表现得很好并被哥伦比亚大学录取。但在成功跨进常春藤名校的门槛后，如今她觉得自己走错了路。她还有什么可以期待的呢？接下来的 4 年大学和 3 年法学院生活（她的父亲希望她追随他的脚步）将一如既往：一场艰苦的激烈竞争。之后，她得常年忍受每周工作 70 个小时，在一家律师事务所从初级律师做起，将来也未必能成为合伙人。这有什么意义？她父亲为大型国际公司所做的工作似乎不值得付出如此巨大的努力。大部分时间他的工作都是相当枯燥乏味的，有时还很罪恶，比如在一桩印度尼西亚村民控告矿业公司污染其水源的案件中，他为矿业公司辩护。嫁给一名富有的律师或者 CEO，生活也同样乏味。她甚至不确定自己是否喜欢抽象艺术。

她决定主修历史，并开始对拉丁美洲的历史和政治着迷。拉丁美洲的大部分历史时期是沉重压抑的，美国使拉丁美洲的经济一团混乱，给拉美人民带来沉重的债务负担，美国支持甚至在此着手建立法西斯政权。但这里也有成功进行反帝国主义抵抗的高光时刻。她通过阅读了解到尼加拉瓜的桑地诺主义者、委内瑞拉的查韦斯主义者、墨西哥恰帕斯州的萨帕塔主义者和副司令马科斯，更重要的是，还了解了古巴。古巴这个小国，尽管几十年来受到美国严厉的禁运制裁，但其国民的预期寿命却超过远比它富裕且强大的美国。

为了提高西班牙语口语水平，简报名参加了位于危地马拉农村的一所语言学校，她在一个当地家庭住了3个月。这是一次令人开阔视野的经历。这个家庭很贫穷。他们的饮食几乎完全以玉米和豆类为主，每周只有一两顿能吃一点鸡肉或猪肉。然而，他们日常生活充满幸福感，他们热情好客，将仅有的一点东西无偿地分享给简。这与她的另一个世界形成了鲜明的对比，精英私立学校里到处是压力过大、以自我为中心的超级成就者。前者是一个团结合作的世界，每个人都有时间停下来聊天，后者则充斥着狂热的竞争和无限的虚荣。

从危地马拉回来后，她加入了哥伦比亚大学的一个激进学生团体。团体中的其他学生来自不同的意识形态背景：无政府主义者和托洛茨基主义者，支持巴勒斯坦的积极分子和伊拉克战争抗议者。他们讨论了民主的神话和生活在一个分裂国家的现实，在这个国家，黑人受到压迫，数百万穷人成为金融资本的债务奴隶。尽管享有很多中产阶层的特权，但简开始意识到身边存在很多不公正和不公平。她希望实现变革，阻止国家的暴行和压迫，建立一个公正、和平的世界。

她开始积极参加"占领华尔街"运动，2011年10月，她参加了祖科蒂公园宿营。她经历的那场攻击发生在纽约以及亚特兰大和波特兰等美国城市连续数天的示威活动之后，警方对和平抗议者使用了催泪瓦斯、震爆弹和橡皮子弹。在奥克兰，一名警察用豆袋弹朝伊拉克战争老兵斯科特·奥尔森的脸开了一枪，导致他的头骨破裂。奥尔森幸运地活了下来，但终身残疾。随之而来的是更多的警察暴行，国家的强制机构最终镇压了"占领华尔街"运动，并将简和其他人驱逐出祖科蒂公园。这是一次改变简人生的经历。以前，她的革命理想是相当理论化和抽象化的，现在则变成了切身经历。

她开始对暴力的种族主义团体和白人至上主义团体的爆炸式增长深感担忧。另类右翼运动的高涨和特朗普的当选充分显示出对抗威权主义浪潮的必要性。简开始积极参与反法西斯运动，反对死灰复燃的极右翼。

她开始相信，无论如何必须制止威权主义者，必要时可以使用暴力。不过，她没有在一线参加殴打法西斯主义者、焚烧汽车或者打碎商店窗户的活动。相反，她负责组织和管理后勤工作。

尽管她不喜欢意识形态标签，但她目前的观点可以用无政府主义来形容。她与托洛茨基主义者一起工作，但她认为经典的马克思主义现在有些过时了。她并不觉得自己与工人阶级站在同一阵线。他们中有太多人是种族主义者和恐同者。他们支持法西斯主义者的意愿非常高，还投票支持特朗普。她认为马克思主义者用"虚假意识"来解释工人阶级对威权主义的支持，这在她看来站不住脚。那些暴力的极右翼分子经常与警方联手镇压进步人士。

然后，她的人生轨迹突然改变。我在2020年秋季偶然遇到简，惊讶地得知她已经在耶鲁大学法学院读二年级了。

"你爸爸一定很高兴！"我对她说。

她笑了。"不过，我不会成为一名公司律师。"

简告诉我，她开始对反法西斯激进主义有些失望了。虽然政府是敌人，但是与种族主义者扭打、向警察扔砖头、打碎商店窗户似乎并没有带来任何结果。此外，特朗普现在离开了华盛顿，但同样的老牌精英重新掌权。"我们不要拜登，我们要革命"成为极左翼的新口号。

法律学位是从政的跳板。毕业后，简计划在支持自由主义的左倾地区竞选公职——也许是一名地方检察官，也许是一名市议会议员。当选官员后，她将拥有实际的权力来实现自己的人生抱负。她的最终目标仍然是建立一个没有警察、监狱和国家的世界。但要做到这一点,她首先需要在现有的权力结构内工作。

毛泽东说过一句名言:枪杆子里面出政权。简认为,在21世纪的美国,可能会是投票箱里面出革命。至少,她打算找出答案。

学位生产过剩

一

在第三章,我们对比了受教育程度较低者和受教育程度较高者的不同命运。在过去的几十年中,第一组人的福祉有所减少,而第二组人的福祉有所增加。但这种叙事的一个主要问题是,它把第二组人视为一个单一的整体。的确,持有学位证书的这群人总体表现不错,但这并不意味着所有的学位持有者都是获胜者。在20世纪五六十年代,学位持有者是获胜者,但现在不是了。情况完全变了。要想知道发生了什么变化,让我们再玩一次抢椅子游戏。

比方说,这场游戏的目标是成为前10%。(但请记住,同样的游戏也适用于其他目标:进入前1%或者0.1%;成为亿万富翁或者美国参议员。)这10把椅子代表奖励。加入这个游戏需要购买一张入场券,也就是支付学费并投入4年时间来获得一个学士学位。

在20世纪50年代初玩这个游戏时，18~20岁的人中只有不到15%的人上了大学。[1]因此，你需要与其他十三四个追逐者竞争。当然，有一两把椅子可能会被精明且精力充沛、没有购买入场券的劳工阶层成员抢到。幸运的是，你的许多直接竞争对手会从大学辍学或者在其他方面搞砸，所以你需要做的就是坚持下去，取得好成绩，获得学位，并按照教授和老板的期望行事。如果你遵守了这些规则，你实际上就能保证得到一把椅子。即使你很不走运，没能跻身财富排名前10%，你也很难不在前20%中，这仍然保证了你将生活得非常幸福。到目前为止，一切都很好。

但随着时间的推移，游戏变得越来越艰难。如果你在15年后的1966年参加这个游戏，你将与其他30名追逐者同场竞技。到1990年，和你同时期出生的人中有一半以上参加了这个游戏——50名玩家，仍然是10把椅子。今天，18~20岁的年轻人中有三分之二都上了大学。[2]

你能做什么？让我们回到1966年，当时30%的年轻人进入了大学。为了在竞争中领先，你需要提高自己的水平并购买一张更贵的入场券。所以大学毕业后，你会去读法学院、医学院或者其他研究生院。现在，你和其他两三名高级学位获得者都很容易抢到椅子，剩下的椅子才归只获得学士学位的人。

情况暂时很好，但其他人很快迎头赶上。1960—1970 年，美国大学授予的博士学位数量增加了两倍多——从不到 1 万个增加到 3 万个。很快，我们又回到了精英生产过剩的境地；只是，入场券的价格越来越高。

我们一直在玩这种椅子数量固定的游戏。当然，在现实世界中，精英职位的数量一直在变化。20 世纪六七十年代，大学对博士的需求巨大，因为大学需要聘请教授来教授婴儿潮一代。我的一位教授曾向我透露，当时大学把门槛降得很低，愿意聘请任何获得学位的人。"要是在今天，我肯定拿不到聘书。"他说这话时是在 1985 年，当时我即将完成自己的博士学位。当我开始寻找一份学术性工作时，我认为当时的市场对于刚拿到博士学位的人来说已经形势严峻，但今天的情况还要糟糕得多。

其他需要高级学位的职业在二战后也有所增加。人造地球卫星震惊了美国精英，加上一系列其他因素，刺激了科学研究经费的大幅增加，这吸引了大量博士。与此同时，美国的经济触角已经延伸至全球，跨国公司需要大批律师。（简的父亲就是这样获得"金色入场券"的。）但最终，这种对高级学位激增的需求消退了，而供应却继续飙升。例如，1955—1975 年，法学院录取的学生人数增加了两倍。

是否会有精英生产过剩的问题，取决于获得高级学位的年轻人的供应与需求之间，即与需要他们技能的岗位数量之间是否平衡。不幸的是，众所周知，到了 21 世纪，获得学位的人数远远超过了相应的岗位数。

这种不平衡在社会科学领域非常严重，在人文领域更加严重。美国甚至在 STEM（科学、技术、工程与数学）学位方面也出现了严重过剩。2021 年 1 月，广受欢迎的博主兼专栏作家诺亚·史密斯在为《彭博观点》撰文时承认，多年来博士学位的生产过剩一直是美国的一个问题。一方面，民众受教育程度更高通常是一件好事；但另一方面，一旦博士生毕业，他们就会发现自己为之受训的学术性岗位一直在减少。"在谷歌上快速搜索任何一个学术领域（包括历史、人类学、英语）的趋势，你可能会发现终身教职岗位数量在惊人地减少，"史密斯写道。他还说：

> 这迫使许多想要成为学者的人不得不面对惨淡的现实，接受薪资低、不稳定的工作。就像在好莱坞伺机等待人生转机的服务员，许多人放弃了医疗保险或者住在破旧的公寓里，年复一年地在原地打转，而对于学术界以外的工作，他们的资质却在降低。
>
> 然而，尽管人人梦寐以求的教授生活逐渐触不可及，这个国家仍在继续生产更多的博士学位。[3]

胜利者和失败者

一

当我们更仔细地观察所谓富有的、受过教育的阶层时，我们发现，对他们来说，事情并不像我们想象的那样美好。一部大受欢迎的墨西哥电视剧的剧名说明了一切：《坎坷》（又名《富人也哭泣》）。如今，高级学位并不是抵御不稳定的完美保障，甚至不是十分有用的保障。事实上，盖伊·斯坦丁将"不稳定无产者"一词注入公众意识，他将学位持有者视为不稳定无产者的小派别之一。关于这个群体（"进步派"），他写道：

> 它由读大学的人组成，父母、老师以及政客向他们保证，读大学将带给他们一份职业。他们很快意识到自己被兜售了一张彩票，结果毫无前途可言，反而负债累累。这个派别很危险，他们以一种更激进的方式行事。他们不太可能支持民粹主义者。但他们也拒绝旧的保守政党或者社会民主党。直观上，他们正在寻找一种在以前的政治派别或者工会等组织中看不到的、新的"完美政治体制"。[4]

历史（以及 CrisisDB）告诉我们，持有学位的不稳定无产者（或者用历史动力学术语来说，失意的精英追逐者阶层）对社会稳定来说是最危险的阶层。从1848年欧洲革命到2011年"阿拉伯之春",高等学历青年的过剩一直是驱动社会动荡的最重要因素。有趣的是,不同的职业产生革命领袖的可能性有所不同。你可能认为教师不可能成为革命者,但太平天国运动的领袖洪秀全(我们在第一章讨论过他)在起义之前是一名农村塾师。

然而,最危险的职业似乎是法律职业。罗伯斯庇尔、列宁和卡斯特罗都曾是律师。林肯和甘地之前也是律师。在美国,法律学位是通向公职的最佳路径之一,因此大多数有政治抱负的追逐者都会去法学院。让我们仔细看看过去几十年法学院毕业生的遭遇。[5]

多年来,美国法律就业协会一直在收集法学院毕业生的起薪数据。1991年,起薪的分布状况并不是特别显著。起薪分布曲线的高峰在3万美元处,这反映了最常见的薪资。分布曲线左边的"尾巴"很短,但没有少于2万美元的薪资。右边的尾巴更长,最高薪资停止在9万美元。正如维尔弗雷多·帕累托最先指出的那样,收入分布中非常典型的情况是右边的尾巴很长,这表示随着薪资的增加,这种高收入者的人数变少。

1996年,右边的尾巴稍微抬高,但分布的形状没有发生质的变化。分布曲线仍然只有一个高峰。2000年发生了重大变化。突然间，主峰右侧出现了第二个高峰。主峰稍微向右移动了一点，最高点在 4 万美元。相比之下，新的高峰大幅向右移动，最高点在 12.5 万美元。10 年后，左侧的高峰又向右移动了一点，最高点在 5 万美元，但右侧的高峰顶点在 16 万美元。对于 2020 届毕业生来说，左侧的高峰部分变得有些平缓，大多数报告的薪资为 4.5 万~7.5 万美元，占所报告薪资的 50%。但右侧的峰值现在处于 19 万美元处，这一部分仅占分布的 20% 多一点。在这两个高峰之间的薪资很少。平均薪资为 10 万美元，但这个数字毫无意义，因为只有不到 2% 的法律院校毕业生的薪资位于这一水平。

这就是抢椅子游戏被推向极端时的样子。位于右侧高峰的 20% 的人，薪资为 19 万美元，正朝着加入老牌精英的方向迈进。那些位于左侧高峰的人，收入为 4.5 万~7.5 万美元，则陷入了困境。鉴于 2020 年法律院校毕业生中有一半人负债 16 万美元甚至更多（每 4 个人中就有一个人负债 20 万美元），这些人中很少有人能够跻身精英行列。相反，他们中的大多数人将被债务及其不断累积的利息压垮。将美国大多数法律院校毕业生视为不稳定无产者有点匪夷所思，但他们的确是不稳定的无产者。

也许我们虚构的女主角简拒绝加入这个游戏是明智的。

如何跻身前列

一

在2004年出版的一本前瞻性图书《欺骗文化：为什么更多的美国人为成功不择手段》(*The Cheating Culture: Why More Americans Are Doing Wrong to Get Ahead*)中，大卫·卡拉汉分析了始于20世纪80年代的文化变迁的一些后果，这种变迁引发了不受约束的竞争，致使不平等以及赢者通吃的心态凸现。他在书中写了许多关于企业丑闻、运动员服用兴奋剂、记者剽窃和学生考试作弊的内容。欺骗已经无处不在，成为一场严重的道德危机。他认为"欺骗行为的增加反映出当今的美国存在极度的焦虑和不安全感，甚至是绝望，还反映出富人的傲慢和普通人的愤世嫉俗"，这一观点与本章涉及的许多内容产生了共鸣。特别是关于精英生产过剩的破坏性影响，卡拉汉写道：

> 在过去的20年里，随着富裕阶层的壮大，在教育中获得各种优势的孩子的数量也在增加。反过来，日益激烈的竞争迫使更多的父母花更多的钱走捷径，努力给孩子带来额外的优势。美国社会上层简直是在进行一场学业上的军备竞赛。然而，即使是最英勇的——或者最卑鄙的——努力也不能保证更胜一筹的优势。[6]

自 2004 年以来，情况变得更加糟糕。凯特琳·弗拉纳根为撰写文章《私立学校已然面目可憎》（2021 年 4 月发表在《大西洋月刊》上），采访了研究私立学校与学生父母关系的心理学家罗伯特·埃文斯。"过去几年发生的变化是父母变得严苛，"埃文斯告诉她，"对大多数父母来说，他们并没有施加虐待；他们只是太严厉了。他们中的许多人无时无刻不在担心自己的孩子在某方面正落后于人。"当孩子进入高年级时，家长们希望老师、教练和辅导老师完全专注于帮助他们打造一份哈佛无法拒绝的成绩单。"这种父母知道自己想要什么结果，他们在自己的工作生涯中可以实现这一点，"埃文斯告诉弗拉纳根，"他们的身边都是员工，他们可以把事情指派给员工去完成。"关于这些父母行为背后的经济焦虑，弗拉纳根写道：

> 为什么这些父母需要这么多的保证？因为他们发现让孩子跻身前列——从幼儿园到大学都被最好的项目录取，变得越来越困难。但还有更多原因。父母意识到，和自己相比，他们的子女面对的环境很不乐观。他们没赶上这种残酷的、赢者通吃的经济形势——因为他们的父辈已经经历了这一阶段。但他们担心自己的孩子会赶上这个时候，以及担心即使接受良好的教育，也可能无法确保其作为专业人士的职业生涯。

2019年，大学招生贿赂丑闻席卷了包括斯坦福大学、乔治敦大学和耶鲁大学在内的顶尖大学。[7]

这里的基本动态与抢椅子游戏进入最后阶段时的情况完全相同。与温和的竞争不同，极端的竞争不会筛选出最佳候选人，即最适合该职位的候选人。相反，它破坏了游戏规则、社会规范，以及保障社会正常运行的管理制度；它还破坏了合作，揭露出优绩主义的黑暗面，带来了少数的获胜者和大量的失败者。一些失败的精英追逐者转变为激进的反精英者，他们意图打破自己一直经受的不公正的社会秩序。这就将我们带到了关于激进化的话题。

意识形态格局的破碎

一

到目前为止，我一直专注于导致社会不稳定的"结构-人口"因素，把重点放在民众贫困化和精英生产过剩上。这些之所以是结构性因素，是因为它们与社会结构有关，例如平民和精英之间（或受教育程度较低的人口和受教育程度较高的人口之间）以及精英的不同阶层之间的区别。它们之所以是人口因素，是因为我们追踪了不同人口群体的人数和福祉的变化。结构-人口理论是历史动力学的重要组成部分，因为它有助于我们理解起义、革命和内战。这一理论最早由历史社会学家杰克·戈德斯通提出,后来安德烈·科罗塔耶夫、我以及其他同事将其进一步发展和阐述。[8]

然而,对革命和国家崩溃的结构性研究经常因忽视意识形态和文化因素而受到批评。[9]相比之下,历史动力学的目标是整合所有重要的历史因素,无论是人口、经济、社会、文化还是意识形态。例如,我们看到,诸如规定婚姻的社会规范(一夫多妻制与一夫一妻制)等社会基本特征对繁荣-萧条周期的特征长度具有根本性影响(见第二章)。

问题是,在当今的环境下,当意识形态被敌对的精英集团"作为武器"时,任何关于它的讨论都像进入了雷区。在研究意识形态在社会崩溃中的作用时,一个更加概念化的困难是,敌对的精英集团所支持的意识形态的认知内容,随着时间的推移以及在世界的不同地区之间,具有高度差异。在16世纪和17世纪的欧洲内战期间,意识形态斗争的基本特征是宗教,例如,法国宗教战争中胡格诺派与天主教的斗争。中国农民起义也经常受到宗教运动的启发,如拜上帝会(见第一章),它融合了基督教和中国民间宗教的元素。从革命时代开始,激进的意识形态是世俗的而不是宗教的,至少在欧洲是这样的。

此外,许多革命运动的意识形态内容如果持续足够长的时间,就会不断演变。杰克·戈德斯通研究革命和起义而做出了重大贡献，他指出，描述意识形态作用的一个困难在于，它往往具有高度的不稳定性。正如戈德斯通所写，意识形态无法"明确引导革命领导人的意图和行为"，因为"在实践中，革命者经常根据局势变化改变立场。同时，在许多情况下，革命斗争历经波折后会产生意想不到的结果。英国清教徒试图建立一个圣徒社区，但当内战停止时，英国变成了一个由士兵主导的社区"。[10] 另一位研究革命的学者西达·斯考切波得出了类似的结论："毋庸置疑……意识形态的认知内容不管在何种意义上都为……欧洲革命的结果提供了预测的关键。"[11]

根据戈德斯通的理论，我们可以区分在社会陷入并摆脱危机的过程中意识形态演变的三个阶段。在第一个阶段，或者是危机前阶段，即通向国家崩溃的时期，面对来自不同精英集团的众多意识形态挑战，国家正在努力维持控制。在第二个阶段，当旧政权完全失去合法性（这往往导致国家崩溃）时，许多寻求重新建立权力垄断的竞争者相互斗争以获得首要地位。在最后一个阶段，当竞争者中的一方占据上风并采取行动巩固其对国家的权威时，他们就会专注于让重建的政治、宗教和社会制度像往常一样被接受。

因此，危机前时期的一个几乎普遍存在的特征是：意识形态格局的分裂和精英意识形态共识的破裂，而这种共识正是日常接受国家制度的基础。一些赢得追随者的信条是激进的，因为它们旨在以一种新的、更好的方式重塑社会。其他人则是传统主义者，通过回望过去，恢复想象中的黄金时代。然而，这种"保守"的诊断很容易催生激进行为。[12] 因为人们普遍认为，国家正朝着错误的方向发展，社会已经变得极不公正和极不平等（不仅在平民和精英之间，而且在精英中的获胜者和失败者之间），通过恢复"社会正义"来纠正这种问题的呼吁获得了很大的关注。另一个普遍特征是，（宗派主义者和身份认同主义者之间）具有分歧的意识形态比统一的意识形态更占据上风，给我们带来了不和谐时代。

因此，用定量方法研究意识形态分裂和政治两极分化的过程具有挑战性。有益的是，政治科学家找到了一些非常有用的方法。[13] 基思·普尔和霍华德·罗森塔尔，以及后来加入的诺兰·麦卡蒂，收集了一组关于美利坚合众国建国之初所有国会议员政治倾向的庞大数据。他们将每一位国会议员放在区间的对应位置上，区间的两端分别是保守派和自由派，中间位置是温和派。衡量政治两极分化的一个标准是两个主要政党（今天的共和党和民主党，以及 19 世纪的民主党和辉格党）的平均得分的差距，每届国会（即每两年）计算一次。

当我们绘制这一分析结果时，[14] 我们观察到美国政治两极分化的长期动态经历了两个大周期。首先，政治两极分化从 1800 年左右的中等偏高水平下降到 19 世纪 20 年代的极低水平。党派斗争的减少被称为"和睦时期",大致与詹姆斯·门罗(1817—1825年)的总统任期相吻合。1830年之后,两极分化加剧,大约在1850—1920年,政治精英之间的分裂程度非常高。然而,在20世纪二三十年代,政治精英相互团结,两极分化再次迅速减弱。在罗斯福新政和第二次世界大战之后,两极分化的程度又达到了一个最低点。因此,战后30年的特点是精英阶层相对巩固。在这一时期,国会中民主党和共和党的自由派和保守派之间有很大程度的重叠。20世纪50年代标志着美国的意识形态共识达到了一个高峰。这种共识包括对资本主义的坚定信念,但是"具有人性化的面孔",其特点是劳动力、资本和国家之间的合作。与苏联的冷战冲突巩固了社会对自由市场经济和民主治理的普遍支持。这个国家是由文化上同质的WASPHNM精英统治的。[WASPHNM是笔者新造的首字母缩略词,代表"White Anglo-Saxon Protestant Heteronormative Male(盎格鲁-撒克逊新教异性恋白人男性)"。]然而,在20世纪70年代,重叠减少,两极分化激增。到21世纪初,共和党和民主党的分布出现了巨大差距。需要明确的是,这种意识形态的一致性可能会让人感到窒息,许多人被残酷地排除在这个由WASPHNM主导的共识之外。此外,如果保持稳定的是一个不公正的政权,那么稳定和共识就未必是好事。不去同情在此期间被冷落的身份认同群体是残酷的;不承认过去 50 年来在许多重要方面取得的进展是错误的。出于同样的原因，如果你是一名违背自己的意愿、被关押在美国南部肥沃土地上的奴隶劳工营中的工人，而这片土地上的原有居民不久前被清除，那么 19 世纪 20 年代极化程度低的时期也不会让你感到安慰。然而，这里的要点不是对这一趋势做出价值判断，而是要注意到它。

战后意识形态共识的瓦解

一

麦卡蒂、普尔和罗森塔尔的方法将所有美国政客都置于一个单一的保守主义-自由主义区间。但随着意识形态分裂的过程在 21 世纪头十年变得更加极端，这种单一维度的分类不再够用。2016 年特朗普的当选将共和党分裂为两派，反对特朗普的派别由保守派（他们被一本正经地贴上了"名义上的共和党人"标签）领导。同样，民主党内部"中间派"和"左翼"之间也存在巨大且日益严重的分歧。

到目前为止，意识形态的分裂进一步发展，似乎没有任何有用的分类方案。驱动政治派别及行动提案的各种思想实在太多了。思想混杂地组合、再组合。新的运动团体——新右翼、另类右翼、另类精英——层出不穷，但都昙花一现。

此外，我们已经进入了一个由激进意识形态主导的新时代。根据普遍的定义，"激进政治"（radical politics）一词表示意图通过社会变革、结构变革、革命或者彻底改革等方式，改变或者取代社会或政治体制的基本原则。[15] 要了解当今的意识形态格局，有必要从其反面即第二次和睦时期入手，在此期间，统治美国的精英之间达成了强烈的共识。我将把这种意识形态一致性称为"战后共识"。它持续了大约30年，从1937年罗斯福新政的巩固，到第二次世界大战和20世纪50年代（意识形态共识的高峰期），再到20世纪60年代初。

在文化方面，我们可以确定"战后共识"的以下要素：

- 规范的家庭由一名男性、一名女性以及他们的孩子组成，男性和女性的结合通常需要在教堂或者其他宗教机构举行仪式。过着"另类生活方式"的人很大程度上不得不生活在阴影里。
- 性别角色被明确界定：男性养家糊口，女性照顾家庭。
- 战后共识反对几乎所有改造"自然身体"的行为。大多数形式的身体改造，从温和的文身和身体穿孔等到更严重的缠足和阉割（制造太监）等，都被认为是只有"不文明的"外国人才会做的事情。（这条规则有一个重要的例外，即男性割礼——包皮环切术——是被允许的，并且是符合规范的。）堕胎在大多数州都被严厉制止并且是非法的。
- 制度化的种族主义，包括南部各州的吉姆·克劳法，从根本上使美国黑人成为二等公民，无法享受战后共识的大部分成果。
- 尽管 WASPHNM 精英主要是新教徒，但美国没有国教。然而，归属于某个基督教堂、犹太教堂、清真寺或者其他宗教派别是符合规范的。离婚对民选官员来说会影响其仕途；无神论者是没有当选资格的。
- 战后共识的世俗意识形态有时被称为美国信条。这种意识形态的主要元素是民主（其原则被载入宪法）、自由放任的经济制度和美国人的爱国主义。

在经济方面，尽管当时美国公开宣称是资本主义国家（并镇压共产党），但在实践中，它是一个遵循北欧模式的社会民主主义国家，甚至是社会主义国家。"战后共识"包括以下经济方面的要素：

- 支持强大的工会。
- 承诺最低工资增长速度快于通货膨胀速度。
- 极端的累进税制，对最高收入者征收超过 90% 的税。

- 支持福利制度，包括全民退休养老金（社会保障）、失业保险，以及残障人士或贫困儿童的福利保障。
- 有利于劳动者并促进文化同质化的少移民制度。（在这一类别中，经济问题和文化问题有所交叉。）

纵观这份清单，意识形态格局发生了如此大的变化，令人感到十分震惊。20世纪60年代的反战运动和民权运动的结果是，文化的确定性开始瓦解。从20世纪70年代开始，经济支柱在新自由主义经济制度的冲击下断裂。（我将在第五章讨论这一点。）但截至2020年，还不存在被绝大多数精英及民众可能接受的同样具有一致性的意识形态来取代"战后共识"。通过应用调查美国人对各种问题态度的社会学数据，我们可以确定意识形态区间的一个中间点——居中位置——但这个点的周围存在很大程度的差异。

此外，没有一个"激进信条"能够挑战任何在今天被视为意识形态中间派的思想。相反，激进思想多种多样，在受教育程度较高的年轻人中，不同意识形态派别所接受的思想之间也存在巨大的差异。

极左派包括坚定的革命者、反法西斯主义者、无政府主义者，以及一些老派的共产主义者。从数字上看，这是一个很小的群体，但这些极端分子和下一个更大的群体之间没有明显的界限。这些激进分子不参与城市暴乱的暴力行为，但或多或少支持极端分子的目标，或者有一部分人支持进步左翼的事业。他们参加大型的反政府示威活动并赞助极左翼的事业，例如保释被警方逮捕的反法西斯主义者。反过来，这一群体又逐渐式微并融入下一个群体，他们对左翼的事业不是特别积极或者根本不积极，但是又不愿意承认这一点，因此在公共场合支持左翼。

从 2020 年总统选举的结果来看，超过 80% 的大学生投票支持拜登，[16] 据此可以粗略估计出他们中的左翼或左倾的比例。在剩下的人当中，大多数人似乎不是特别关心政治，在校园里往往保持低调。最后一个小的群体由各高校共和党俱乐部中的右翼激进分子组成，他们公开反对左翼的事业。

这一范围（充其量）粗略地归纳了受教育程度较高的年轻人在文化问题上的各种意识形态立场。左翼激进派希望在现有基础上推动社会进一步远离"战后共识"。右翼传统派和保守派希望回归"战后共识"，在许多问题上，这比左翼所鼓动的任何事情更加激进。我们还要记住，左翼和右翼都极为分裂，每一派内部都有文化斗争，其激烈程度可能超过左翼和右翼之间的冲突。

经济问题上的不同阵营使情况更加复杂。我们的虚构人物简想要发动一场革命，消灭压迫性的、不公正的美国政权。史蒂夫·班农一度是特朗普阵营的首席意识形态专家，他也认为自己是一名革命者："我想推翻一切，打破现下的所有制度。"[17] 参议员伯尼·桑德斯不是革命者，他指责民主党建制派背弃了劳工阶层，并呼吁民主党人做出"重大的路线调整"，将重心放在为美国劳工阶层斗争以及对抗"强势的企业利益"上。[18]（一些）极右翼和（一些）极左翼在经济问题上的这种趋同并非美国独有。在法国，玛丽娜·勒庞和让-吕克·梅朗雄在谈论劳工阶层时使用了非常相似的语言。

作为政治倡导者的反精英者

一

右翼激进分子在校园里往往处于不利地位，因为他们的人数远远少于左翼激进分子和学生主体，后者至少是被动地支持左翼的事业。但那些右翼人士一旦毕业就会获得显著优势，即动员劳工阶层（受教育程度较低的）选民来支持他们的能力。危机时期的一个常见情况是，精英政治革新者利用非精英人口巨大的群众动员潜力来推进他们的意识形态议程和政治生涯。历史上的一个伟大例子是格拉古兄弟（提比略·格拉古和盖约·格拉古），他们在罗马共和国晚期创立了民粹党（populist party，拉丁语为 populares）。当然，唐纳德·特朗普在 2016 年利用民粹主义策略推动自己当选总统。2022 年，最鲜活的例子是来自佐治亚州的美国众议院议员玛乔丽·泰勒·格林，大家熟知的"MTG"。她明显内化了特朗普 2016 年策略中的经验教训。显然，没有她不支持的极右翼阴谋论，无论其有多么古怪。众议院议员投票罢免了她在委员会的所有职务，她的个人推特账户也被停用。[19] 但她似乎在这种"取消"她的举措中茁壮成长，而且她显然将目光投向了比国会更崇高的目标。

本章开头的虚构人物简并不是受过更好教育的美国年轻人中的"典型"。在意识形态和"专业"上（因为她是一名坚定的革命者，即使她正在攻读法律学位），她属于极左翼。尽管如此，她的人生轨迹被相同的社会因素塑造，这些社会因素继续塑造着其他持学位证书的年轻人（甚至尤其是右翼激进分子）。她的人生轨迹也很有趣，因为她正追随着过去美国以及其他国家的许多著名革命者和激进分子的脚步。她的上一代前辈是"地下气象员"组织的成员，如伯纳丁·多恩、凯西·布丁和苏珊·罗森伯格。[20] 但是 20 世纪 70 年代的美国激进分子未能发动他们所渴望的革命，因为革命的结构性条件尚不存在。罗森伯格在回忆录中也承认了这一点。

其他著名的反精英革命者，如罗伯斯庇尔、洪秀全、罗莎·卢森堡、卡斯特罗等都成功发动了革命。也许他们只是幸运地在正确的时间出现在正确的地点，生活在那些不稳定的结构性驱动因素全速运转的国家。毕竟，有一个列宁，就得有一个布尔什维克党。布尔什维克是由其他激进团体——无政府主义者、孟什维克、"结盟"组织、社会主义革命者等——组成的生态系统的一部分。最重要的是，所有这些激进团体都像水中的鱼一样，在支持它们的社会环境中行动。1878年，俄国无政府主义者维拉·查苏利奇[21]枪杀圣彼得堡市长后，成为进步知识分子的英雄。富有同情心的陪审团宣告她无罪。50年前，"地下气象员"组织还没有得到这样的公众支持。但是美国如今的结构性条件大为不同——和20世纪70年代的美国相比，今日的美国与其他革命前的社会（例如19世纪末的俄国）更为接近。

革命吞噬了自己的儿女

一

尽管最明显的斗争（包括实际的巷战）发生在右翼极端分子和左翼极端分子之间，左翼内部和右翼内部也存在很大的分歧和内讧，以至于如此广泛的群体无法被当成有凝聚力的政党。无论如何，政党纲领的认知内容意义不大。重要的是分裂和冲突。

截至2022年，我们显然正在从危机前的阶段过渡到下一阶段。在前一个阶段，尽管面对众多的反精英挑战者，国家仍在努力保持对意识形态格局的控制；而在下一个阶段，众多竞争者相互斗争以获得首要地位。仍然固守旧政权价值观、强调温和和精英内部合作的政客已经逐渐退休，或者在选举中输给了持更极端观点的挑战者。今天的意识形态中心就像得克萨斯州的乡村小路，废弃得几乎只剩黄色条纹和死犰狳。由于政治中心的崩溃，意识形态内讧正从反对旧政权（或者捍卫旧政权）的斗争转向不同精英派别之间的斗争。意识形态差异现在被用作精英内部冲突的一种武器，既可以将老牌精英成员拉下台，也可以赶超竞争对手。

许多观察家对似乎凭空出现的"取消文化"的强烈程度感到惊讶，但这种恶性的意识形态斗争在任何革命中都是常见的阶段。雅克·马莱·迪庞不幸经历了两次革命（1782年在他的家乡日内瓦，1789年在法国），他将其概括为一句格言："就像土星一样，革命吞噬了自己的儿女。"这是一种必然的结果，本质上是一种数学上的确定性，因为精英生产过剩是起义、革命和内战的最重要驱动因素。为了恢复稳定，精英生产过剩在某种程度上需要得到解决——历史上通常是通过屠杀、监禁、移民，以及被迫或自愿向下的社会流动来消除过剩的精英。在今天的美国，失败者受到了更温和的对待，至少到目前为止是这样。

WASPHNM 精英所统治的旧政权的合法性已被大大削弱。我们似乎正在过渡到意识形态斗争的第二阶段，这一阶段的社会逻辑推动了进一步的激进化。在敌对派别之间的斗争中，愿意升级罪名的派别战胜了温和派。随着失败者被边缘化，战场发生了转移。几年前看似激进的思想成为推动意识形态斗争的基础。这一逻辑同样适用于意识形态区间的左右两端。

《共产党宣言》宣称："无产阶级失去的只是锁链。"但事实证明，真正危险的革命者是失意的精英追逐者，他们拥有特权，训练有素，掌握人脉，因而可以发挥大规模的影响力。即使是少数刚获得学位就立即进入精英岗位的年轻人，比如拥有19万美元年薪的20%的法学院毕业生，也高兴不起来，因为他们感到普遍的不安全感。越来越多的持有学位证书的年轻人注定会成为受过教育的不稳定无产者，他们能失去的只有不稳定。

第五章

统治阶级

安迪和克拉拉

一

克拉拉为一家科技杂志采访安迪,两人由此相识。这时安迪还是一名年轻的创业者,几年后他赚到第一个10亿美元。他们开始约会,然后同居、结婚。安迪在数学和工程方面具有才华,克拉拉拥有社交技巧和判断力,这让他们成为黄金搭档。

克拉拉的父母从中美洲移民到美国,他们是贫困的移民。他们辛勤工作,开了一家餐馆并经营成功。小时候,克拉拉经常在厨房里帮忙或做服务员。高中毕业后,她就读于加利福尼亚大学洛杉矶分校,学习新闻专业。

安迪在中欧长大。他的父母都是科学家,父亲是物理学家,母亲是生物学家。从很小的时候起，他就表现出很高的数学天赋。到了上大学的时候，他树立了高远的目标，向包括麻省理工学院、加州理工学院和斯坦福大学在内的几所美国顶尖学校递交了申请。他之所以选择去斯坦福大学，是因为校方给了他奖学金，也是因为他想远离沉闷的冬天。

他决定不再追随父母的脚步，而是选择去创业。他的第一家初创公司是与斯坦福大学的两名同学共同组建的，在他以优异成绩毕业之前就已经成立并运营了。随后，安迪又成立了多家公司，其间还穿插着在硅谷的两家发展得很好的公司担任首席技术官，赚到了不少钱。他现在在自己创立的一家公司担任CEO，该初创公司已经发展成为大型企业。

财富伴随着责任。几年前，克拉拉和安迪成立了一个慈善基金会并慷慨地捐款。他们的基金会支持各种进步事业。有一项事业让他们都充满热忱，即移民。克拉拉的父母和安迪都怀着美国梦来到美国，并且发展得相当不错。他们希望其他有远大理想并努力工作的人也能取得成功。这里还有一点儿自私的动机。安迪的公司持续需要大量精明的、受过良好教育的员工。在安迪看来，大多数美国人不符合要求。直言不讳地说，他们大多既无知又懒惰，还希望获得远超岗位所得的报酬。美国的教育体系已经远远落后于欧洲和中国，当然，这并不是年轻人的错。但这就是现实，因此安迪的公司雇用了大量来自东亚、印度和东欧的员工。他们经过良好的训练，不介意工作时长，并且对合理的薪酬感到满意。

克拉拉也有隐秘的动机，或者至少这一动机对她的思想有所影响。她之前身处洛杉矶无拘无束、放任自我的环境，她的绝大多数老朋友都属于这里，她知道，对他们中的大多数人来说，如果没有廉价的移民劳动力，就难以维持他们的生活水平。工资并没有那么高，困难时期可能随时来到。因为有支付得起的房屋清洁工、保姆、优步司机和送餐员，她的那些知识分子朋友才能过上像上流社会那样的生活。她和安迪可能未必会向陌生人承认这些因素。无论如何，人类是复杂的，他们支持宽松移民法的背后是理想主义动机和物质主义动机的叠加。

安迪和克拉拉也为政治竞选慷慨解囊。他们的资助是战略性的，并不局限于他们的家乡。安迪公司的主要客户是美国政府，近90%的收入来自联邦合同。他需要华盛顿的那些富有同情心的国会议员帮忙，确保他的公司，而不是他的竞争对手，能签下那些利润丰厚的合同。他们对民主党和共和党的资助大致相当。他们喜欢民主党的进步议程，但也欣赏共和党的经济政策，尤其是他们在减税方面的态度。这是他们两人都有强烈感受的一件事。他们或他们的父辈身无分文地来到这个国家，完全靠自己的努力实现了他们的美国梦。政府为什么理所当然地将贪婪之手伸向他们的钱包？无论如何，他们的大部分税收都会因腐败而被浪费掉。他们更愿意通过自己的基金会直接为有价值的事业资助，而不是让腐败和尸位素餐的官僚浪费他们的钱。尽管他们很反感特朗普，但勉为其难地将《减税和就业法案》归功于他。这项法案于2017年通过，明显减少了他们的税额。尽管如此，特朗普卸任还是让人松了一口气。拜登代表着政治向正常回归，无论他在竞选期间说了什么，他都不会提高对他们的税收。他知道其中的利害关系。如果他所在政党的左翼向议会提出了向富人征税的议案，他们可以确信共和党会将其扼杀。

历史上和今天的统治阶级

一

尽管安迪和克拉拉都没有担任过公职，但他们仍然是美国统治阶级的一员。这和美国学生在高中公民课上学到的不一样。不过，我恐怕要说，根据事实而言，称美国是财阀政体或由富人统治的社会丝毫不过分。这并不是阴谋论，而是被研究权力流动的社会科学家广泛接受的准确说法。[1]然而，在深入探讨美国权力的内部运作之前，让我们先退一步，讨论一般的社会权力。

让我们从一般性原则开始。所有大规模的、复杂的人类社会都有统治阶级。一个国家的治理方式是民主统治还是独裁统治并不重要，总有一小部分人的手里集中掌握着不成比例的社会权力。但是，正如我们在第一章中所见，在过去和现在的不同国家之间，当涉及统治精英强调什么样的权力来源，以及精英如何"再生"（不仅包括生物学意义上的繁衍，还包括从平民中招募成员）时，存在很大的差异。

早期的国家通常采取军事统治，其社会权力的主要来源只有武力。这是社会进化最重要的原则之一的结果，即"战争造就国家，国家造就战争"[2]。早期的国家并不是简单地通过人口增长或者和平的方式扩大疆土。它们在激烈的战争环境中崛起，其扩张方式要么是通过征服，要么是通过军事联盟——凝聚力和集权程度日益增强并最终发展形成国家。[3]

然而，纯粹的武力并不是一种非常有效的治理国家的方式，尤其是在和平时期。还记得有句关于"枪"和"善意的言辞"的话吗？这句话一般被认为是阿尔·卡彭说的（虽然并不准确）。历史上国家的实际经历表明，我们需要把这句话颠倒过来："善意的言辞加一把枪所能获得的东西，远比你仅用一把枪获得的多得多。"合法的武力比单独的武力更有效——如果你能说服人们做你想做的事，你就不必利诱或者威逼。

正是因为明白这一点，所以早期的武士精英任命自己为牧师，或者彻底控制宗教人士，试图以此控制意识形态权力。许多早期的国家都是由祭司王甚至是神王统治的。例如，埃及法老被当作神来崇拜。早期国家的统治者还在武力和意识形态权力中增加了经济权力。由于工业化之前社会的主要生产资料是土地——用于种植粮食和植物纤维以及饲养牲畜，他们让自己成为土地所有者，让农民、农奴或者奴隶进行劳作。最后，随着他们的领地越来越大，人口越来越多，他们遇到了直接统治的限制，不得不勉强将权力分给专门负责管理的人，即官僚。我们分析了世界范围内的历史社会样本，发现人口高达几十万的政治组织可能由首领及其扈从统治，而没有全职的行政管理人员。[4] 但是，一旦你有100万或者更多的臣民，你就得设立行政部门，否则你的政治组织迟早会因为效率低下而崩溃，或者在与官僚帝国的竞争中失败。因此，最初的武士贵族都演变成可能会继续强调军事权力但实际控制着所有权力来源的统治阶级。那些未能实现权力多元化的精英，要么被内部敌人推翻，要么被外部敌人推翻。

埃及，一个军事政体

一

军事政体（一个由军事精英统治的国家）的一个当代例子是阿拉伯埃及共和国。埃及是一个军方对政治有很大影响力的国家。这种治理形式的根源可以追溯到许多世纪以前。让我们通过历史来追溯制度框架的发展，这种框架最终造就了截至本文撰写时的现任统治者阿卜杜勒-法塔赫·塞西的上台。存在着一种显著的文化惯性可以预示世界上的不同地区在经历严重动荡（比如革命和国家崩溃）之后，会回归什么样的制度安排。文化是永恒的。

萨拉丁·本·阿尤布（1137—1193年）可能是世界历史上最著名的库尔德人。萨拉丁在巴勒斯坦与十字军作战，他的最高成就是将十字军驱逐出耶路撒冷。在他的统治末期，他建立了一个覆盖埃及、叙利亚、巴勒斯坦和阿拉伯半岛西部边缘地区的庞大帝国。然而，他的继任者逐渐将军事权力的控制权转让给他们的马穆鲁克将军。马穆鲁克是士兵阶层，这一阶层的成员是从奴隶市场上买回来的，然后被训练成士兵。1250年，他们推翻了阿尤布王朝（以萨拉丁的父亲命名）的最后一位继任者，开始了他们对埃及的长期统治。阿尤布王朝持续了不到一个世纪。（正如我们所看到的，如此短暂的政治周期是一夫多妻制精英社会的典型特征，因为他们比一夫一妻制精英社会更快地培养出过多的精英追逐者。）

值得注意的是，马穆鲁克王朝在埃及持续了近3个世纪的统治。他们通过禁止马穆鲁克的儿子继承他们父亲的职位来实现这一壮举。相反，他们继续在奴隶市场上购买来自中亚和高

第五章｜统治阶级　129

加索地区的男孩,并将他们训练成士兵、军官,最终成为统治者。不管是有意还是无意,避免精英生产过剩使马穆鲁克政权特别稳定。他们拥有一支唯一成功阻止蒙古人的军队(在1260年的艾因·贾鲁战役中),通过这一点我们就可以感受到马穆鲁克政权的有效性。

不幸的是,马穆鲁克政权未能使军队现代化。他们的骑兵非常出色,但在使用火药武器方面有所落后。结果,1517年,埃及被距离最近的"火药帝国"——奥斯曼帝国征服。尽管如此,马穆鲁克政权仍然作为奥斯曼帝国的附庸国继续统治埃及。他们的权力最终在3个世纪之后被另一位将军穆罕默德·阿里推翻。1805年,在拿破仑率领下的法国远征军撤出后,奥斯曼帝国派遣阿尔巴尼亚军事长官穆罕默德·阿里收复埃及。阿里采取了一种相当极端的方法来消除精英生产过剩。他邀请马穆鲁克领导人参加庆祝活动,然后直接将其屠杀,从而获得了对埃及的绝对权力。在他建立的王朝统治下,埃及先是在事实上,然后在法律上独立于奥斯曼帝国(尽管在其部分历史上也成为受英国保护的国家)。穆罕默德·阿里王朝持续了近150年。它的最后一位继任者法鲁克国王于1952年被军事政变推翻。

我想你可以看到大致的模式。从12世纪开始,埃及由一连串的军事精英统治。统治精英一旦失去了对军事权力的控制,就会被另一批士兵取代。这如何帮助我们理解今天的埃及？1952年革命后，埃及由一连串的将军统治：穆罕默德·纳吉布，贾迈勒·阿卜杜勒·纳赛尔，安瓦尔·萨达特和胡斯尼·穆巴拉克。这是退回到马穆鲁克政权的统治方式，只是军队新兵从埃及平民中招募，而不是在奴隶市场上购买。

然后是"阿拉伯之春"。你可能会理所当然地认为，反对警察暴行的大规模民众抗议、公民自由和言论自由的丧失、腐败、高失业率、食品价格上涨以及低工资是造成2011年埃及革命的原因。[5]在一定程度上确实如此，但俄罗斯的阿拉伯问题专家和历史动力学家安德烈·科罗塔耶夫对埃及发展的结构-人口研究，为我们提供了一种对事件背后深层社会力量的见解。[6]

在20世纪90年代之前，只有一小部分埃及青年进入了高学历阶层。然后，穆巴拉克政府意图实现国家现代化，极大地扩大了民众接受大学教育的机会。因此，20世纪90年代，在学院和大学就读的人口比例增加了一倍多。大学教育的扩张与"年轻人激增"同时发生。1995—2010年，20多岁的人口数量增长了60%。与此同时，这些拥有学位的年轻人的职位数量几乎没有变化。其结果是迅速产生了精英生产过剩这一尖锐问题。正是这些没有工作的大学毕业生组成了革命的队伍，发起了大规模的反政府示威活动。

同样重要的是统治精英内部的分裂。穆巴拉克以常规的方式获得权力：首先在军事等级中不断晋升，然后成为前任安瓦尔·萨达特表面上的继任者。然而，一旦掌权，他就打破了继任规则，开始培养他的儿子贾迈勒·穆巴拉克作为继任者。贾迈勒并没有通过军队等级晋升的方式获得权力；相反，他获得了MBA学位，成为埃及新经济精英的领袖。如果贾迈勒接替他的父亲成为埃及的统治者，这将相当于一场社会革命，旧的军事精英被新的经济精英取代。军官们显然对失去权力不怎么热心。根据科罗塔耶夫对革命（随后是反革命）背后的精英内部冲突的重塑，到2011年大规模抗议爆发时，军队袖手旁观，任由穆巴拉克政府倒台。然而，将穆巴拉克赶下台的联盟的成分非常复杂。其中的两个主要团体是自由派世俗革命者（来自城市的高学历阶层），以及伊斯兰的穆斯林兄弟会（主要在农村地区获得支持）。一推翻穆巴拉克，这两个对埃及未来走向持相反意见的团体立即闹翻。穆斯林兄弟会在投票中获胜，其领导人穆罕默德·穆尔西就此成为总统。现在，自由派抗议者回到解放广场，抗议伊斯兰主义者的政府。更为严重的后果是，商业精英（他们与军队的冲突是革命的根源）对埃及现在的不自由走向感到极度恐惧。当军队推翻穆尔西时，经济精英作为初级合伙人重新加入军队-商界联盟。这场从2011年持续至2014年的危机的最终结果是，埃及恢复了已经存在至少一千年的传统权力配置。军事精英重新掌权。

这次埃及历史之旅告诉我们什么？首先，为了解不稳定的驱动因素，包括精英生产过剩的作用，我们必须将其置于我们感兴趣的国家的制度框架内。这些制度框架和支撑它们的政治文化因地区而异。但对每个国家来说，随着时间的推移，它们都表现出了很大的韧性，即使在经历了非常强烈的冲击之后，它们通常也会自我重建。

以中国为例。与埃及（和美国）不同，在几千年的历史上，中国一直由精英统治，他们的主要权力来源是行政管理。换句话说，中国一直是由官僚机构统治的。中国的统治阶级是通过精心设计的科举考试制度招募的。为了取得成功，招募对象必须接受高强度的国学训练。因此，中国官员也是儒家学者，这从而将行政权力与意识形态权力相结合。军事精英和经济精英受到严密控制，在国家事务中没有太多发言权。

古代中国是官僚帝国的典型例子，但从军事化统治阶级向行政统治阶级的转变是历史上的普遍规律，至少对那些大国来说是这样。那么对于那些主要权力来源是意识形态或者经济的精英来说呢？历史上也出现过由这样的精英统治的国家，但相对罕见。历史上神权政体的一个例子是教皇国。今天，神权政体的最好例子是伊朗伊斯兰共和国，其最高权力属于最高领袖，即由长老大会选出的什叶派伊斯兰神职人员。

第五章｜统治阶级　133

财阀政体在历史上也很罕见。历史上著名的例子包括威尼斯和热那亚等意大利的商人共和国,以及荷兰共和国。今天,财阀政体的最好例子是美利坚合众国。

美国统治阶级的形成

一

如果不知道一个社会的起源,我们就无法在任何特定的时间点理解它。出于这个原因,我对美国统治阶级的描述需要回到它的起源。幸运的是,我们不需要回到很久以前,只需要了解内战的后果。

正如我们所看到的,在南北战争之前,美国是由南方奴隶主和东北部商人组成的联盟统治的。南方在内战中的失败摧毁了这个统治阶级。[7]四分之一的南方军人在战场上阵亡。影响更持久的是,南方的财富(其中大部分是对奴隶的投资),随着战争的结束被毁于一旦。此外,战时对南方人财产的破坏以及对南方邦联所有战争债务和义务的否认,摧毁了大部分剩余的财产。在政治舞台上,南方邦联的失败为共和党带来了长期的统治。1860—1932年,民主党(长期以来是南方白人至上主义政党)仅在总统选举中获胜三次:1884年、1892年和1912年。

一个有影响力的历史学思想流派将南北战争及其后果——"重建"视为第二次美国革命,尽管这是一场尚未完成的革命。南北战争虽然解放了奴隶,但是完全没有带来种族平等。因此,主要的影响是高层的革命:精英的更替。在南方蓄奴精英对联邦政府的权力被决定性地打破后,他们被北方商人主导的新统治阶级取代。

正如凯文·菲利普在《财富与民主:美国富人的政治史》(*Wealth and Democracy: A Political History of the American Rich*)一书中所写,南北战争在摧毁南方财富的同时,极大地充实了北方资本家。持有联邦债务是非常有利可图的。为联邦提供战争物资更有利可图。"19世纪末数量惊人的商业和金融巨头——J. P. 摩根、约翰·D. 洛克菲勒、安德鲁·卡内基、杰伊·古尔德、马歇尔·菲尔德、菲利普·亚默尔、科里斯·亨廷顿以及其他几位铁路大亨——都是年轻的北方人,他们逃避兵役,通常是花钱找人代服兵役,并利用战争在未来的财富阶梯上迈出重要一步。"菲利普写道。[8] 从1860年到1870年的短短10年里,美国百万富翁的数量激增,从41人增加到545人。

新统治阶级的崛起使国家的政治经济关系发生了显著的转变。我们可以从林肯政府的组成中看到这种经济转型。林肯职业生涯的这一方面并没有被广泛强调,但他实践了很多公司法,与中西部尤其是伊利诺伊州中部的几家铁路公司合作。他的政府中有许多成员与铁路或金融领域关系密切。毫不奇怪，作为促进措施，大量土地被授予了在西部各州运营的铁路公司。铁路大亨的政治影响力也延伸到了最高法院法官的选择上。因此，"到1876年，铁路工业已经明显成为主导国家的政治经济力量"[9]。

林肯政府发起的其他立法也反映了北方商业利益的主导地位。北方工业受到高关税的保护，并建立了国家银行体系。《太平洋铁路法案》将政府债券和大量土地批给铁路公司，扭转了以前不利于此类内部改善的政策。尽管林肯总统任期内的大部分立法都是出自新经济精英的需求，但林肯也奖励了1860年帮助他上台的其他选区。激进的废奴主义者获得了1863年的《解放黑人奴隶宣言》，两年后又通过了宪法修正案第十三条。《解放黑人奴隶宣言》也间接使北方资本家受益，使南方精英变得贫穷，并减少了南方精英在联邦层面影响政策的权力。

相比之下，1862年颁布的《宅地法》则是对自由农民的回报。它使剩余劳动力能够转移到无人认领的土地上，在西部可以找到大量这样的土地储备。它的第二个作用是减少了东部的劳动力供应，并推高了劳动力价格。为了抵消这种不良后果（当然是为了商业利益；工人们欢迎更高的工资），共和党主导的国会通过了1864年的《鼓励移民法案》，其目的是确保充足的劳动力供应，国会还成立了移民局，为从欧洲输入劳动力提供便利。1864年的共和党纲领对这些措施的重要性解释如下："外来移民在过去为这个国家——所有国家的受压迫者的避难所——的财富、资源开发和实力的增强做出了很多贡献，我们应当通过自由公正的政策来促进和鼓励外来移民。"[10]

我们不应该夸大南北战争后精英的团结程度。旧的统治阶级一旦"随风而逝"，新的统治阶级之间立即爆发精英内部的冲突。1870—1900年被称为"镀金时代"，是美国历史上一个极其混乱和充满争议的时代。此外，在1870年，新的统治阶级仍然没有形成一种制度，可以在之后打造共同的身份认同感并帮助协调精英集体行为，即将其转变为"自为阶级"（如果我可以借用马克思主义术语的话）。

镀金时代发展起来的一套上层制度具有双重功能，即加强精英之间的沟通，同时划定了一个明确的界限，将精英与平民区分开来。《社会登记册》列出了所谓的上流社会的成员，这成为贵族的专利。设立精英社交俱乐部和专属避暑胜地也有类似的目的。精英家庭的后代通过就读有威望的寄宿学校（其中大多数是在这一时期建立的），然后就读常春藤名校，来融入他们的阶层。

政治经济方面也经历了类似的发展。镀金时代即将结束时，包括约翰·D.洛克菲勒和约翰·摩根等巨头在内的商业领袖越来越频繁地表达出不受限制的竞争对所有参与者都有害的观点。[11] 他们厌恶由此产生的混乱，追求可预测性，这导致了 1895—1904 年的大合并运动。在大多数情况下，这些世纪之交的合并在经济上不如横空出世的新竞争对手有效。然而，他们的主要好处不在于提高经济效率，而是增加了企业的政治权力。1901 年钢铁厂合并后，《银行家》杂志的编辑们异常坦率地评论道：

> 当商人是单一单位时，每个人都在激烈的竞争中不顾一切地争取自己的成功，掌控政治组织的人是地位最高的。他们强行制定法律，利用税收来增加其组织的权力。但是，随着这个国家的企业学会了合并的秘诀，它们正在逐渐颠覆政治家的权力，使其屈从于企业的目的。越来越多的立法机构和政府的行政机构被迫听取被组织起来的企业利益的要求。它们并没有完全被这些利益控制的原因是企业组织还没有十分完善。最近钢铁行业的整合表明，权力的集中是有可能的。每一种形式的企业都能够进行类似的整合，并且如果其他行业效仿钢铁行业的做法，那么很容易看到，一个生产力量都在少数领导人控制下聚集和调动的国家的政府，最终一定会沦为这些力量的工具。[12]

后来（1920年左右）出现的另一个重要发展是政治学家G. 威廉·多姆霍夫所说的"政策规划网络"的联合。"政策规划网络"是由一些非营利组织构成的网络，在这些组织中，企业领导和高层影响着美国的政策辩论。这些相互关联的基金会、智库和政策讨论小组由企业界资助，其成员通过在董事会任职来控制信息。大部分资金仅来自三位经济精英：钢铁巨头安德鲁·卡内基、石油大亨约翰·D. 洛克菲勒和圣路易斯富商罗伯特·布鲁金斯。[13]

在南北战争结束后的50年里，北方的商业精英和政治精英由此融合成了一个真正的国家上层阶级。正如左倾历史学家加布里埃尔·科尔科在《保守主义的胜利》(*The Triumph of Conservatism*)一书中写道："商业精英和政治精英相互认识，就读于同样的学校，属于同样的俱乐部，与同样的家庭缔结关系，拥有相同的价值观——实际上形成了这种最近被称为'建制派'的现象。"[14]

当今的美国财阀政体

一

美国总统、社会科学家和公共知识分子都表达了美国是财阀政体的观点，[15] 但我将这个词作为中性词使用，仅将其作为一个由经济精英统治国家的简略表达方式。[财阀政体（plutocracy）的字面意思是"富人统治"。]但这个标签的背后是什么？

简单地说，在美国权力金字塔的顶端是企业界：大型创收资产的所有者和管理者，如公司、银行和律师事务所。[16]一些企业部门在公共政策方面的影响力和凝聚力如此之大，以至于多年来，它们获得了军工复合体、FIRE（金融、保险和房地产）部门、能源（石油和天然气、电力公用事业）部门、硅谷、大食品、大制药、医疗产业复合体和教育行业复合体等名称。根据无党派数据库OpenSecrets研究小组的数据，2021年，1.2万名游说者花费37亿美元来影响联邦层面的政策。[17]花费数亿美元进行游说的前三大行业是制药、电子和保险。[18]其他行业紧随其后。

根据这种"阶级统治"理论，企业界间接地统治着美国。[19]其"结构性经济权力"使其能够通过游说、竞选资金、商人竞选政治职位、任命企业领导人担任政府关键职位以及"旋转门"（个人在政府和行业职位之间来回流动）来主导政治阶层。事实上，经济和行政两个权力网络以非常彻底的方式结合在一起，但经济网络是主导。

企业界还通过对大众传媒公司的所有权，以及由私人基金会、智库和政策讨论小组组成的政策规划网络来控制权力的意识形态基础。在整个美国历史上，剩余的社会权力来源，即军队，一直完全服从于政治网络。未来的军官被灌输了一种文化观念，即服从指挥他们的政治领袖。在最高层面，将军和海军上将期待着退休后能在依赖政府合同的公司董事会中担任薪酬丰厚的职位。

阴谋与科学

一

显然，认为美国是一个财阀政体的观点并不是阴谋论。这是科学的理论。两者有什么区别呢？

首先，让我们承认有些阴谋是真实存在的。历史上有很多这样的例子：一群人秘密谋划推进自己的利益和目标，不惜以牺牲其他群体或者整个社会的利益为代价。1605年，盖伊·福克斯和他的密谋者们确实计划炸毁上议院，因为他们想用一位天主教君主取代詹姆士一世。理查德·尼克松政府确实有各种非法行为，比如窃听政治对手的办公室，骚扰政客和活动家，然后试图掩盖这一行为。有时，试图揭露真实阴谋的人会被错误地视为阴谋论者，甚至被贴上精神病的标签。这就是"水门事件的吹哨人"玛莎·米切尔的遭遇。[20] 因此，下面的讨论涉及的不是阴谋，而是阴谋论。

有相当多的阴谋论是关于动机邪恶的神秘团体,据称这些团体控制着美国政府,或者想要建立一个高压的全球国家。这种"影子政府"和"新世界秩序"理论假定,真正的政治权力由中央银行、有组织的犹太人、共济会、光明会、耶稣会士、中央情报局、联合国或者世界经济论坛掌握。过去,最被广为接受的幽灵是苏联共产主义者,但在苏联解体后,阴谋幻想的焦点转向了中国共产主义者(对右翼而言)和弗拉基米尔·普京执政下的俄罗斯(对左翼而言)。例如,"誓言守护者"(Oath Keepers)的创始人斯图尔特·罗兹认为,"中国的共产主义者"已经完全渗透到美国政府中,而雷切尔·玛多的美国微软全国有线广播电视公司(MSNBC)节目,在2017年因多次声称俄罗斯政府操纵特朗普政府而获得了巨大的收视率。[21]

阴谋论与科学理论的区别在于什么?[22]第一,阴谋论往往对幕后领导人的动机含糊其词,或者赋予他们似乎不合情理的动机。第二,它假设他们极其聪明并且知识渊博。第三,它将权力置于一个强势的领导人或者一个小阴谋集团手中。第四,它假设非法计划可能在无限长的时间内保密。而科学理论,如阶级统治理论,是非常不同的。让我们按同样的顺序来讨论这四点。

第一,财富持有者的动机是非常透明的。我们不需要会读心术，就能了解他们想要的是增加财富，而不是减少财富。当然，这是一种大大简化了的假设。人是复杂的存在，有多种相互叠加的动机。不同的人受到不同程度的物质主义目标和理想主义目标的激励。但总的来说，财富持有者作为一个阶层的共同动机是希望保持和增加他们的财富。所有的理论（和模型）都将混乱的现实过分简单化，但这个假设与实际情况相当接近。

第二，阶级统治理论还概述了企业阶级支配政治阶级的在经验层面可验证的机制。这是通过设立超级政治行动委员会（Super PACs）、资助游说者、为候选人提供竞选资助以及让该阶层的成员自己竞选来实现的。官员们进一步受到由经济精英把持的主流媒体的影响，总的来说，他们对"新闻"是什么和不是什么有着共同的理解。立法的细节通常由智库和游说者撰写，同样受经济精英控制。

第三，没有中心。经济精英的组织方式与军事精英截然不同，例如，军事精英有着精密的指挥和控制层级，总司令位于最高地位。相反，权力网络成员在高级预备学校、学院、乡村俱乐部和高尔夫课上进行社交活动，从而促进了集体行动。他们一起在公司董事会任职，并参加各种专业团体和集会，如商会、行业协会和全球会议（如达沃斯论坛）。具体政策在由相互关联的智库、研究所和慈善基金会组成的政策规划网络中敲定。再说一遍，没有中心——没有最高领导人，没有小的内部阴谋集团。相反，权力是在一个由数千个个体组成的非层级网络中分配的。网络的不同节点之间存在意见分歧甚至冲突。统治阶级内部的团结和凝聚力是一个动态的量，它随着时间而变化。我稍后再讨论这一点。

第四，还有秘密与透明的区别。的确，统治阶级的成员经常试图将他们的行为隐藏在公众视野之外。他们住在封闭的社区，在普通人无法进入的专属俱乐部社交。然而，社会学家用来研究统治阶级内部运作的数据是公开记录的。美国 OpenSecrets 等组织已经收集了大量关于金钱如何影响美国政治和政策的数据。[23] 社会学家煞费苦心地重建了美国权力精英的网络——你可以在多姆霍夫的网络资源 whorulesamerica.net 上查看。[24]

阴谋论和科学理论之间最重要甚至是决定性的区别在于，后者做出了可以用数据检验的新预测。阶级统治理论最早是由多姆霍夫在 50 年前提出的，从那时起，其他社会科学家就有足够的时间来检验其预测。

财富与影响力

一

亚伯拉罕·林肯提到的"民有、民治、民享"的政府，巧妙地概括了学校里教授的关于美国国家如何运作的理论。社会学家将这种治理理念称为"多数人的选举民主"。这一理论假设政府政策是由普通公民的集体意志决定的，而集体意志通过民主选举的过程来传递。该理论预测，政策变化，如国会通过的新立法，将主要反映典型公民或者"中间选民"的偏好。相比之下，阶级统治理论预测，这些政策变化将只反映经济精英的偏好。那么谁是对的呢？

政治学家马丁·吉伦斯在一小群研究助理的帮助下，收集了一个大型数据集——1981—2002年的近2 000个政策问题。每个案例都将一个被提议的政策变化与一项关于赞成或反对该提议的全国民意调查相匹配。原始调查数据提供的信息使吉伦斯能够区分穷人（在收入分配的最低分位）和典型人群（在收入分配的中间位置）与富人（收入最高的10%）的偏好。[25]

对这一引人注目的数据集的统计分析表明，穷人的偏好对政策变化没有影响。这并不完全出乎意料。令人惊讶的是，一般选民也对政策变化没有丝毫的影响。对变化方向的主要影响因素是富人的政策偏好。利益集团也产生了额外的影响，其中最具影响力的是以企业为导向的游说团体。一旦你在统计模型中纳入收入最高的10%群体和利益团体的偏好，普通人的影响在统计上微乎其微。

这并不意味着普通公民的利益总是受损。在许多政策问题上，他们与富人意见一致，这些政策变化往往会得到实施。但是，有证据表明，普通民众和经济精英之间存在分歧的问题总是在有利于精英的情况下得到解决。这就是财阀政体。

关于多数人的选举民主理论就讲这么多。让我补充一下，这个分析有几个特点实际上使结果与阶级统治理论相偏离。我们可能真正想区分的是收入最高的10%群体和收入最高的1%群体（最好是收入最高的0.01%群体）的偏好的影响。毕竟，多姆霍夫认定的权力网络成员在人口中所占比例很小。然而，考虑到吉伦斯和他的组员所能获得的数据，我们无法做出如此细微的区分。另一个需要考虑的因素是，这一分析只涉及政治学家所说的"权力的第一张面孔"：公民在有争议的问题上影响政策结果的能力。影响决策者考虑问题议程的"权力的第二张面孔"，是精英们获得成功的一种微妙但极其有力的方式。最后，"权力的第三张面孔"是意识形态精英影响公众偏好的能力。

第三张面孔是最微妙的，甚至可能是最阴险的权力。关于其有效性，我最喜欢的例子是"死亡税"（death tax）模因，它是由一家智库的一些邪恶但聪明的宣传者提出的，目的是取消对顶级财富的遗产税。普通人抗议政府，"把你的脏爪子从我留给孩子的钱上拿开"，而他们显然没有意识到这一提议的税收政策只会影响超级富豪。[26]

吉伦斯所做的杰出研究是科学如何发挥作用的一个很好的例子。科学家们采用两种或者两种以上的对立理论（在本例中即阶级统治理论和多数人的选举民主理论），从中得出具体的预测，然后收集数据，看看哪种理论是正确的。多数人的选举民主理论是一个漂亮的理论，但不幸的是，它被丑陋的事实扼杀。[27]

移民

一

既然我们对美国的权力如何运作有了更好的了解，那么就让我们用它来反思美国民主的一个谜题：充满争议的移民政治。根据多项民意调查，美国人强烈反对非法移民。[28]美国国土安全部的网站 E-Verify 允许企业鉴定潜在员工的工作身份，但联邦并没有授权要求雇主使用它。许多人认为，这样的授权将是比现行制度更有效、更人道的减少非法移民的方式。显然，这个复杂的问题有很多面。然而人们不得不怀疑，一个在边境安全和拘留移民方面花费数十亿美元的解决方案何时得到实施——至少结果不尽如人意——而一个首先切断吸引移民到这个国家的资金的解决方案从未被采纳。正如罗马人常说的那样：对谁有好处？

安杰拉·内格尔在《左翼反对开放边境的理由》[29]一文中写道:"在美国关于移民问题公共辩论的高涨情绪中,盛行着一种简单的道德和政治对立。""'反对移民'是'右翼','支持移民'是'左翼'。但是移民的经济政策表现出不同的情况。"当然,经济政策只是公共移民政策的影响因素之一。这已经成为一个非常情绪化的问题。正如内格尔所补充的:

> 令人作呕的是,低工资移民被美国移民与海关执法局(ICE)当作罪犯抓捕,还有移民溺死在地中海,世界各地的反移民情绪不断高涨,由此很容易看出左翼为什么要保护非法移民不被针对或不受伤害。它应当这样做。但是,出于捍卫移民人格尊严的正确道德意识,左翼最终把阵线拉得太远了,反而有效地捍卫了剥削性的移民制度本身。

让我们跟随内格尔深入探究结构性问题——不仅是经济问题,而且是更深层次的权力问题。

经济方面的论点非常清楚。大规模移民增加了劳动力的供应,反过来又压低了劳动力的成本,换句话说,就是工人的工资。显然,这种发展有利于消费劳动力的一方(雇主或者"资本家"),但对工人不利。

当然,正如我们在第三章看到的那样,移民只是影响工资的众多因素之一。我对长期数据趋势的统计分析表明，在过去几十年里，移民是美国工资停滞/下降的重要原因，尤其是对于没有受过大学教育的工人来说，尽管这远不是唯一的原因。[30] 19世纪末，美国历史上最大的移民潮与第一个镀金时代同时发生是有原因的，这是一段收入极度不平等和普遍贫困的时期，其他国家莫之能及。当然，社会体系中有任何这样的外部输入都会产生多重影响。镀金时代美国的外来移民极大地充实了这个国家，就像今天的移民一样，但他们也使权力天平从工人向雇主倾斜，加速了财富的泵送。除非有强有力的制度来保护工人的工资，否则劳动力供过于求就会压低工资——这只是供求规律在起作用。哈佛大学经济学家乔治·博尔哈斯（他本人是一名移民）在其2016年出版的《我们需要工人：揭开移民叙事》（*We Wanted Workers: Unraveling the Immigration Narrative*）一书中解释说，移民的主要影响并不在于它对经济有利还是拖累经济。（它有一点积极的影响。）相反，其主要影响在于它催生了获胜者和失败者。大量涌入的非技术移民压低了受教育程度较低的本地工人的工资。已经处于不利地位的群体，比如未受过大学教育的美国黑人，受到的影响尤其严重，而他们的低工资却转化为那些雇用移民的企业主和经理的高利润。[31]

正如内格尔所指出的，卡尔·马克思对这一观点很清楚，马克思"认为将低薪的爱尔兰移民输入英国，迫使他们与英国工人进行敌对竞争。他认为这是剥削制度的一部分，剥削制度分裂了工人阶级，代表了殖民制度的延伸"。受到其负面影响的工人及其组织对此也很清楚：

> 从1882年第一部限制移民的法律到1969年塞萨尔·查维斯和著名的多民族农场工人联盟抗议雇主使用和支持非法移民，工会经常反对大规模移民。其认为，故意引入非法的低工资工人削弱了劳动力的议价能力，是剥削的一种形式。无法回避的事实是，工会的权力从定义上取决于其限制和吸引劳动力供应的能力，如果全部劳动力能够被轻松而廉价地取代，这就变得不可能了。开放边境和大规模移民是老板们的胜利。

毫不奇怪，美国的经济精英们也很清楚，移民的持续涌入使他们压低了工人的工资，增加了资本回报。1886年，安德鲁·卡内基将移民比作"每年流入美国的金色溪流"[32]。在19世纪，企业界经常利用美国政府来确保这股"金色溪流"继续流动。回想一下，1864年（林肯执政期间），国会通过了《鼓励移民法》。其中一项规定是成立联邦移民局，其明确意图是"开发**过剩的**劳动力"（黑体为笔者所加）。如今的企业领导人要谨慎得多。

如果要概括内格尔的核心论点，那就是：全球化被统治精英用来以牺牲非精英为代价来增加自己的权力。这是另一个财富泵，将财富从工人转移给"老板"。它也是一个全球性财富泵，将财富从发展中国家转移到富裕地区。然后，这些额外财富中的一部分会转化为大企业更大的政治权力。此外，土生土长的工人和移民工人之间的对立侵蚀了他们的组织能力。因此，内格尔认为：

> 今天善意的激进者已经成为帮助大企业的傻瓜。随着他们接受"开放边境"的倡导——以及激烈的道德专制主义，其认为对移民的任何限制都是难以言喻的邪恶——任何对大规模移民剥削制度的批评实际上都被视为亵渎之语。

"是什么"和"应该是什么"

一

抛开谁在科学和生活中统治美国这一具体问题，重要的是要区分"是什么"和"应该是什么"，且不要让后者遮蔽前者。杜姆霍夫和吉伦斯等社会科学家已经证明，我们的民主并不像公民课堂上所教授的那样民主，但他们并不是反民主。恰恰相反，他们的动机是希望我们的社会运转得更好。我们改进的唯一方法是了解民主的实际运转方式，而不是强加一些先入为主的想法——认为社会应当怎样运转。这是一件显而易见的事情，但还是需要说明，因为那些做出令人不快的发现的科学家受到了迫害。伽利略不得不退让，乔尔丹诺·布鲁诺则被烧死在火刑柱上。今天，发现一些令人不快的真相的科学家可能会被贴上"仇恨事实"的始作俑者的标签。用更接近我们话题的话来说，那些揭露我们统治阶级运作的人有被指责为"阶级斗士"的危险。

第六章

为什么美国是财阀政体？

美国例外论

一

与其他西方民主国家相比，美国经济精英对政府的主导程度极不寻常。丹麦和奥地利等国家的统治阶级对其民众的意愿响应得相当积极。在战后时期，这些国家由强大的中左翼政党统治，如社会民主党和社会主义者。中左翼政党与中右翼政党轮流执政，但西欧民主国家的统治精英对福利国家有着普遍的认同。当按照国家为公民提供高质量生活的能力对联合国成员国进行排名时，丹麦和奥地利等国通常占据榜首。直到最近，这些国家都在很大程度上抵制了全球经济不平等加剧的趋势。在许多生活质量指标上——预期寿命、平等和教育，美国在西方世界都是一个异类。为什么？

原因在于历史和地理的影响。[1]有两个主要因素特别重要：地缘政治环境和种族/民族。

为了了解美国财阀政体的历史起源和地理起源，让我们先来简要了解一下过去5个世纪西欧的历史。1500年之前，欧洲被500多个国家和独立小国占领，其中一些国家非常小，比如帝国自由市和独立公国。除了一个神权政体（教皇国），这些政治组织要么由军事阶层统治，要么由财阀阶层统治。从意大利到莱茵河谷，再到波罗的海沿岸的欧洲中部城市化程度更高的地区，财阀政体尤为常见。典型的例子包括意大利北部的城市共和国和控制波罗的海贸易的汉萨同盟城市。

在接下来的4个世纪里，这种地缘政治格局被彻底重塑。首先，欧洲的国家总数大幅削减，从500多个减少到只有大约30个。其次，大多数财阀政体不复存在，被军事政体侵吞。原因是什么？四个字：军事革命。[2]

火药武器在15世纪经历了快速发展，到1500年彻底改变了战争的性质。另一个重要的技术进步是远洋船的发展，这进一步扩大了新兴火药帝国的地理范围。[3]欧洲是这些发展的先驱，这就解释了为什么欧洲及其在北美的分支在1900年之前就已经实现了全球主导地位。激烈的战争环境有利于面积更大、凝聚力更强的国家。小公国和城邦再也无法躲在它们的城墙后面了，这些城墙很容易被大炮攻破。欧洲国家之间激烈的军事竞争淘汰了那些无法组建大型军队、无法大量生产步枪和大炮，以及无法建造可以抵御炮火的昂贵的现代化防御工事的国家。军事革命还引发了治理和金融方面的革命，因为成功的国家必须学会如何有效地攫取并利用其民众的财富。正如2 000年前罗马人喜欢说的那样，"无钱莫打仗"。[4]因此，中世纪的军事阶层逐渐演变成集军事和行政职能于一身的统治阶级。

尽管大多数财阀政体很快消亡，但有些财阀政体持续的时间相对更久。威尼斯共和国位于受潟湖保护的岛屿上，比意大利其他城邦持续的时间更长。荷兰之所以能存活到21世纪，部分原因是其河渠和运河使其易守难攻。

最有趣的例子是英格兰。1066年后，英格兰在诺曼底王朝的统治下成为典型的中世纪军事政体。但由于其在不列颠群岛中易于防守的位置，一旦英格兰征服了所有不列颠群岛，它就可以而且确实可以免除常备军（至少在英格兰内部）。乡绅阶层最初是军事阶层，后来逐渐失去了军事性质，变成了单纯的地主阶层，英国议会议员就是从中推选出来的。得益于英国建立的世界帝国，一个庞大的商人阶层得以发展。其他欧洲大国必须将大部分资源投入陆军建设，否则就会被其他国家攻克。与之不同的是，大英帝国将其大部分资源投入海军建设。其结果是，联合王国由一个集经济和行政职能于一身的精英阶层统治。

美国内战前的统治阶级是英国地主阶层的直接分支。骑士队在弗吉尼亚州、卡罗来纳州和佐治亚州定居下来，他们是在英国内战中失利的查理一世的支持者。他们带来了贵族作风和契约奴工。后者很快被外来的非洲人取代，这些非洲人被终身奴役。在他们赢得了反对大英帝国的独立战争后，胜利者开始建立自己的国家。南方种植园主和北方商人在很大程度上复制了他们熟悉的文化治理形式。早期的美洲共和国是一个模仿英国的寡头政体，尽管没有君主（在那时，君主无论如何都会成为大英帝国的傀儡）。因此，美国将财阀政体作为其"文化基因型"的一部分继承了下来。

当然，美国成为疆域广阔的国家并非一蹴而就的。从17世纪第一批欧洲殖民地的建立到19世纪末，其领土扩张是以牺牲美洲原住民为代价进行的，与美洲原住民的冲突达到了种族灭绝的程度。美国也曾与英国作战（独立战争以及1812年的第二次独立战争）。在美墨战争（1846—1848年）中，美国吞并了墨西哥一半的领土。

但当企业财阀在内战中推翻之前的统治阶级时，这一大陆扩张的进程就几乎完成了。（北美边界被宣布成为过去式，到1890年，美洲原住民基本上都被限制在保留地内。）墨西哥和加拿大都没有对美国构成任何危险。北美是一个巨大的岛屿，在两大护城河——大西洋和太平洋——的防护下免受任何潜在的威胁。美国军事阶层所拥有的一切都在内战中被摧毁了，绝大多数美国职业军官都属于战败方。1914年之前，美国官僚机构的规模非常小，只有2%的GDP被联邦政府获得。在任何情况下，行政机构都完全由财阀主导。由于1828—1900年臭名昭著的"政党分肥制"，大多数联邦官员（包括地方邮政局长！）被赢得选举的政党取代。

在有持续重大影响的后内战时期，财阀阶层没有任何重要的竞争对手，无论是内部还是外部。一旦财阀阶层根深蒂固，就很难取而代之，除非进行社会革命。因此，美国财阀政体的兴起主要可以用其历史渊源和地理环境来解释。但是，它在21世纪的持续存活和繁荣很大程度上归因于第二个因素——种族和民族。

他还吞噬了吉姆·克劳

一

为了使这一论点更加具体，让我们将美国与丹麦进行比较。19世纪，丹麦和其他欧洲国家一样，工业化导致劳工阶层集中在大型工厂，这促使劳工组织更有效率。1871年，路易斯·皮奥、哈拉尔德·布里克斯和保罗·盖勒夫在哥本哈根成立了丹麦社会民主党，他们被称为丹麦工人运动的"神圣三位一体"。他们都来自非精英阶层。皮奥是佃农的儿子,另外两个是"小资产阶级"。但他们接受了良好的教育,阅读了大量马克思的著作,并担任编辑和出版商。社会民主党于1884年首次进入丹麦议会。1924年,它以37%的选票成为该国最大的政党。其领导人托瓦尔·斯陶宁(来自劳工阶层)成为首相。社会民主党只执政了一届就被自由党暂时取代,但1929年其重新掌权。因此,丹麦社会民主主义者花了60年的时间才从反精英者转变为老牌精英。

虽然皮奥、布里克斯和盖勒夫都是激进的头脑发热者,但斯陶宁完善了对话艺术,融合了激进主义思想和自由主义思想,并与反对派达成了妥协。1933年,斯陶宁通过谈判达成了《坎斯勒加德协定》,该协定奠定了后来被称为北欧模式的基础。北欧模式的主要特征是工人、企业和政府之间的三方合作,为共同利益而共同努力。尽管每个北欧国家都遵循自己独特的社会民主道路,但丹麦为其他国家提供了蓝图和灵感。[5] 北欧模式被证明是一种非常成功的方式,能够帮助社会为其成员提供高质量的生活。最近在美国,中右翼知识分子(如弗朗西斯·福山)和进步左翼政治家(如伯尼·桑德斯)都将丹麦作为效仿的典范。

有一段时间,美国也遵循了类似的轨迹。尽管19世纪90年代在美国兴起的民粹主义政党(人民党)和社会主义政党从未掌过权,但它们对美国主流政治的影响是不可否认的。主流政党之一的民主党在富兰克林·罗斯福的领导下成为一个准社会民主政党。由于进步时代和新政期间的改革，美国在许多方面成为一个"北欧国家"。我将在本章后面更详尽地讨论这一轨迹，但在这里，让我们讨论为什么丹麦和美国的轨迹在20世纪下半叶出现了分歧。

答案的很大一部分是种族。从一开始到今天，种族一直是美国政治中最重要的问题之一。由于其重要性，它被极大地政治化和意识形态化了。虽然正如我刚才所说，罗斯福时期的民主党可以被视为劳工阶层政党，但我们必须增加一个重要的限定。它是一个白人劳工阶层政党。为了推动他的议程，罗斯福不得不与南方精英进行"魔鬼交易"，这基本上使南方免受罗斯福政府在工人、企业和政府之间达成的三方交易的影响。特别是，南方的种族隔离主义政权没有受到影响。黑人工人，尤其是南方的黑人工人，被排除在新政的社会契约之外。正如希瑟·理查森在《南方如何赢得内战》（How the South Won the Civil War）一书中所写：

> 因此，建立在不平等基础上的美国自由悖论得到重建。这种恢复使有色人种陷入不平等，但也削弱了寡头破坏民主的能力。黑人和棕色人种属于从属地位，所以富人无法令人信服地辩称他们征用政府是为了重新分配财富和破坏

自由。由于这种言论遭到破坏，美国白人利用政府来控制财富和权力。从20世纪初西奥多·罗斯福担任总统到30年后富兰克林·德拉诺·罗斯福担任总统，进步派调节经济，保护社会福利，促进国家基础设施建设。然而，政府的激进主义使白人男性享有高于女性和有色人种的特权。即使是大萧条时期的新政计划，旨在让穷人摆脱绝望，同时遏制失控的资本主义，也谨慎地保持了女性和男性，黑人、棕色人种和白人之间的区别。[6]

在第二次世界大战后的20年里，这种情况开始发生变化。强劲的经济增长带来了足以让所有人都受益的繁荣和反对排斥有色人种的民族团结意识，冷战对手之间的意识形态竞争为此提供了额外的推动力。（苏联的宣传不断提醒人们美国普遍存在种族主义，这令人尴尬。）在这些条件下，民权运动成为推动社会变革不可抗拒的力量。

然而，社会契约逐渐扩大至将黑人工人包括在内，为那些对美国成为准北欧国家感到不满的财阀提供了一个良机。在准北欧国家环境下，财阀的权力受到其他两个利益集团的制约：工人和国家。他们利用共和党作为推动自己议程的工具，旨在废除对工人的保护措施并减少对富人的税收。最初，巴里·戈德华特和理查德·尼克松等政治家将这一议程转化为行动，后来罗纳德·里根将其称为"南方战略",其目标是通过利用明示或暗示的种族主义问题吸引南方白人选民,使共和党成为之前南部邦联的主导政党。

这样的策略在丹麦不可能成功,因为丹麦一直是一个种族单一和文化单一的国家。但在美国,劳工阶层过去和现在都可能按种族划分——白人、黑人和棕色人种。正如古罗马人所说,分而治之。希瑟·麦吉在《我们的总和》(*The Sum of Us*)一书中写道:

> 在美国200年的工业劳动史上,雇主对抗集体谈判最好的工具就是能够按性别、种族或出身划分工人,因为这可以引发不同群体之间的怀疑和竞争。道理很简单:如果你的老板可以以更低的价格雇用其他人,或者威胁要这么做,你就没有那么多讨价还价的筹码了。在19世纪,雇主可以用支付给白人工人工资的一小部分来雇用黑人工人,这让白人将自由的黑人视为对他们生计的威胁。在20世纪初,新移民加入了这种竞争动态,结果是零和博弈:老板赚到更多的利润,一个群体得到新的但更糟糕的工作,另一个群体什么也没有。在战争年代,男性会抗议雇用女性。不同人口群体之间的竞争是美国劳动力市场的决定性特征,但阶层分化只对雇主有利。

早期的劳工组织者，比如美国第一个大规模劳工组织——劳动骑士团，很好地理解了劳工阶层团结的这一潜在弱点：

> 组织者在动荡的重建时期开始组建劳动骑士团时，他们跨越肤色界限进行招募，认为排斥任何种族或族群都会被雇主玩弄于股掌之中。"为什么工人要把任何可能被雇主当作压低工资工具的人排除在组织之外？"劳动骑士团的官方报纸在1880年写道。有了黑人工人加入组织，雇主失去了可以用来压低工资或者破坏罢工的劳动人口，白人工人因此获利；与此同时，黑人工人也获得好处，他们通过为组织工作并从组织赢得的收益中受益。劳动骑士团的队伍中也包括女性。1886年，南卡罗来纳州查尔斯顿的一名记者报道了劳动骑士团在组织该市成员方面的成功事例："当其他一切都失败时，贫困的纽带将白人和有色人种的机械师和工人团结起来了。"[7]

劳动骑士团是19世纪最后10年挑战美国财阀的更大规模的民粹主义运动的一部分。正如托马斯·弗兰克在其最新著作《人民，不：反民粹主义概要》(*The People, No: A Brief of Anti-Populism*)中所记载的那样，民粹主义者的理想是跨越种族界限、基于阶级的政治行动。但民粹主义运动作为一场群众民主运动却失败了。为什么？马丁·路德·金为这个问题提供了一个答案。在1965年从塞尔马到亚拉巴马州蒙哥马利游行结束时的一次演讲中，马丁·路德·金给参加游行的人们上了一堂简短的历史课。他谈到了人民党如何试图将贫穷的白人民众和以前的黑奴团结成一个可能威胁到统治阶级利益的选民集体。但财阀们"占领了世界，把吉姆·克劳法给了贫穷的白人"：

> 他饥肠辘辘却身无分文，于是吞噬了吉姆·克劳，他内心的某个声音告诉他，不管他的境况有多么糟糕，但他至少是一个白人，总比黑人好。就这样，他吞噬了吉姆·克劳。（啊）[8]

进步时代的趋势逆转

一

这一切如何帮助我们解释我们对谁"统治美国"的调查结果？首先，我们要避免指责富人。经济精英并不坏——或者，至少他们中的坏人比例与其他人口中的坏人比例没有太大区别。他们的动机是出于私利，但像特蕾莎修女这样的人，如果统治阶级中没有，那么在普通民众中也非常少见。此外，我们知道，收入最高的1%群体中许多人的动机不仅仅是短期的私利。

有很多像尼克·哈诺尔这样的人；自2010年以来，一群富有的"爱国百万富翁"一直在为增加对富人的征税而奔走。[9]几乎所有的亿万富翁都为他们认为有价值的事业捐款（尽管这可能会产生一些意想不到的后果，我们将对此进行讨论）。最后，尽管在历史上自私的精英将其统治的国家搞垮的例子比比皆是，但也有亲社会的精英克服危机和重建社会合作的案例。这里有一个例子。

尽管自内战以来，美国政治体系一直由企业精英主导，在一些历史时期，精英们主要为自己的利益而努力，但在另一些时期，他们实施的政策使整个社会受益，甚至以牺牲自身的短期利益为代价。人们相对容易理解富人和有权势者为了自己的利益而影响政治议程的时期，就像经济不平等加剧的"镀金时代"所发生的那样。但是，我们如何解释大约从20世纪30年代到70年代的"大压缩时代"的政策？在这期间，收入和财富的不平等倾向于减小。是什么导致了镀金时代的结束并迎来大压缩时代的这一逆转？

对历史案例研究的调查表明，长期持续的政治不稳定在这种趋势逆转中发挥了关键作用。有时它们以社会革命、国家崩溃或血腥内战告终。但在其他情况下，精英们最终对持续不断的暴力和混乱感到担忧。他们意识到，他们需要团结起来，遏制内部斗争，转向更加合作的治理方式。

1920年前后的20年是美国非常动荡的时期。[10]自镀金时代以来，暴力的劳工冲突变得更加血腥和频繁，并在"暴力十年"（violent teens）和20世纪20年代初达到顶峰。1919年，近400万工人（占劳动力的21%）参加了罢工和其他破坏性行动，旨在迫使雇主承认工会并与工会谈判。美国劳工史上最严重的事件是布莱尔山之战（1921年）。尽管最初这只是一场劳资纠纷，却最终演变成美国历史上除内战之外最大的武装起义。1万至1.5万名手持步枪的矿工和数千名工贼及被称为"洛根卫士"的治安官副手进行了战斗。最终美国军队不得不出动来制止这场起义。

种族问题与劳工问题交织在一起，在该时期的许多政治暴力事件中难解难分。在1917年的东圣路易斯骚乱中，至少有150人丧生。出于种族动机的暴乱也在1920年左右达到顶峰。最严重的两起暴乱是1919年的"红色夏季"和1921年的塔尔萨大屠杀。"红色夏季"在美国20多个城市引发骚乱，造成约1 000人死亡。1921年的塔尔萨暴乱造成约300人死亡，这实际上是一场大规模私刑，展现出内战中的一面。成千上万的美国黑人和白人携带枪支在街上战斗，格林伍德区——一个繁荣的黑人社区——大部分被摧毁殆尽。

最后，在20世纪的最初10年出现了劳工激进分子和无政府主义者恐怖活动的高峰。意大利无政府主义者的轰炸行动最终在1920年华尔街的爆炸中达到高潮，造成38人死亡。随后发生了更加严重的事件，即1927年的巴斯学校大爆炸，在这一事件中，包括38名学童在内的45人被一名美国国内的恐怖分子杀害。

不那么暴力但最终更具威胁性的事态发展是社会主义运动和民粹主义运动对统治阶级内部选举的挑战，以及在欧洲兴起的共产主义和法西斯主义带来的外部威胁。经济精英们从俄国十月革命的胜利和苏联的建立中感受到了最大的威胁，苏联是一个具有激进的普世意识形态的国家，直接挑战了美国政治秩序的基础。这于事无补，美国的许多反精英者——劳工组织者、无政府主义者、社会主义者和共产主义者——都是来自南欧和东欧的新移民。1919—1921年席卷美国的第一次红色恐慌反映了精英阶层对布尔什维克革命即将在美国爆发的担忧。

正如我们之前看到的那样，到1920年，美国的经济精英和政治精英已经整合成一个真正的上层阶级，他们掌控了很多促进统一政治行动的机构（精英寄宿学校、常春藤盟校、私人乡村俱乐部，最值得注意的是，还有一个政策规划网络）。渐渐地，许多美国领导人意识到，为了减少不稳定，必须采取措施重新平衡政治体系，最好通过自上而下的改革来实现，而不是通过自下而上的革命。

在19世纪，美国资本家丝毫不关心劳工阶层的福祉。社会达尔文主义和我们现在称为"市场原教旨主义"的理念主导着思想格局。1900年后，在进步时代，情况开始发生变化。到20世纪第二个10年末，企业需要以对社会负责的方式行事的观念开始深入人心。例如，这一时期有几家公司推出了员工持股计划。

关闭财富泵的一个关键进展是1921年和1924年移民法案的通过。尽管这些法律背后的直接动机很大程度上是将"危险的外来者"（如意大利的无政府主义者和东欧的社会主义者）排除在外，但它们更广泛的影响是减少了劳动力供应过剩，商业精英们对此非常清楚。停止引进移民减少了劳动力供应，并在未来几十年里有力地提高了实际工资。

尽管这些趋势在进步时代开始，但是在新政期间得以成熟，大萧条带来的经济和社会动荡对此起到了助推作用。特别是新的立法使通过工会进行的集体谈判合法化，引入了最低工资，并建立了社会保障。美国精英实际上与劳工阶层达成了"脆弱的、不成文的契约"。这份隐含的契约包括承诺将更加公平地在工人和资本家之间分配经济增长的成果。作为回报，政治经济体系的基础将不会受到挑战。避免革命的发生是这个契约产生的最重要原因之一（尽管不是唯一的原因）。1978年，美国汽车工人联合会主席道格拉斯·弗雷泽在契约即将终止之际从劳工管理团体辞职，他在言辞激烈的辞职信中写道:"对劳工运动的接受,像以前一样,是因为企业害怕其他的选择。"[11]

在这方面,重要的是不要过分强调美国权力精英之间的团结程度。没有隐藏的资本主义阴谋,也没有真正铁板一块的统治阶级。多姆霍夫和韦伯在分析新政改革的起源和实施时强调,至少有6个公认的权力网络参与了新政立法的制定。[12] 正是这些权力行为者之间的冲突与合作的复杂模式决定了各种改革的成败,不同的立法可以得到不同联盟的支持。

进步时代的趋势逆转带来了大压缩时代,即经济不平等长久地呈减少趋势的时期。然而,尽管这种"数量上"的不平等现象有所减少,这种情况也有其负面影响。社会契约是白人劳工阶层和 WASP 精英之间的契约。美国黑人、犹太人、天主教徒和外国人被排除在"合作圈"之外,并受到严重歧视。尽管如此,虽然该契约使这种"绝对不平等"加剧,但最主要的是让总体经济不平等大幅减少成为可能。

正如我们所看到的,将美国黑人排除在契约之外是罗斯福政府做出的战术选择的结果,罗斯福政府需要南方的选票来推动其立法,以对抗保守的(围绕全国制造商协会组织起来的)商业精英的抵制,因为这些商业精英坚决反对向劳工阶层让步。回头来看,这一抛弃黑人工人的决定也使杰克·肯尼迪、罗伯特·肯尼迪和林登·约翰逊等下一代领导人有可能迎来一个新的民权时代，最终消除了南方精英在内战和重建失败后建立的种族隔离制度。

大压缩时代

一

合作并非没有代价。为了产生公共利益，合作者或多或少都必须牺牲自身利益。进步时代和新政时期的亲社会政策必须得到财力支持——这些费用则由美国的统治阶级承担。很少有人意识到经济精英们为实现公共利益而不得不做出的巨大让步。1929年至20世纪70年代，顶层的财富不仅在相对方面（与财富中位数相比）有所下降，而且在绝对方面（考虑到通货膨胀）也有所下降。

凯文·菲利普斯想出了一个巧妙的方法，来形象地表达在美国发展进程中富人的财富是如何变化的。[13] 在美国历史的不同时期，他找到最富有的人拥有多少财富的数据，并将其除以美国工人的正常年薪。1790年，最富有的人是伊莱亚斯·德比，拥有大约100万美元。典型的美国工人一年挣40美元，这已经是不错的工资了。（请记住，当时普通美国人的生活水平很高，足以使他们成为世界上个头最高的人。）因此，最高财富相当于2.5万名工人一年的工资。到1912年，这一指标达到第一个峰值，最高财富为10亿美元，其幸运的持有者是约翰·D. 洛克菲勒。这相当于260万名工人一年的工资——比1790年时高出两个数量级（100倍）！19世纪的大萧条虽然给劳工阶层带来了巨大的痛苦，但并没有对最高财富的胜利进军产生长期影响。

但在进步时代和新政时期，情况发生了变化。1929年纽约证券交易所崩溃引发的大萧条摧毁了三分之一的大型银行，它们都是美国联邦储备系统的成员，还摧毁了近一半的小型银行。全国制造商协会的会员人数从20世纪20年代初的5 000多人减少到1933年的1 500人。突然之间，成千上万的商界领袖沦为平民阶层。（有些人甚至从办公楼顶层的办公室一跃而下，跳楼身亡。）1925年，美国有1 600名百万富翁，但到1950年，只剩下不到900名。最高财富的规模几十年来一直保持在10亿美元。1962年，最富有的人是J. 保罗·盖蒂，以名义美元计，他的10亿美元与洛克菲勒50年前的10亿美元一样，但由于通货膨胀，他的10亿美元的实际价值要小得多。到1982年，当通货膨胀进一步侵蚀美元时，最富有的美国人丹尼尔·路德维格所拥有的20亿美元"仅"相当于9.3万名工人一年的工资。[14]

这种精英生产过剩的逆转在规模上与内战后发生的逆转相似，但它是通过完全非暴力的手段实现的。没有一场社会革命做到了这一点；统治阶级自己做到了——或者至少允许自己内部的亲社会派系说服精英阶层其他成员相信改革的必要性。为厘清这一点，让我们来看一看最高收入税率的变化轨迹。1913年联邦税收制度建立时，最高等级的税率仅为7%。在第一次世界大战期间，这一税率跃升至77%，但到1929年已降至24%。在大萧条期间，这一税率升至63%，在第二次世界大战结束时飙升至94%。这被认为是在国家紧急状态期间做出的必要牺牲。但即使在战争结束后，最高税率仍保持在90%以上，直到1964年。想想看，在第二次世界大战后的20年和平时期，非常富有的人把他们收入的十分之九都捐给了政府！

法国经济学家托马斯·皮凯蒂在其最著名的著作《21世纪资本论》中指出，从长远来看，资本回报率通常高于经济增长率，这导致经济不平等加剧，财富集中在精英手中。[15]我的好同事兼朋友沃尔特·沙伊德尔的《不平等社会》一书讲述了减少不平等的相反过程。他列举了大量令人印象深刻的历史案例，表明"死亡是伟大的平衡器"。[16]通常，减少财富不平等需要一次重大的动荡，而这种动荡通常以社会革命、国家崩溃、大规模动员战争或者重大流行病的形式出现。在第九章里，我回顾了CrisisDB中前100个案例的结果，我们将看到，沙伊德尔的悲观观点只有90%是正确的。

美国的大压缩时代是一个特殊的、充满希望的案例。没有血腥的革命或者国家崩溃，没有灾难性的流行病，第二次世界大战完全是在海外进行的。第二次世界大战期间针对纳粹政权和随后冷战期间针对苏联的内部革命和外部竞争的威胁，显然有助于美国统治阶级集中精力采取一套正确的改革政策，从而关闭财富泵，扭转不平等趋势。但如果认为恐惧是从进步时代到新政时期再到伟大社会时代美国领导人的唯一动机，那就不公平了。到战后时期，大多数精英已经接受了促进精英之间、精英与普通民众之间社会合作的价值观。

正如历史学家金·菲利普斯-费恩在《看不见的手》(*Invisible Hands*) 一书中所写的那样，尽管他们最初反对新政中规范劳资关系的政策，但到了20世纪50年代，大多数企业高管和股东已经接受了这一新的秩序。他们经常与公司工会进行谈判。他们主张利用财政政策和政府行动来帮助国家应对经济衰退。他们接受了这样一种观点，即政府能够在指导经济生活中发挥一定作用。1943年，美国商会主席告诉商会："只有故意装聋作哑的人才看不到原始的、自由发展的旧式资本主义一去不复返了。"从长远来看，今天的商会是推动最极端形式的新自由主义市场原教旨主义的经济精英组织之一。德怀特·艾森豪威尔总统在给他兄弟的一封信中写道：

> 如果任何政党试图废除社会保障、失业保险，取消劳动法和农业发展计划，你就不会在我们的政治史上再次听

说这个政党。当然，有一小部分人相信你可以做这些事情。其中包括H. L. 亨特、得克萨斯州的其他几位石油百万富翁，以及一两名来自其他地区的政治家或者商人。他们的数量微不足道，而且他们很愚蠢。

需要说艾森豪威尔是共和党人吗？

1964年，巴里·戈德华特以低税收和反工会言论为纲领，与林登·约翰逊竞选总统。按照今天的标准，戈德华特是一个温和的保守派，其政策与比尔·克林顿的政策相比没有太大区别。但在当时，他被认为是一个危险的激进分子，商界领袖不再支持他的竞选活动，转而支持约翰逊。戈德华特被约翰逊以绝对优势打败。[17]

复杂社会的脆弱性

一

正如我们所看到的，美国经历了两次革命性的局面。第一次形成于19世纪50年代，通过一场社会革命即美国内战得以摆脱，新的企业统治阶级取代了内战前的统治精英。第二次在20世纪20年代达到顶峰，通过进步时代和新政时期的一系列改革得以摆脱。今天，我们处于第三次革命的困局。如何摆脱这一局面——通过内战、改革或者内战和改革双管齐下？这就是我将在第八章中再次谈到的问题。但在这里，让我们来讨论"结构-动力学"分析（对此的详细解释，请参阅附录三），它可以帮助我们理解，当前的不和谐时代带来了哪些经验教训。

这一分析的结构部分似乎相当悲观——财富泵对统治精英来说是如此有利可图，关闭它似乎需要一场暴力革命。但当我们转向分析的动力部分时，一些希望就出现了。统治阶级本身，或者更准确地说统治阶级内部的亲社会派系，有可能以相对和平的方式重新平衡体制，以关停财富泵，扭转精英生产过剩的局面。（其他此类充满希望的例子将在第九章中讨论。）但这样的结果需要亲社会力量说服经济精英忍受违背自身利益的改革，以阻止即将到来的危机。而我们还没有做到这一点。

第五章开头的虚构人物安迪和克拉拉都是不错的人，虽然如此，他们却在破坏他们从中受益匪浅的社会秩序的支柱。他们有两种做法。一是支持主张减税的政客，导致政府失去了发挥职能作用所需的收入。二是他们的基金会支持出于善意动机的事业，致力于社会公正和平等。但我们的社会是一个复杂的系统，不同的部分以复杂的方式相互联系。善意的行为可能会产生意想不到的后果。通过资助激进左翼的事业，克拉拉和安迪基金会可能会无意中增加社会的不和谐程度，加深社会两极分化。这可能会导致与预期相反的结果。

因为美国最近一次的社会和政治动荡时期是20世纪60年代，以历史标准来看，这一时期非常温和，所以今天的美国人严重低估了我们所生活的复杂社会的脆弱性。一个重要的历史教训是，生活在前危机时代的人们同样没有想到他们周遭的社会会突然崩溃。

十月革命之前俄国最富有的实业家之一萨瓦·莫罗佐夫[18]也无法想象会有如此灾难性的结果。他是一位著名的慈善家和艺术赞助人。他和妻子季娜伊达在他豪华的城市住宅（被誉为莫斯科最昂贵的豪宅）款待俄国知识界的精英——著名作家、作曲家和科学家。莫罗佐夫也真诚地关心他的纺织厂工人的福祉。他为怀孕的女工提供带薪休假，资助学生在技术学院（包括一些国外的学院）学习，还为工人们建立了医院和剧院。更广泛地说，他主张宪法改革，包括新闻自由和结社自由、普遍平等以及对国家预算的公共控制。他还支持工人加入工会和进行罢工的权利，工人以此争取更高的工资和更好的工作条件。[19]

莫罗佐夫还支持包括布尔什维克在内的激进政党。根据后来的报道，他给了革命者数十万卢布（在当时数额巨大）。他一手资助了由被取缔的社会民主工党（后来演变为苏维埃俄国共产党）出版的地下报纸《火星报》。莫罗佐夫支持革命者显然不是为了使国家崩溃，带来多年的血腥内战，然后建立布尔什维克政权。最有可能的是，他想利用激进分子作为反抗沙皇政权的利器，迫使其采取真正的改革措施，使俄国变得更好。

1905年1月第一次革命爆发时，极端暴力和国家镇压的升级震惊了莫罗佐夫。由于无法左右这些事情，莫罗佐夫精神崩溃，陷入抑郁。根据医生和家人的建议，他与妻子一起前往法国里维埃拉接受精神治疗。但在入住戛纳的一家酒店后，他用手枪开枪自杀了，这很明显，尽管后来一直有传言称他实际上是被谋杀的，其自杀是被预谋的。他的妻子齐内达回到了俄国，在那里她继续享受着丈夫留给她的巨额财富。但她的美好生活随着1917年的第二次革命而结束。布尔什维克没收了她的全部财产，使她身无分文。为了不陷入困顿，她不得不卖掉剩下的几件珠宝。最后，她的乡村豪宅哥尔克（Gorki）成了无产阶级革命领袖弗拉基米尔·列宁的主要住所。现在这里建了一座纪念馆——哥尔克村列宁故居，陈列了苏联第一位领导人的许多财产和其他纪念品。

当我们审视一个又一个国家崩溃的例子时，我们总是看到，在每一个例子中，绝大多数危机前的精英——无论他们是美国内战前的拥奴派，法国旧政权下的贵族，还是1900年左右俄国的知识分子——都对即将吞噬他们的灾难一无所知。他们动摇了国家的根基，然后在国家崩溃时惊惶不已。现在我们来讨论古代历史和近代历史中的国家崩溃。

III

[第 三 部 分]

危机和后果

第七章

国家的崩溃

独自醒来的尼禄

一

公元68年的一个夏夜,罗马帝国的统治者尼禄·克劳狄乌斯·恺撒·奥古斯都·日耳曼尼库斯在罗马的宫殿内醒来,发现他的所有护卫都消失了。尼禄去宫殿的房间寻找他的支持者,但他们都不见了。当返回寝宫时,他发现甚至连贴身的仆人也逃走了,"带着他的毯子和毒药匣",这是苏维托尼乌斯在尼禄的传记中所记述的。尼禄意识到是时候结束自己的生命了,但逃跑的仆人偷走了毒药,导致他无法以一种不那么痛苦的方式离开这个世界,而他又无法鼓起勇气用匕首自我了结。

国家灭亡的方式多种多样。有些在暴乱中轰然倒塌,有些则悄然瓦解，在呜咽中灭亡。"一个伟大的艺术家就要死了！"在尼禄的喃喃自语中，从公元前27年至公元68年统治罗马的朱里亚·克劳狄王朝就此终结。

公共知识分子、政治家以及普通大众，经常严重高估统治者的权力。这从常见的叙事中可见一斑，比如"萨达姆·侯赛因用毒气杀害了自己的人民"。侯赛因是否亲自驾驶战机并向库尔德村庄投掷化学炸弹？[1] 往好了说，这是一种偷懒的说法；往坏了说，这是一种糟糕的社会学，可能会导致糟糕的政策——当政治家沉迷于研究某个统治者的动机，而不是试图理解这个人所处的权力网络时，这种情况是不可避免的。尼禄的例子表明，一旦被所处的权力网络抛弃，即使是强大帝国的皇帝也会立刻变得无足轻重。

在尼禄的例子中，他的权力是逐步瓦解的。叛乱由远及近，先是发生在远处的巴勒斯坦行省，然后是发生在家门口的高卢行省和西班牙行省。日耳曼军团试图拥立其长官为帝，但遭到本人拒绝。当另一位王位觊觎者在西班牙崛起时，皇帝的私人护卫队禁卫军转而对其效忠。尼禄试图逃往东部行省，但军队长官拒绝服从他的命令。据苏维托尼乌斯记载，尼禄要求乘军舰逃跑，军队长官回答说"去死就那么可怕吗？"，强烈暗示尼禄是时候优雅退场了。尼禄回到宫殿，半夜醒来发现自己已经被所有人抛弃了，包括他的仆人。最终，尼禄接受了自己的命运，鼓起勇气将匕首刺入喉咙，倒在血泊中死去。

国家崩溃，即中央政权突然倾覆，在历史上时有发生。一个鲜活的、离现在更近的例子是古巴革命。1959年1月1日，当独裁者富尔亨西奥·巴蒂斯塔搭乘飞机逃往多米尼加共和国时，政权颠覆便已成定局。革命军进入哈瓦那，没有遭到任何抵抗。此类权力覆灭的最新例子（至少截至我写作本书时）是2021年8月15日阿富汗伊斯兰共和国的崩溃。包括总统在内的高级官员纷纷逃离。军队部分解散，部分叛逃到塔利班。警察弃岗而去，无人阻止喀布尔的洗劫者。就像在古巴革命中一样，塔利班军队没有遭到任何抵抗就进入了喀布尔，中央政权的空缺立即被填补。

在本例中，具有讽刺意味的是，当时的阿富汗总统阿什拉夫·加尼起初是一名研究国家崩溃和国家建构的学者。他甚至在2008年和克莱尔·洛克哈特合著了一本关于该主题的书《修复失败国家》(*Fixing Failed States*)，当时我碰巧为科学杂志《自然》评论了这本书。[2] 不幸的是，这种专业知识并没有帮助他解决阿富汗的问题，尽管他在尝试的过程中变得非常富有。加尼所领导的国家的问题在于，它是盗贼统治政体的极端例子。在阿富汗这个例子中，国家机器只能通过大量的国际援助来维持运转，而其中大部分被转移到腐败的国家官员及其亲信的口袋里。纯粹的盗贼统治政体十分罕见，因为它们极其脆弱。加尼政权的脆弱性很明了，美国中央情报局曾预测喀布尔将在美军撤离后的数月内沦陷。但这一盗贼统治政体的垮台速度让美国领导人感到惊讶；在阿富汗沦陷的第二天，美国总统乔·拜登就此发表看法："这进展得确实比我们预期的要快。"[3]

自大约 5 000 年前世界上发展出第一批国家以来，如巴蒂斯塔和加尼亲身经历的国家突然崩塌的"尼禄时刻"就一直存在，并且这种情况肯定还会再次发生。如果认为北美和西欧的成熟民主政体可以高枕无忧，那就大错特错了。

社会的崩溃：社会学和心理学方法

一

这就引出了本章的核心问题：什么能够解释社会崩溃？为什么国家会崩溃？内战是如何开始的？

处理这些问题有两种截然不同的方法。社会学方法不关注个体，只关注将社会推向崩溃的非个人的社会力量。但许多人（这些人都不是社会学家）认为这种方法不能令人满意。他们想知道谁应当对此负责。法国大革命是谁的错？路易十六、玛丽·安托瓦内特，还是罗伯斯庇尔？

除社会学方法外，另一种方法是针对领导者的错误行为进行分析，比如路易十六、尼禄以及戈尔巴乔夫等人。这种观点根植于历史伟人论,该理论在 19 世纪特别流行,至今仍是专家、政治家以及一般公众的默认模式。

这种方法的一个极端版本是心理史学领域的,[4] 它运用弗洛伊德的精神分析学来理解领导者行为的情感起源。这种"弗洛伊德主义历史学"是伪科学。科学推进理论,然后收集数据对其进行检验。伪科学将两者顺序颠倒。历史学家休·特雷弗-罗珀在对沃尔特·兰格的著作《希特勒的心态》(*The Mind of Adolf Hitler*)的评论文章中写道:"心理史学家反向操作。他们从理论中演绎出事实;这就意味着,实质上,事实受理论支配,选择和评价是根据其与理论的一致性进行的,甚至是为了支持理论而杜撰出来的。"[5]

他人的心理是一个谜——他们以特定方式行事的诱因、意图和理由往往令人费解。我们通常连自己的动机都无法理解,又怎么可能确定他人的动机?因此,我认为弗洛伊德主义历史学具有严重缺陷的想法,不足为奇。正如我在本书中反复提出的那样,如果不首先剖析社会权力结构是如何运作的,我们就无法理解社会的发展轨迹。

与此同时,我赞成领导者可以发挥重要作用。尽管执政者在社会的架构中行事并受到很大制约,但他们确实有一定的余地来改变他们所领导的国家的发展轨迹;如果有致力于共同目标、凝聚力强的权力网络的支持,情况更是如此。更多有关个

第七章 | 国家的崩溃　183

人的作用，我们将稍后讨论，尤其在最后一章，我回顾了一些"成功案例"——一些社会进入革命浪潮，并得以在没有发生重大流血事件的情况下摆脱困境。当亲社会领导者成功带领国家渡过难关时，他们的积极作用尤其明显。

但现在，让我们继续来看社会学观点，因为理解领导者不得不应对的社会力量比理解其内心世界更为重要。无论这种理解是来自历史动力学，还是来自天才政治家对社会动态的敏锐把握，如果没有这样的理解，我们将无法使自己走出危机。

在过去几十年里，社会科学家投入了大量精力来研究内战的起因和先决条件。他们以一种令人钦佩的科学方式来处理这一领域的研究——收集大量数据集并对其进行统计分析。两大此类研究中心都位于北欧国家：挪威奥斯陆的和平研究所和瑞典乌普萨拉大学的和平与冲突研究所。在美国，最具影响力的研究项目是政治不稳定工作组（PITF）项目。该项目由中央情报局资助，由马里兰大学的特德·罗伯特·格尔、乔治·梅森大学的杰克·戈德斯通以及其他约20名学者发起。（戈德斯通是结构-人口理论的创始人之一，该理论是本书的一个支撑。）PITF成员、来自圣地亚哥加利福尼亚大学的政治学家芭芭拉·沃尔特于2022年出版了一本名为《内战是如何爆发的：以及如何制止》（*How Civil Wars Start: And How to Stop Them*）的书，她在书中总结了关于PITF项目的见解，并解释了这些见解对美国的意义。让我们看看这项研究为我们理解国家崩溃和内战带来了什么样的见解。

内战是如何开始的

一

一个国家明年是否会经历激烈的内部冲突，其最佳预测指标是该国今年是否已经陷入冲突。这一"预测"只是根据内战往往会持续多年的观察得出的，它并没有对内战为什么开始（以及如何结束）带来任何解释。因此，从政策制定者的角度来看，有趣的问题是，是否有可能提前两年预测内战的爆发。对于一个目前处于和平状态的国家来说，两年后它仍然处于和平状态的可能性有多大，陷入内战的可能性又有多大？

为了回答这个问题，PITF 项目收集了 1955—2003 年世界各国政治不稳定爆发的相关数据，并开发了一个统计模型，将国家特征与内战爆发的可能性联系起来。这项研究的结果由戈德斯通和他的合著者于 2010 年发表。[6] 他们发现，他们的模型能够以 80% 的准确率预测不稳定的发生。令人惊讶的是，尽管研究人员测试了大约 30 个不同的指标，但该模型只需要掌握三四个国家的特征就可以达到这种准确度。

第一个指标，也是最重要的一个指标，是"政体类型"。

在这里，PITF 的研究人员依赖于"政体 IV"（Polity IV）项目，该项目使用政治参与竞争度和行政人员招聘竞争度，以及对行政长官的约束等指标，衡量国家的独裁-民主程度，数值范围介于-10 和 +10 之间。[7] 每个国家年（例如，1980 年的津巴布韦）都被归类为完全民主（分值接近 +10）、完全独裁（分值接近-10）、部分独裁（分值在-10 和 0 之间）或者部分民主（分值在 0 和 +10 之间）。[8] PITF 项目将部分民主国家进一步划分为有派系斗争的部分民主国家和无派系斗争的部分民主国家。派系斗争是"在国家层面追求狭隘利益的集团之间严重两极分化和不妥协的竞争。这种赢者通吃的政治活动方式往往伴随着对抗性的大规模动员，正如在 21 世纪初的委内瑞拉和 2006 年军事政变前的泰国所发生的那样，还往往伴随着胁迫或操纵选举竞争"[9]。有派系斗争的部分民主国家是异常不稳定的政治体制，这些国家最有可能陷入内战。部分独裁国家在稳定方面处于中等水平，其余政体类型（没有派系斗争的部分民主国家、完全民主国家和完全独裁国家）相对稳定。

PITF 分析显示，其他增加内战可能性的因素包括较高的婴儿死亡率、毗邻国家的武装冲突，以及政府主导的对少数群体的镇压。

在《内战如何爆发》一书中，沃尔特描述了导致政治不稳定的一系列类似原因。与 2010 年的研究一样，她提出的第一个因素是政治体制的类型："事实证明，一个国家是否会经历内战的最佳预测指标之一是该国走向民主还是远离民主。"她将这种介于完全独裁和完全民主之间的政体称为"中间政体"。同样，第二个因素是派系斗争，尤其是在基于种族或宗教认同的情况下。此外，当其中一个种族派别认为自己在经济、文化或者地位上失去优势时，暴力爆发的风险尤其高。政府对少数群体的镇压进一步增加了少数群体诉诸武力的机会。沃尔特列出的原因中最后一个因素是互联网的出现、智能手机的大规模使用以及社交媒体的兴起。在她看来，社交媒体的算法是暴力的"助燃剂"，因为它助长了一种长期的危机感、日益强烈的绝望感，以及温和派已然失败的观念。"正是在这种情况下，暴力爆发了：那时公民确信，没有希望通过传统手段解决他们的问题。"[10]

PITF 小组主张的研究方法及其使用北欧研究人员构建的暴力数据集进行的类似分析具有重要价值，但也存在很大的局限性。众所周知，不稳定的短期（未来两年）预测指标是中间政体、派系斗争和国家镇压，但为什么会出现这种运行失衡呢？出现中间政体最常见的原因要么是独裁政体在精英内部冲突和民众动员的压力下试图实现民主化，要么是民主倒退到独裁政体，原因类似——精英共识的崩溃和民粹主义的兴起。但这意味着该国已经陷入困境。内战的另外两个前兆——派系斗争和国家镇压——同样（而且显然）是结构性不稳定的迹象。换言之，PITF模型依赖于预测内战的直接指标，但它并没有告诉我们为什么一个特定的国家会出现引起分裂和运行失常的政治行为，从而使其容易爆发内战。

另一个问题是PITF小组分析的数据的历史时间深度较浅（只能追溯到1955年）。20世纪下半叶是PITF数据的主要来源，在许多方面这都是一个不寻常的时期。最重要的是，它处于政治不稳定的主要浪潮之间，这些浪潮往往每200年左右发生一次。正如我们在第二章所见，复杂的人类社会通常会经历融合和瓦解的交替阶段。中世纪盛期之后是中世纪晚期危机，文艺复兴之后是17世纪的普遍危机，启蒙运动之后是20世纪初结束的革命时代。我们自己的不和谐时代才刚刚开始。因此，PITF数据所涵盖的时期是一段相对平静的时期，因为它处于革命时代和我们的不和谐时代之间。有很多内战、暴动，甚至一些灭绝种族的大屠杀，但深受其困的往往是世界上的欠发达地区——这些地区的国家建构起步较晚，民族团结意识远未形成。例如，撒哈拉以南非洲如今被分割成"人造国家"，这些国家是在欧洲殖民浪潮消退后出现的。这些国家中的大多数都在不经意间聚集了多个族群。更糟糕的是，许多族群被划分在多个不同的国家。类似的情况在中东也存在，尽管不那么极端，例如，库尔德斯坦被划分在4个不同的国家。因此，毫不奇怪，在过去的五六十年里，最频繁的内战发生在不同的族群之间，而种族民族主义是激发冲突各方的意识形态。由于 PITF 数据中的这种偏向，沃尔特极大地高估了种族认同作为冲突主要驱动因素的重要性。

当我们扩大数据所覆盖的历史时期（就像我们用 CrisisDB 所做的那样），我们发现内战参与者的动机在不同历史时期和世界不同地区差异更大。在中世纪晚期的危机期间，欧洲的大多数冲突是王朝间的冲突——兰开斯特王朝与约克王朝、奥尔良派与勃艮第派，等等。（这些内战从根本上说就是"权力的游戏"。）相比之下，在 17 世纪的普遍危机中，宗教是最突出的意识形态——胡格诺派教徒与天主教徒、清教徒与安立甘宗信徒，等等。革命时代见证了自由主义和马克思主义等现代意识形态的兴起。与此同时，民粹主义和阶级斗争远非纯粹的现代发明。2 000 前，罗马共和国晚期的主要竞争党派是平民派（民众党派）和贵族派（统治阶级党派）。同样，种族冲突并不局限于现代时期——它们也存在于古代世界（例如，公元 1 世纪和 2 世纪的犹太战争）。关键是，内战者的具体意识形态和动机在时间和空间上都是极为多变的。它们也非常不稳定，容易在长期冲突中发生变化（正如我们在第四章所讨论的）。因此，仅仅根据过去 60 年的历史建立预测模型可能会产生很大的误导。我们现在生活在最近一波全球不稳定浪潮的开端，战后世界的教训可能无法很好地指导近期和中期的未来。

事实上,这已经成为事实——PITF模型已经失去了预测未来冲突的能力。正如我刚才所说的,该项目在2010年发表的研究表明,PITF模型能够以80%的准确率预测内战的爆发。这个结果是如何得到的?PITF小组首先使用1955—1994年的数据建立了他们的统计模型,然后将模型预测与未来10年(1995—2004年)的情况进行了比较。这是一种可靠的科学方法,因为它告诉我们模型可以很好地做出"样本外预测"。从本质上讲,研究人员将自己置身于1994年,并确保他们的模型不知道要预测的数据(接下来的10年)。

到目前为止,一切都很好。然而,10年后,另一组研究人员使用该模型预测2005—2014这10年,想要重复PITF的研究。不幸的是,PITF模型的表现非常糟糕。特别是,它完全未预测出"阿拉伯之春"的几次起义,如2011年埃及革命(见第五章)。最重要的是,埃及和其他阿拉伯国家在2011年爆发了严重的政治暴力,它们都是独裁政体(而不是PITF模型预测的中间政体)。此外,种族渊源在埃及革命中没有发挥任何作用,因为所有的竞争群体都是逊尼派阿拉伯人。(埃及也有少数民族,即基督教科普特人,但他们在革命中没有发挥任何作用,只是偶尔成为伊斯兰主义者的受害者。)换言之,这些因素在2005年之前作为预测指标表现较好,但之后不再有用。

在2017年一篇关于预测暴力的文章——《预测武装冲突：是时候调整期望值了吗？》中，拉斯-埃里克·塞德曼和尼尔斯·B.魏德曼写道：

> 最终，希望大数据能够以某种方式通过无理论的"蛮力"产生有效的预测，在政治暴力领域这种希望是错误的。自动数据提取算法，如网络搜索和基于社交媒体的信号检测，也许能够发现加剧的政治紧张局势，但这并不意味着这些算法能够在时间和空间上高度准确地预测低概率冲突事件。[11]

这让我想到了基于无理论算法的方法的最大缺点。我在本书中一直主张，如果不深入分析社会内部的权力结构，我们就无法理解社会崩溃。谁是具有影响力的利益集团？他们的议程是什么？他们的社会权力来源是什么？他们掌握了多少权力来推进他们的议程？他们的凝聚力和组织性如何？如果我们想了解社会韧性及其相对的社会脆弱性，这些都是我们要问的关键问题。可惜的是，芭芭拉·沃尔特在《内战如何爆发》中对这些问题的分析常常是不充分的，有时甚至有些幼稚。以她对1917年俄国革命的解释为例，她认为这场革命"是由令人不安的政治和经济不平等驱动的,俄国工人阶级、农奴和士兵奋起反抗君主制,建立了世界上第一个社会主义国家"。(首先,1917年的俄国没有农奴,参见我在第九章对俄国改革和革命时期的论述。)或者以她对乌克兰"广场革命"的长篇大论为例,她认为这场动乱是"公民——其中很多人是来自乌克兰西部的亲欧年轻人"对维克托·亚努科维奇的反抗,后者试图加强与俄罗斯而非欧盟的经济联系。

这种说法有什么不对?"人民"或者"公民"不会推翻国家或者建立新的国家。只有"有组织的人"才能实现积极的或者消极的社会变革。同样,要理解革命为什么成功(或者失败),我们需要了解相互竞争的利益集团是什么,每个利益集团拥有多少权力,它们在内部的凝聚力有多强,以及它们是如何组织集体行动的。这就是结构-动力学方法的本质(这一点在附录三进行了解释)。

为了证明这样的权力分析对于理解国家崩溃(或者没有发生国家崩溃)是必要的,让我们来研究1991年苏联解体时成立的3个国家的不同发展轨迹:俄罗斯、乌克兰和白俄罗斯。事实上,苏联解体的直接原因是这几个(前)加盟共和国的3位领导人所达成的协议:《别洛韦日协议》。这3个东斯拉夫国家有着非常相似的文化。此外,在1991年,根据PITF标准,这3个国家非常相似:都是中间政体,正在从独裁走向民主;

都具有种族分裂的特点；2000年后，由于互联网和社交媒体的兴起，它们都受到了同样的不稳定"助燃剂"的影响。然而，尽管有这些相似之处，它们的发展轨迹却出现了分歧。2000年后，乌克兰经历了不只一场而是两场革命，这两场革命都取得了成功。俄罗斯和白俄罗斯各自经历了一次大规模的反政府示威浪潮（俄罗斯的这波浪潮发生在2011年议会选举后，白俄罗斯的这波浪潮发生在2020年总统选举后），但都没有导致国家崩溃。如何解释这些截然不同的发展轨迹呢？

苏维埃之后的斯拉夫国家

一

苏联实际上像一个巨大的公司，国家拥有生产财富的资产（或者用马克思主义的术语来说"生产资料"）。当它在1991年崩溃时，这一巨大的资本被公司管理层——政府领导、工厂经理及其亲信迅速私有化（白俄罗斯除外，我们将在下文看到）。私有化是一个极为腐败和暴力的过程，获胜者实际上是踩在运气较差的竞争对手的尸体上行走。有一则黑色幽默逸事，据说，俄罗斯两个最强大的寡头别列佐夫斯基和古辛斯基在一次会面中，其中一人向另一人发问："你为什么雇人杀我？"回答是什么呢？"不，雇凶杀人的是你！"结果发现，双方都雇了杀手来铲除对方。

随着大部分财富集中在不到十几个寡头手中，99%的人的福祉崩溃了。很多俄罗斯人在绝望之中成群死去。到1996年，民众的不满情绪变得如此强烈，以至于时任总统鲍里斯·叶利钦明显没有机会赢得连任——他的支持率只有个位数。主要的竞争对手是共产主义者根纳季·久加诺夫。寡头集团开始担心共产党的胜利可能会给他们继续掠夺国家造成阻碍。以别列佐夫斯基和古辛斯基为首的一群最强势的寡头与叶利钦达成了一项协议：叶利钦承诺将国有企业私有化，作为回报，他们资助其竞选活动并为其动用媒体资源——那个时候，他们控制了所有的大众媒体。他们还聘请了一支美国政治竞选顾问团队（包括臭名昭著的迪克·莫里斯）来确保叶利钦获得连任。即使这样也不够，最终他们不得不诉诸大规模的选举舞弊以使叶利钦再次当选。

就这样，俄罗斯在1996年成为极端的财阀政体。因为寡头们不考虑管理国家，所以国家崩溃的进程进一步加快。工厂主停止支付工人的工资，大选后的秋季出现了一波工人罢工。车臣的流血战争再次爆发。1998年，俄罗斯遭遇了严重的金融危机，导致卢布贬值和国债违约。

此时，俄罗斯形成了两大权力网络。其一是执政集团，即经济精英（寡头），他们手握所有主要的大众媒体，彻底控制了意识形态精英。第二个集团包括行政精英（官僚机构）和军事精英（包括国家安全机构官员和军方官员）。在随后的权力斗争中，由弗拉基米尔·普京领导的行政/军事精英联盟击败了财阀。这期间，没有突发的革命；相反，这个过程是渐进的，寡头接二连三地被驱逐（别列佐夫斯基和古辛斯基），被监禁后驱逐（霍多尔科夫斯基），或者在权力等级中被降级到较低等级（波塔宁）。寡头们之所以失败，是因为他们不是一个有凝聚力的统治阶级，他们把更多的精力花在了相互斗争上，而不是推进他们的集体利益上。他们还低估了控制强制机构的重要性。最后，他们缺乏任何合法性，他们的贪污腐败行为被民众深恶痛绝。

行政/军事精英的胜利代表着至少自15世纪以来的俄罗斯权力关系模式的回归。我们在其他的历史案例中也可以看到（例如埃及），政治文化往往具有弹性，即使在重大动荡之后也通常会自我重建。

事实证明，俄罗斯新的（或恢复了的）统治阶级相当腐败，任人唯亲。其成员从寡头手中夺走创造财富的资产，并将很大一部分国家支出转移到自己的口袋中，从而让自己变成巨富。有点令人惊讶的是，尽管俄罗斯统治阶级具有贪污腐败的方面，但相比于此前寡头对国家的管理，他们对国家的管理竟然没有那么紊乱。普京政府取得了许多成功，尤其是在执政后的头十年。普京政府结束了车臣内战,使国家财政建立在良好的基础上,甚至促进了(或者应该说,没有干扰)经济发展。在 1998—2008 年的 10 年中,经济增长特别迅速,民众的福祉随之显著改善。2008 年之后,经济增长放缓,甚至出现了几次倒退。但其他生活质量指标,如预期寿命的延长和谋杀率的下降,仍在继续改善。

始于 2011 年并一直持续到 2013 年的大规模抗议活动未能动摇普京政府。大多数抗议者集中在莫斯科和圣彼得堡这两个最大的城市,而该国其他地区不支持抗议活动。最重要的是,统治阶级的核心对普京的支持没有出现任何裂痕。

在白俄罗斯,寡头从未获得过权力。在白俄罗斯共和国成立的头三年,年轻的(30 多岁)前国有农场负责人、反腐败斗士亚历山大·卢卡申科迅速走红,以压倒性优势(80% 的选票)赢得了 1994 年的总统选举。由于卢卡申科政府没有沉溺于无节制的私有化,国家保留了大型工业企业的所有权并阻止了寡头的崛起。因此,白俄罗斯在《福布斯》排行榜上连一个亿万富翁都没有。(名单上有一些白俄罗斯人,但他们都是在俄罗斯发家致富的。)

2020 年 8 月总统选举后,明斯克和其他大城市爆发了反对卢卡申科政府的大规模抗议活动。有一段时间,(在外界观察者看来)这个政权似乎摇摇欲坠。然而,随后发生的事件证明他们错了。很明显，卢卡申科与军事精英建立了牢固的联系。（我使用的是一般意义上的"军事"——不仅是军队，还有内部安全机构。）没有人从卢卡申科的权力网络中叛逃，政权得以幸存。该政府坚决不屈服于示威者的要求，逐渐削弱了他们参加抗议活动的意愿。此外，卢卡申科在首都以外地区的支持力量仍然强劲。因此，抗议活动逐渐平息，最后一次是在2021年3月。

乌克兰：财阀政体

一

现在我们来看乌克兰。在20世纪90年代，乌克兰的政治经济与俄罗斯旗鼓相当。一群寡头通过将国有生产资料私有化而执掌权力。然而，1999年之后，两国的发展轨迹出现了分歧。在乌克兰，寡头集团没有被推翻。相反，经济精英获得了绝对的权力。

寡头统治为普通乌克兰人的福祉带来了什么？让我们来看看2014年"革命"前夕乌克兰的人均GDP。根据美国中央情报局的《世界概况》，2013年乌克兰人均GDP为7 400美元。这远远低于匈牙利（19 800美元）、波兰（21 100美元）或斯洛伐克（24 700美元）。这也远低于俄罗斯（18 100美元），后者是乌克兰的 2.5 倍。这是一个特别引人注目的观察结果，因为在苏联解体之前，乌克兰地区的人均 GDP 高于俄罗斯或白俄罗斯。

也许俄罗斯不是最佳对照，因为它拥有丰富的石油和天然气矿产资源。更好的比较对象是白俄罗斯，白俄罗斯不仅没有俄罗斯那么丰富的矿产资源，也没有乌克兰的有利气候条件和富饶的"黑土"。尽管如此，白俄罗斯 2013 年的人均 GDP 为 16 100 美元，是乌克兰的两倍多。此外，由于白俄罗斯甚至没有亿万富翁，因此白俄罗斯的收入中位数甚至高于乌克兰（或俄罗斯），因为更公平的财富分配往往会提高中位数。

尽管乌克兰寡头统治着这个国家，不受任何其他内部制约，但他们并没有形成一个有凝聚力的统治阶级。相反，他们组成了几个派系相互斗争，并将选举政治、半合法化地攫取财产甚至监禁作为斗争武器。2010 年，亚努科维奇上台后，监禁了他的竞争对手尤利娅·季莫申科，一位以"天然气公主"著称的寡头。寡头之间的自相残杀践踏了乌克兰的民主。无论乌克兰人选谁，官员们都没有为普通民众做任何事情，而是专注于从失败的寡头手中转移财富和权力。该国选民被划分为两个数量相同的群体，对于乌克兰需要走向何方，他们的想法截然相反，这进一步加深了整体的混乱。（在一定程度上，白俄罗斯和俄罗斯也是如此，这两个国家都有大量的亲西方的少数派。）

乌克兰的西半部希望加入欧盟和北约；东半部希望与俄罗斯保持并深化文化和经济联系，坚决反对加入北约。不同的寡头派系受到这两部分选民中的一方或另一方的青睐，但事实上，他们都是倾向于西方的，因为他们把财富存放在西方的银行，让子女在牛津大学或斯坦福大学接受教育，在伦敦或蔚蓝海岸购置房产，还在达沃斯结交全球的精英。

我在对不稳定的4个结构性驱动因素的概述（第二章）中指出，我们的历史动力学模型针对的是历史上的超大帝国和当代的最强大国，如美国和中国。为简要起见，该模型中的最后一个因素即地缘政治压力通常可以被忽略。但对于乌克兰这样中等规模的国家来说，这些因素往往非常重要，需要纳入分析。乌克兰之所以特别容易受到外部压力的影响，还有另外两个原因。

首先，它位于美国利益范围（本质上是北约）和俄罗斯利益范围（在俄罗斯经常被称为"近邻"）之间的地缘政治断层线上。事实上，断层线正好穿过乌克兰中部，西半部偏向北约，东半部偏向俄罗斯。已故的美国著名战略家兹比格涅夫·布热津斯基认为，独立的乌克兰是"欧亚棋盘上一个新的重要空间……一个地缘政治支点，因为它作为一个独立国家的存在有助于改变俄罗斯。没有乌克兰，俄罗斯就不再是欧亚帝国"[12]。美国外交政策机构中一个有影响力的部门认为，被削弱但仍然强大的俄罗斯的继续存在是对美国首要地位的最重要的威胁（其威胁甚至大于中国的崛起）。[13]继布热津斯基之后，该部门推动北约向俄罗斯扩张，到2014年，轮到乌克兰被纳入北约。

其次，乌克兰寡头特别容易落入西方利益集团的控制之下。因为财阀将大部分财产存放在西方银行，而财产可能会被冻结，甚至没收。[14]俄罗斯寡头在2022年发现了这一点。[15]一个更加直接的威胁是将寡头引渡到美国受审的法律程序。德米特罗·菲尔塔什是乌克兰寡头顿涅茨克派系的重要成员，在2014年之前，他是亚努科维奇地区党的有力支持者，目前（截至2022年）被软禁在维也纳，和美国针对他的引渡程序做斗争。

到2014年，美国的"代理人"，如资深外交官维多利亚·纽兰，已经对乌克兰财阀有了很大程度的掌控权。这需要付出不小的代价——纽兰夸口说，美国国务院投资了50亿美元来扩大其对乌克兰统治阶级的影响力。[16]在这件事上，美国代理人得益于寡头之间相互对立的深刻敌意，这种敌意分裂着寡头集团。由于寡头们无法在内部达成一致，他们需要一位外部经纪人来制定共同的议程。我们从通话录音中得知，在2014年"尊严革命"期间，纽兰和时任美国驻乌克兰大使杰弗里·派亚特就任命谁担任国家要职（总统、部长等）做出了决定。[17]

自乌克兰独立以来的30年里，其权力结构发展为三层结构：民众、寡头和美国代理人。乌克兰公民在定期选举中投票，但无论他们选谁，当选者都只追求自己的私人利益，而不考虑选民的意愿（除非民众的意愿与寡头的意愿一致）。因此，当选后不久，每届政府都迅速失去公众的支持，陷入丑闻泥潭。除了早期的一个例外（库奇马），没有一位总统能够连任一届以上。在下一轮选举中，失意的选民将上一届政府班子踢出局，选出另一套政府班子。乌克兰爆发了两次革命，一次是在2004年，另一次是在2014年。然而，新任政客也是从寡头或者受寡头密切控制的人中推选出来的。唯一的改变是，尸位素餐的人换成了另外一批寡头。

争夺权力的寡头派系相当不稳定，个别寡头会审时度势地加入阵营或者转换阵营。不过，研究人员根据其地理起源确定了4个主要网络或"派系"：东南部的第聂伯罗（原来的第聂伯罗彼得罗夫斯克）和顿涅茨克，中部的基辅和西部的沃里尼亚。亚努科维奇在2010年当选为总统，他的地区党成功获得议会中最多的席位，这代表着顿涅茨克派系的胜利。

亚努科维奇的政治生涯始于顿涅茨克州州长。亚努科维奇及其地区党的主要支持者是乌克兰最富有的寡头、顿涅茨克派系首脑雷纳托·阿克梅托夫。他在地区党名单上的大约60个职位上安插了对他个人效忠的人。第二个支持者是菲尔塔什，他选了30个职位。[18] 一旦亚努科维奇成为总统，人们就期望他利用自己的职位为其支持者（当然，不要忘记他自己）谋利。但他没有停留在惯常的贪污腐败范围内，而是开始了一项大规模的、有利于自己家族的重新分配财富的计划。尤其是他的儿子，获得了巨额财富。其他寡头很快就清楚了，亚努科维奇的目标是建立一个新的寡头集团，被称为"亚努科维奇家族"。如果这种情况得以继续下去，亚努科维奇很快将不再需要阿克梅托夫和菲尔塔什的支持。两人决定必须与亚努科维奇分道扬镳，并开始四处寻找替代者。正如克里斯蒂安·尼夫在 2014 年 2 月报道的那样，"例如，与菲尔塔什相比，阿克梅托夫一直与季莫申科相处得很好，并开始支持阿尔谢尼·亚采纽克，后者在季莫申科被监禁时接管了她的'祖国'联盟的领导权。菲尔塔什则支持维塔利·克利钦科的党派乌克兰民主改革联盟（UDAR）"[19]。结果，已经遭到其他寡头反对的亚努科维奇失去了顿涅茨克派系的支持。让亚努科维奇下台所需要的只是某种触发因素，但亚努科维奇本人当时可能没有意识到这一点。

美国记者亚伦·马泰在总结导致"广场革命"的事件时写道：

> 独立广场抗议活动的导火索是总统维克托·亚努科维奇决定退出欧盟提出的贸易协议。常规的解释是亚努

科维奇遭到其莫斯科主要赞助人的胁迫。据路透社当时报道，实际上，亚努科维奇希望发展与欧洲的关系，并"哄骗和胁迫任何推动乌克兰与俄罗斯建立更紧密关系的人"。但乌克兰总统读到欧盟协议的细则时临阵退缩了。乌克兰不仅必须限制自己与俄罗斯深厚的文化和经济联系，还必须接受严厉的紧缩措施，如"提高退休年龄和冻结养老金及工资"。这些要求非但不能改善普通乌克兰人的生活，反而只会确定无疑地带来贫困以及亚努科维奇的政治失败。[20]

这次动乱始于数万名示威者聚集在基辅的独立广场，他们抗议政府腐败并支持欧洲一体化。寡头彼得罗·波罗申科是反对亚努科维奇的沃里尼亚派系成员，他后来在接受采访时说："从一开始，我就是独立广场抗议活动的组织者之一。我的电视频道——第五频道——发挥了极其重要的作用。"[21]

当时，亚努科维奇仍然保持着很大程度的民众支持，但他的支持者都在乌克兰东部，而首都人口属于该国亲西方的那一半人口，无论如何，这一群体中的大多数人在上次选举中都投票反对亚努科维奇。更重要的是，上万的乌克兰西部人口（包括一大批极右翼极端分子）前往基辅，将之前的和平运动变成了政权更迭的暴力运动。

当暴力达到顶峰时，阿克梅托夫和菲尔塔什都意识到他们需要放弃这艘沉船。一夜之间，他们控制的两个电视媒体（乌克兰电视台和 Inter 电视台），将他们的支持转向了反对派。在议会中，由阿克梅托夫和菲尔塔什任命的执政地区党成员脱离了党派，加入了反对派。曾与极右翼极端分子斗争的安全部门从独立广场撤离，因为它们担心会被亚努科维奇出卖。（后来的事件证明它们是对的。）

这是亚努科维奇的尼禄时刻。突然之间，对他的支持烟消云散，只剩他自己独自面对愤怒的抗议者。他从其他寡头和乌克兰民众那里掠夺的数十亿美元无法保护他（当新政权上台时，这些钱被从他的家族手中夺走）。亚努科维奇避免了尼禄的结局，他设法逃到俄罗斯南部，现在在那里过着流亡生活。

民众取得了胜利，民主得以恢复。至少，企业媒体就是这样描述"广场革命"的。事实上，2014 年乌克兰革命与历史上任何其他革命一样，都算不上一场人民革命。它的驱动力量与我们在本书中论述的驱动力量相同——民众贫困化和精英生产过剩。民众并未从这场革命中获益。乌克兰的政治仍然像以前一样腐败。民众的生活质量并未得到明显提高。波罗申科当选总统，但他的政府很快失去了公众的支持。在接下来的选举（2019 年）中，只有不到 25% 的选民将选票投给了他。

2014 年的这场革命最具灾难性的后果是，顿涅茨克和卢甘斯克这两个顿巴斯地区爆发了一场激烈的内战，顿巴斯民兵在俄罗斯的援助下，与乌克兰军方和"亚速营"等公开的新纳粹志愿组织作战。[22] 到 2022 年 2 月 24 日乌克兰危机爆发时，顿巴斯战争已经夺走了 14 000 人的生命。[23] 现在说这场战争将如何结束还为时过早，但历史记录表明，这场冲突可能会以某种方式结束乌克兰的财阀统治。大多数寡头失去了大量的财富，部分是由于经济崩溃，部分是因为战争的破坏。[24] 更重要的是，寡头们在政治上被战争边缘化了。现任乌克兰总统弗拉基米尔·泽连斯基从政是波罗申科（2014—2019 年任乌克兰总统）和伊戈尔·科洛莫伊斯基（第聂伯罗彼得罗夫斯克寡头集团首脑）两位寡头之间竞争的结果，后者需要一位候选人来反对波罗申科。[25] 但当冲突在 2 月 24 日升级为全面战争时，泽连斯基将自己重塑为一位战时总统，并宣誓要战斗到底，直到取得胜利。乌克兰现在面临着一个严峻的抉择：要么成为一个州，要么转变成军事政体。时间会告诉我们哪一种未来会成为现实。

主要信息

一

在苏联解体后形成的 3 个东斯拉夫共和国中，乌克兰是最贫穷和最不稳定的，而白俄罗斯则享有相对的繁荣和稳定。这一观察结果意味着什么？显而易见的一点是专制比民主更加行之有效。这也是错误的。有很多运行失常、人口贫困的独裁政体，其中许多都在过去崩溃了。治理最好、绝大多数人口福祉水平较高的国家，如丹麦和奥地利，往往是民主国家。

一个更好的结论是，并非所有带有民主色彩的国家都是为了广大民众的利益而运行的。一些这样的伪民主国家很容易被发现，比如当国家官员决定哪些政党将参加选举以及谁将获胜时。但乌克兰的情况并非如此——政客和国家官员不是控制者；相反，他们受到寡头及其私人利益的紧密控制。

从对过去的国家崩溃案例的分析中可以得出哪些主要信息？治理复杂人类社会的政治机构比昙花一现还要脆弱得多。国家崩溃，即统治社会的权力网络的突然瓦解，在历史上和当代世界中都是经常发生的事情。统治阶级的垮台（有时甚至被赶尽杀绝）经常是因为在战争或斗争中被势不可当的力量击败，同时也可能是遭到有组织的革命派或暴动者的袭击。智利总统萨尔瓦多·阿连德手持突击步枪，与冲进总统府的陆军司令皮诺切特部队殊死搏斗，最终死于枪林弹雨中。然而，在不考虑外部入侵时，国家崩溃最常见的原因是统治网络的内爆。本章开头讲述的尼禄时刻可能是最生动的例子。在古巴革命和 2021 年阿富汗崩溃的例子中，有来自敌对权力网络的压力，但其统治网络早在暴动者进入首都之前就瓦解了。顺便说一句，

1917年俄国十月革命也是以同样的局面展开的。苏联称攻占冬宫为决定性的转折点，但临时政府在此之前已经被其大部分军队抛弃了，其领导人亚历山大·克伦斯基在布尔什维克军队进入冬宫之前就已经逃跑了。最后，一个政治体制可能会在大规模公众抗议的压力下崩溃，就像2014年乌克兰的情况一样。

2014年乌克兰"革命"的成功与2021年白俄罗斯骚乱的失败之间的对比尤其具有启发性。解释这些不同结果的主要因素是统治集团的性质。在乌克兰的例子中，一群经济精英互相憎恨，互相密谋对抗，并且一有风吹草动就愿意立即放弃沉船。就白俄罗斯而言，具有凝聚力的行政-军事精英经受住了公众的抗议，没有出现任何裂痕。最终，这两个东斯拉夫国家之间的差异源于它们在2014年革命和2021年骚乱局势发生之前20年所走的不同的政治经济道路。乌克兰国有企业的大规模私有化产生了财富泵，导致寡头生产过剩、寡头间冲突和国家一再崩溃。在白俄罗斯，没有财富泵，没有寡头，没有精英内部冲突，也就没有发生国家崩溃。

所有复杂的社会都容易受到精英生产过剩这股瓦解力量的影响，这就是为什么它们都会经历周期性的社会崩溃。但财阀政体尤其脆弱，乌克兰就是（曾经是？）一个相当极端的例子。主要的问题是，财阀出于自身私利，往往会带来有利于财富泵运作的制度安排。财富泵一方面加剧了民众的贫困，另一方面

（通过创造更多更富有的财阀）加剧了精英生产过剩。换言之，财富泵是人类已知的最不稳定的社会机制之一。当然，美国不是乌克兰。美国的统治阶级是由一套相互交叉的机制统一和组织起来的，对此，我们在第五章有所论述。这个统治阶级在进步时代和新政时期表明，它有能力为了共同的福祉而做出有违自己狭隘私利的行动。但它将如何度过"动荡的二十年代"？美国在未来几十年可能会遵循什么样的发展轨迹？这就是我在下一章要讨论的问题。

第八章

近未来的历史

超越尖点

一

任何从远处观看过去10年事件的人——比如说,一个太空外星人,或者一个未来的历史学家——无疑都会对居住在地球上最强大国家的人类如何彻底破坏他们的社会印象深刻。尽管取得了显著的科学进步、非凡的技术变革和引人注目的经济增长,但大多数美国人的福祉一直在下降,甚至许多获胜者也对能否让子女获得成功深感焦虑。

正如我们所看到的,人类社会沿着可预测的轨迹进入革命局面。但是这些危机是如何解决的呢?既然美国正处于危机之中,我们想知道接下来会发生什么。我们知道,未来是无法精确预测的。对于处于革命局面的社会制度而言，准确的预测尤其困难。我们可以用物理类比来解释这一点。

把通往危机的道路想象成山谷，两侧是陡峭的山坡。一个正在走向危机的社会就像一个滚下山谷的金属球。滚落的轨迹受到山坡的限制，因此是相当可预测的。然而，一旦金属球滚出谷口，就来到了一个尖点（革命局面），前方会有许多可能的路线。对金属球施加微小的力（利益群体或者有影响力的个人的行为），可以推动它接下来的轨迹沿着相对较好的方向或者完全灾难性的方向发展。这就是很难预测尖点之后会发生什么的原因。

但这个看似悲观的结论也有一线希望。施加相对温和的力可能足以将轨迹引向积极的方向。诀窍是知道往哪个方向推——毕竟，看似显而易见的干预可能会导致意想不到的灾难性后果。这就是言语推理变得完全无法胜任的地方。理想情况下，我们需要一个正式的（数学）模型，它可以告诉我们什么样的推动力会导致什么样的结果。将模型向前运行到21世纪末，我们将能够探索国家内部的利益集团（特别是其中最有权势的统治精英）各种可能的选择会产生的不同境况。之后，我们将观测他们做出了哪些集体选择，以及该模型是否正确地预测了这些选择的长期后果。

多路径预测

一

到目前为止，历史动力学还远远不够先进，无法实现这样的建模壮举。但在过去的几年里，我和我的同事们一直在沿着这些思路思考。我们将这种方法简称为多路径预测（MPF）。[1]一个功能齐全的 MPF 机将以各种可能采取的政策或者改革作为输入值，并预测这些干预措施将如何改变未来的发展轨迹。这样的工具需要投入大量的工作和资源（金钱和人员），不过，我最近开发了一个"原型"来展示它的工作原理。技术人员可以在学术出版物中看到相关细节，[2]但在接下来的几页中，我将用文字（没有方程式）来描述。我深入研究这个原型内部工作原理的私心，是为了展示我在这本书中阐述的一般理论如何在一个特定的案例中发挥作用。所有建模师都知道，将言语理论转化为一组数学方程是一种极好的方法，可以找到其中所有隐藏的假设并将其揭开。

MPF 模型的核心是财富泵，它是为其中的所有运动部件提供动力的工具。其工作原理如下。首先，该模型跟踪在找工作的工人人数。劳动力供应的增加是人口增长的结果（新生工人加入劳动力队伍和年老工人退休之间的平衡）。新生工人的另一个重要来源是移民。该模型还需要考虑到围绕工作的社会态度的变化，这导致女性大量进入劳动力市场。（1955—2000 年，美国女性的劳动力参与率从35%增加到60%。）其次，该模型跟踪了工作岗位的供应，这受到全球化（导致工作岗位从美国流出）和机器人化/自动化（将一些工作岗位从人转移到机器，但也在新的经济部门创造了其他工作岗位）等因素的影响。

过去五六十年的总体劳动力趋势导致了工人供应过剩，这往往会压低工人的工资。与此同时，能够抵消这种经济影响的制度因素变得越来越弱。加入工会的工人比例有所下降，联邦政府规定的实际最低工资也有所下降。因此，相对工资（与人均GDP相关的工资）下降了，特别是对低技能工人而言，但对工资达到中位数的（"典型的"）工人来说也是如此。反过来，相对工资的下降驱动了财富泵，将收入从劳工阶层重新分配给经济精英，正如我们在第三章所看到的那样。

这种结构-动力学方法的美妙之处（附录三将进一步阐释）在于，它使我们能够理解社会系统一部分的变化如何影响其他部分的动态。财富泵不仅对平民阶层有重大影响（导致贫困化），而且对精英阶层也有重大影响。精英人数的变化是人口结构变化（出生率和死亡率之间的差异）的结果，但这对我们来说是一个相对不重要的因素，因为在美国，精英和平民之间的人口比率没有那么大的差异。（这是一夫多妻制精英社会的一个主要因素。）更重要的过程是社会流动：平民向上进入精英阶层，精英向下进入平民阶层。净流动是否向上取决于财富泵。

这里的机制很简单。当公司高管让员工工资的增长速度一直低于公司收入的增长速度时，他们可以用盈余给自己更高的工资、更有利可图的股票期权等。这种公司的CEO带着"黄金降落伞"退休后，就成了新的百万富翁甚至亿万富翁。出于同样的原因，资本所有者也从中获得了更高的回报。超级富豪的数量激增。

这种动态也可以反向运行。当工人工资的增长速度快于人均GDP时（也就是说，当相对工资增长时），新超级富豪的诞生就被扼杀了。一些杰出的个人继续创造新的财富，但他们的人数很少。与此同时，由于破产、通货膨胀和多个继承人之间的财产分割，以前的财富正在慢慢消散。在这种情况下，超级富豪阶层的规模逐渐缩小。

但这样一种渐进的、温和的衰退是在假定社会体系保持稳定的前提下。对CrisisDB历史案例的分析表明，更频繁的向下的社会流动消除了精英的生产过剩，这与社会政治高度不稳定的时期，即"不和谐时代"有关联。在这种情况下，向下的流动很迅速，通常与暴力联系在一起。政治不稳定和内部战争以各种方式削减了精英人数。一些精英直接死于内战或者暗杀。当他们的派系在内战中失败时，其他人可能会被剥夺精英地位。最后，普遍的暴力状况和成功的缺乏阻碍了许多"剩余的"精英追逐者继续追求精英地位，从而导致他们接受向下的流动。

MPF机通常通过假设高度的不稳定性会提高精英个体转变为平民的速度来对这些过程进行建模。

因此，MPF模型的核心是相对工资及其所驱动的财富泵。当相对工资下降时，就会导致民众贫困化和精英生产过剩。正如我们现在所知，两者都是社会和政治不稳定的最重要驱动因素。然而，不稳定的爆发——暴力的反政府示威和罢工、城市骚乱、恐怖主义、农村起义，以及事态一发不可收后的国家崩溃和全面内战——都是人们作为个体的行为的结果。这一模型如何将结构性驱动因素和人们的动机联系起来呢？该模型假定，激进分子在所有此类事件中发挥着关键作用，他们已经变得激进并准备发起进攻。当这些激进分子的数量相对其他人较少时，他们不会对政权的稳定构成严重威胁，因为他们很容易被孤立以及被警察镇压。但如果他们人数众多，他们就会开始联合成激进主义组织，就一定会对统治阶级发起相当大的挑战。因此，激进分子人数与总人口数的比例是MPF模型需要跟踪的一个关键变量。

激进化的过程就像一种疾病，随着自身的传播，改变着人们的行为，并驱使他们以暴力的方式行事。因此，将结构性驱动因素与动乱联系起来的MPF模块需要对这种社会传染的动态进行建模。它与流行病学家在预测新冠疫情暴发时使用的方程非常相似。

该模型对三种类型的个体进行跟踪。第一种是"稚拙"型，对应的是流行病学框架中的易感人群。成年的个体被归为这一类。（该模型只跟踪活跃的成年人；儿童和退休的老人没有被建模，因为他们被假定对动态没有影响。）稚拙者可能会因为接触到激进型的人（对应的是疾病模型中的患病者）而变得"激进化"。人群中的激进分子越多，稚拙者感染"激进主义病毒"的概率就越大。[3]

当高比例的人口被激进化时，社会政治的不稳定性就会很高。暴乱一触即发并随时会蔓延，恐怖主义和革命团体蓬勃发展并得到大量同情者的支持，社会极易受到内战爆发的影响。然而，激进化程度与政治暴力的总体水平（例如，以死亡人数衡量）之间的关系是非线性的。随着激进分子在人口中所占比例的增长，他们越来越容易联系和组织起来，这可能导致革命政党的爆炸性增长。还有一个阈值效应。只要革命团体的力量小于国家强制机构的力量，暴力的总体水平就可以被抑制到较低的水平。但是，如果平衡转向有利于激进分子，政权势力就可能会突然崩溃，正如我们在前一章看到的许多国家崩溃的案例一样。

到目前为止，我们一直在谈论"激进分子"，就好像他们是一个利益集团，但这不是正确的思考方式。事实上，激进分子通常并不都属于一个激进政党。在政治高度不稳定的时期，民众和精英阶层之间存在很多分歧。(我们在第四章讨论了这种意识形态格局的碎片化。)因此,激进分子有许多派系,每个派系都有不同的意识形态并与其他派系斗争。一些人成为左翼极端分子,另一些人加入右翼组织,还有一些人成为种族或宗教极端分子。即使在右翼和左翼的内部,激进团体也会四分五裂,它们可能更专注于自相残杀的斗争,而不是与意识形态对立的一方斗争。

一般来说,政治暴力的爆发在动态上类似于野火或地震。正如毛泽东的一句名言,星星之火,可以燎原。不过,大多数火花只燃起火苗,在蔓延成大火之前就会熄灭。其他火花则燃烧成中等火势的火焰。只有极少数的火花会引发席卷整个草原的野火。复杂性科学家对这些过程特别关注,在这些过程中,对事件大小的统计分布符合"幂律"。无论我们用被烧毁草原的平方公里数还是用里氏地震规模的地震强度来量化这些过程——或者用死亡人数来衡量政治暴力事件的严重程度——它们都有相同类型的动态。[4] 在草原大火中,最初由火星引起的火焰是否蔓延,取决于可接触到多少可燃材料,以及火焰是否能从一片干草燃烧到另一片干草。在革命中,最初对政权的反抗是否蔓延取决于激进分子(类似于可燃材料)的数量,他们之间的联系有多紧密,或者他们能以多快的速度扩大叛乱网络。这种自动催化、自我驱动的动态结果是,一个最初的小事件可能会意外地演变成一场罕见的大规模灾难——"黑天鹅"事件或"龙王"事件。

由于激进化的程度和由此产生的政治暴力规模之间的关系受幂律控制，因此常规统计数据（比如暴力的平均水平）的效果不是很好，MPF模型通过评估真正严重的事件的概率来捕获可能的结果，比如美国内战或者太平天国运动。发生这种极端事件的概率可能不高，但我们需要有忧患意识，因为它们有可能造成难以想象的人类苦难。美国爆发第二次内战的概率为10%，是高还是低？从个人层面来说：你会在让你有10%的概率死亡的事情上打赌吗？即使奖励丰厚，我也不会。你需要活着才能享受奖励，无论奖励有多么丰厚。

让我们回到MPF模型。该模型中的另一个元素是，稚拙者不仅可以通过与其他激进分子的接触变得激进化，还可以通过暴露于激进行为产生的暴力而变得激进化。例如，如果一个人的亲戚或朋友在右翼极端分子的恐怖行动中丧生，他就可能会加入左翼革命组织。第二种激进化路径也是一种社会传染（但传染的介质是暴力而非激进的意识形态）。

除稚拙者和激进者之外，模型中的第三种个体的类型是"温和"型（对应的是流行病学模型中的"康复者"）。这类人之前是激进分子，但已经对激进主义和暴力不再抱有幻想，他们最终认为社会成员需要团结起来消除分歧。温和者与稚拙者的不同之处在于，他们重视和平与秩序高于一切，并积极致力于实现和平与秩序。换句话说，稚拙者没有积极的政治纲领，激进者积极扩大不稳定性，温和者积极控制事态升温。

总之，当稚拙者接触到已经激进化的人或者置身于暴力时，就会产生新的激进分子。激进分子越多（因此暴力发生率越高），稚拙的个体就越有可能变得激进化。然而，温和者也发挥着一个作用：当温和者人数增加并发挥其温和的、抑制不稳定的影响力时，激进主义带来的"感染"随之减少。

然而，激进分子的数量并不是无限增长的。随着暴力程度的增加，一些激进分子放弃了极端主义，转而成为温和者。激进者对激进主义感到厌恶并转变为温和者的概率随着暴力总体水平的升高而增加，但存在时间延迟，因为较高水平的政治暴力不会立即转化为厌恶暴力和渴望内部和平的社会情绪。暴力以累积的方式发生作用；在大多数人开始热切渴望秩序之前，一定会经历几年的高度不稳定，甚至彻底的内战。

因此，MPF机的社会传染模块会跟踪激进化和温和化的过程。现在，它需要与不稳定的结构性驱动因素的动态联系起来。这通过政治压力指数（PSI）来实现，该指数将贫困化程度和精英生产过剩程度结合起来。[5] 民众贫困化程度是通过相对收入的倒数（家庭收入中位数除以人均GDP）来衡量的。

因此，当典型的收入不能随着经济增长而增加时，这一因素会导致 PSI 上升。精英内部生产过剩／竞争是通过精英（包括精英追逐者）相对于总人口的数量来衡量的。PSI"调节"稚拙型个体变成激进型的概率。当结构性条件导致较大的社会不稳定压力时，激进思想就会在肥沃的土壤上生根发芽。或者，如果 PSI 较低，稚拙者和激进者的接触（或者经历政治暴力事件的稚拙者）不太可能导致激进化。

既然我们有了 MPF 机，让我们用它来探究美国社会体系在 21 世纪 20 年代之后可能走的轨迹。请记住，这是一个模型（甚至是一个原型），对于它的预测，我们应该保持一定程度的怀疑。我们的目标不是预测未来，而是使用该模型来了解潜在的行动可能会如何塑造不同的未来。MPF 机是一种"道德故事"，就像好女孩和坏女孩的故事，这是数百个传统社会中存在的叙事主题。

我们在 1960 年这个时间点启动这台机器，并首次就已定格的 60 年历史来运行它。从 MPF 的角度来看，这段时间最重要的趋势是相对工资下降。相对工资的下降开启了财富泵，精英人数开始加速增长。到 2020 年，民众贫困化和精英生产过剩，以及由此带来的 PSI 都达到了非常高的水平。跟踪激进分子人数的激进化曲线一直平滑地保持在接近于零的水平，在 2010 年后开始增长，并在 21 世纪 20 年代爆发。政治暴力也是如此。该模型预测，在21世纪20年代的某个时候，不稳定性变得如此之高，以至于精英人数开始减少。记住，MPF是一个模型，这意味着它将现实抽象为数学方程。但在现实生活中，导致精英人数下降的不稳定现象一点也不抽象。想想南北战争给美国带来的后果，当时南方的大量男性精英在战场上丧生，其他人被剥夺了精英地位。

在该模型中，21世纪20年代突如其来的大灾难使精英人数减少，从而导致PSI下降。此外，高强度的暴力加速了大多数激进分子向温和型的转变。激进化曲线像它急剧上升时那样急剧下跌，并在2030年后的某个时刻达到最低值。因为激进分子是暴力的推动者，所以不稳定程度也会下降。社会体系恢复了稳定。但在这种惯性情景下，不稳定的根本原因——财富泵——仍在继续运行。渐渐地，精英人数开始增加。与此同时，抑制21世纪20年代暴力高峰的温和者正逐渐退休和去世。来之不易的和平将持续一代时间（25~30年），但50年后会再次上演21世纪20年代时的情景。[6]

因此，惯性情景预测了一个相当严峻的未来：21世纪20年代将爆发严重的暴力事件，如果不采取措施关闭财富泵，暴力每隔五六十年就会重演一次。有哪些替代方案吗？

一个假设是相当直接地认为过多的激进分子会导致全面内战，这可能会让读者觉得不切实际。毕竟，美国的强制机构非常有效，没有崩溃的迹象。如果高强度的激进化不会引发内战，那么会发生什么呢？从某些方面来说，那样的未来没那么可怕，因为避免了内战。但接下来发生的事情看起来也不是特别光明。财富泵继续运行，因为民众贫困化和精英生产过剩加剧，所以PSI非常高。大多数人都变得激进化，激进化曲线并没有下降，因为缺乏促使激进型转变为温和型的内战条件。社会体系无限期地陷入极度贫困、精英冲突和激进化的状态。

不，要使系统达到正平衡，必须关闭财富泵。我们可以将相对工资提高到平民和精英之间的向上和向下流动率达到平衡的程度，从而对此进行建模（然后确保工人工资与整体经济同步增长，并使其保持在这一水平）。事实证明，这种干预不会消除21世纪20年代的峰值，甚至不会对其产生太大影响——社会体系中存在太多惯性。此外，这种干预还会在加剧精英生产过剩方面产生事与愿违的影响。关闭财富泵会减少精英阶层的收入，但不会减少他们的人数。这会导致大量精英转化为反精英者，这将最有可能使内部的战争更加血腥和激烈。然而，在经历了痛苦和暴力的10年后，该系统将迅速实现平衡。PSI将达到最低水平，激进化人口的比例将下降，剩余的精英将被消灭。"动荡的二十年代"的唯一记忆将存留在占很大比例的温和者脑海中，他们将在接近2070年时逐渐退场。最终将是"剧烈短痛，受益长远"的结果。

MPF 机可用于探索其他情景。例如，如果我们十分缓慢地提高相对工资（比如在 20 年的时间里），那么虽然动荡的二十年代不会消失，但精英的极度贫困是可以避免的。

我们从 MPF 模型中洞悉到的最重要的一点可能是，现在避免我们当前的危机为时已晚。但是，如果我们尽快采取行动，将相对工资提高到均衡的水平（从而遏制精英生产过剩）并将其保持在这一水平，我们就可以避免 21 世纪下半叶的下一个社会崩溃时期。

美国的革命局面

一

MPF 模型为我们提供了美国在 21 世纪 20 年代及以后可能走向的轨迹范围的全景。该模型相当抽象，根据的变量包括贫困化、追逐者过剩和激进化等。现在让我们把它放在现实中，看看它能给我们提供什么样的关于美国利益集团权力动态的剖析。为此，我们需要将该模型的理论剖析与对当代美国社会更具体的结构-动力学分析相结合。

正如我们在第五章发现的那样，美国统治阶级是由顶级财富持有者（收入最高的 1% 群体）和顶级学位持有者（学历最高的 10% 群体）组成的联盟。这些团体的成员并非都是国家治理的积极参与者。许多（收入最高的1%群体中）富有的社会名流只是作为社会上层即"有闲阶级"的成员享受他们的财富和地位。至于学位持有者，右翼评论员喜欢抨击"自由派教授"的恶劣影响，但事实上，他们中99%的人没有发言权。一所好大学的终身教授很可能在退休时跻身前10%的行列，但他们中的大多数人研究的是鲜为人知的课题，与政治和权力没有关系，比如鲨鱼寄生虫和苔藓植物系统学（如果你知道苔藓植物是什么，那恭喜你）。他们的学生在期末考试后一个月就会忘记他们的大部分教学。当然，很大一部分有学位的人都不属于前10%的行列。执政联盟的活跃分子——大型企业的CEO和董事会成员（如安迪）、大型投资者、公司律师（如简的父亲）、高级民选官员和官僚以及政策规划网络的成员——才是实施统治的人。

我们在第五章看到了这个统治阶级如何获得一个相互关联的机构网络，使其能够作为一个（相当）协调一致的合作团体发挥作用。它克服了新政时代的分歧，带领国家度过了第二次世界大战和冷战，成为超级大国。它还采取了一系列改革，确保了经济增长的成果得到相对公平的分配，这带来了人类进化史上前所未有的广泛繁荣。在20世纪60年代，统治精英们甚至在克服美国社会中奴隶制和种族主义历史造成的最大不平等根源方面取得了重大进展。但在1980年之后，社会情绪从广泛的合作和长期目标转向短期的、狭隘的自私利益。财富泵得以按照越来越疯狂的速度运转。

财富从劳工阶层大量流向经济精英，促使经济精英人数激增，导致精英生产过剩，带来了越来越多的精英内部竞争和冲突，这开始破坏执政联盟的团结和凝聚力。马克·米兹鲁奇在其 2013 年出版的《美国企业精英的破裂》（The Fracturing of the American Corporate Elite）一书中指出，二战后团结、温和、务实的企业精英阶层（《财富》500 强公司的高管和董事）在近几十年里变得四分五裂。经济领导人变得不那么温和，也不太愿意为共同利益做出贡献，这成为"当前美国民主危机的重要根源，也是 21 世纪美国陷入困境的主要原因"。

企业界内部一个日益明显的两极分化迹象，是推动极端意识形态议程的慈善基金会的兴起。这个区间的一个端点是极端保守的基金会：查尔斯·科赫基金会、默瑟家族基金会、莎拉·斯凯夫基金会以及其他基金会。多姆霍夫将其称为"政策阻碍网络"。与主流智库提出政策建议并帮助推动其通过立法程序不同，政策阻碍网络的目标是"抨击一切政府项目，指责所有政府官员的动机"[7]。多姆霍夫较为详尽阐述的一个案例是否认气候变化的组织，比如哈特兰研究所，它们始终奉行的宗旨是，质疑气候变化的科学基础，破坏关于化石燃料在提高全球变暖和极端天气（如 5 级飓风）发生率方面的作用的新共识。另一个案例是"死亡税"模因的产生和传播（第五章）。最终，政策阻碍网络导致美国社会对公共机构的信任度下降以及社会合作减少。

最高法院大法官和其他联邦法官的任命已成为"激进的亿万富翁"之间的另一个战场。几十年来，极端保守的基金会向联邦主义者协会捐款数百万美元，该协会"通过培训数百名在联邦法院系统任职的法官，从根本上重塑了联邦司法机构"[8]。最近，乔治·索罗斯捐赠了近2 000万美元，资助数十名进步派候选人参加美国各地的地方检察官竞选。[9]自2017年以来，由北加州四位富有的捐赠者资助的"加利福尼亚智慧司法"项目，已将数千万美元用于刑事司法选票措施和结盟候选人，选举出了改革派地方检察官乔治·加斯孔（在洛杉矶）和博彻思（在旧金山）。[10]在2020年"黑人的命也是命"抗议活动之后，其他几个大城市也选举出了改革派地方检察官。然而，一个意想不到的后果是进步派地方检察官和保守派警察部门之间的冲突加剧。富有慈善家的善意举措再一次造成了更多的两极分化现象，破坏了社会合作。（和往常一样，这不是对一项或者另一项倡议的相对价值的价值判断；这是对其系统性影响的分析。）

回到米兹鲁奇，他得出结论，企业精英通过"榨干国库并为自己积累大量资源"，"正在带领我们走向早期的罗马帝国、荷兰帝国和哈布斯堡王朝统治下的西班牙帝国的命运……对其成员而言,在当下奉行某种开明的利己主义早已过时"。[11]到目前为止,一切都很好。然而,米兹鲁奇夸大了当今企业精英已经成为"尽管拥有前所未有的财富和政治影响力,但不愿解决重大问题的无用群体"的程度。相反,虽然存在意识形态裂隙(我们在前文论述过这一点),但是美国的统治阶级在推进自己狭隘的、短期的地方性利益方面仍然非常成功。随着每一项税收立法的出台,税法正变得越来越累退;如今,对企业和亿万富翁的有效税收处于20世纪20年代以来的最低水平。企业使金钱即"言论自由"的观念深入人心,从而在很大程度上消除了对于利用自己的财富影响美国政治的制约。联邦最低工资的实际水平仍在继续下降,但通货膨胀已经达到了20世纪80年代以来的最高水平。[12]

统治阶级中保守派和进步派之间的分歧几乎完全集中在文化问题上。主导美国政治的经济精英们可以容忍在这些问题上的各种观点,只要在促进他们的集体经济利益(保持低税收和低工人工资)方面达成强有力的共识。

因此,这一分析得出的结论是,目前的统治阶级不会从内部产生生存挑战,至少在不久的将来不会。那么,哪个利益集团确实可能对现在的政权构成威胁呢?

社会行动需要组织

一

我们的结构-动力学分析表明,有两个主要群体的福祉一直在下降,相应地,他们的大规模动员潜力也在增长。第一个群体是贫困的、低学历的劳工阶层。第二个群体是高学历阶层中那些失意的精英追逐者。根据主流企业媒体的大多数权威人士的说法,当今美国现状的最大威胁是没有受过大学教育的白人。以下是斯蒂芬·马尔奇——2022年广受好评的《下一场内战:来自未来美国的通讯》(*The Next Civil War: Dispatches from the American Future*)一书的作者——发出的典型战斗号令:

> 无论在2022年或者2024年当选的是谁,一场潜在的非法性危机正在酝酿之中。根据弗吉尼亚大学对人口普查预测的分析,到2040年,30%的人口将掌控68%的参议院席位。8个州将容纳一半的人口。参议院席位的不当分配给未受过大学教育的白人选民带来了压倒性的优势。在不久的将来,民主党候选人可能会以数百万选票的优势赢得普选,但仍会失败。让我们好好算算吧:联邦制度不再代表美国民众的意愿。
>
> 右翼正在为法律和秩序的崩溃做准备,但他们也在超

越法律和秩序的力量。极右翼组织现在已经渗透到如此多的警察队伍中——人脉关系数以百计，以至于他们在打击国内恐怖主义的斗争中变成了不可靠的盟友。

美国的白人至上主义者不是边缘力量，他们处在国家机构的内部。[13]

然而，一场成功的革命需要一个有凝聚力、有组织、有群众支持的革命政党。美国没有这样的组织，并且在联邦警察仍然有效的情况下，这样的组织无法被建立起来。国家的监督机构和强制机构太强大了。走布尔什维克的权力之路——保护自己的组织不受伦敦和苏黎世的沙皇秘密警察的打击——同样是不太可能的。一个激进的左翼政党在哪里可以寻求到庇护？中国？俄罗斯？很难想象还有哪个国家愿意窝藏一个被美国认定为恐怖分子的人。此外，激进左翼的分裂令人绝望。缺乏团结和有效的大规模组织使激进左翼变得无足轻重。

但是，激进右翼至少和激进左翼一样分裂且无能为力。白人至上主义者、新纳粹分子、三K党、另类右翼、另类精英、另类白人等都是突然出现又转瞬即逝的小分裂团体。根据跟踪极右翼极端分子情况的组织反诽谤联盟（ADL）和南方贫困法律中心（SPLC），如今的三K党由数十个相互竞争的独立分会组成。在过去的几十年里，随着民众贫困化加剧，越来越多低学历的男性变得激进化，并加入了极右翼团体。此类团体的数量也在增加，恐怖主义的发生率也随之升高。[14] 然而，极右翼不仅是分裂的，而且也没有任何大规模的组织来开展革命行动。它对政权构不成实际威胁。想想绑架密歇根州州长格雷琴·惠特默（Gretchen Whitmer）的阴谋吧。

所谓的阴谋头目亚当·福克斯是沙克吸尘器商店的承包商，这份工作能使他勉强维持生计。当他的女朋友把他赶出家门时，他住不起公寓，搬到了商店的地下室。他想发动一场革命，推翻这种导致贫困的腐败政权。正如《纽约时报》报道的那样，他告诉一名FBI（联邦调查局）线人："兄弟，我只是想让世界发光。兄弟，我们要推翻这一切。"[15] 但是没有革命政党可供他参加。相反，他和他的伙伴们遭到FBI的渗透。最终，是一名FBI特工提议他们绑架密歇根州州长。在策划绑架、审判和处决惠特默的准军事组织中，近一半是FBI的人或线人。极右翼组织的真空如此之大，以至于这个极右翼恐怖组织不得不由FBI组织，这实在是讽刺。

我们虚构的"可怜虫"史蒂夫非常聪明，不会参加任何这样的阴谋。"啊呀，"他告诉我，"只要有三个人加入这场阴谋，其中一个肯定是FBI的线人。"史蒂夫加入了"誓言守护者"，但他主要是希望维护他的第二修正案的权利。2021年1月6日，他没有去华盛顿特区，因为他觉得考虑到国家的权力，所有这些示威都是徒劳的。当他在新闻中看到"誓言守护者"的创始人斯图尔特·罗兹因参与 1 月 6 日国会大厦袭击事件被捕并被指控为煽动阴谋者时,[16] 史蒂夫走到自己的车前,刮下保险杠上的"誓言守护者"贴纸。如果没有有效的组织,美国贫困劳工阶层的民众就不是一个可能的威胁。

持不同政见者

一

如果我们将政治上活跃的美国人置于传统的左-右区间,那么中间位置就会被统治阶级和忠实地为其服务的政客占据。处于两端的分别是左翼激进分子和右翼激进分子,他们可能梦想推翻统治政权,但缺乏对政权构成可能威胁的人数和组织。然而,在激进分子和中间派之间,有一些人对政权持批评态度,却不愿使用暴力/非法手段来改变政权。让我们称他们为"持不同政见者"。目前(截至本书撰写之时),左翼的持不同政见者包括民主党政客,如佛蒙特州参议员伯尼·桑德斯和马萨诸塞州参议员伊丽莎白·沃伦。桑德斯很有可能在 2016 年和 2020 年被提名为民主党总统候选人,但由于民主党支持统治阶级所青睐的候选人,他遭到排挤。桑德斯和其他左翼的持不同政见者主张采取提高联邦最低工资和提高富人税等民粹主义政策。桑德斯还反对开放边境,这在老牌民主党人中颇为独特。2015年沃克斯新闻网采访了埃兹拉·克莱因,后者曾向桑德斯提问,是否赞同"大幅提高我们允许的移民水平,甚至提高到开放边境的程度",这位参议员坚决地给出否定回复。"这是科赫兄弟的提议。"桑德斯说。他接着说:

> 这个国家的右翼人士会喜欢开放边境政策。引入各种各样的人,每小时工作只需支付两三美元,这对他们来说太棒了。我不赞成这一点……[17]

在同年的另一次采访中,他继续谈到这个主题。

> 当这个国家有36%的西班牙语裔孩子找不到工作,而你又把很多非技术工人引入这个国家时,你认为现在失业的36%的孩子会面临什么?51%的非裔美国孩子会面临什么?[18]

一旦民主党抛弃了劳工阶层——这在民主党总统比尔·克林顿执政期间(1993—2001年)成为铁打的事实——党内的左翼民粹主义者就不再对民主党的政见有任何影响。理由是,为了不输掉选举,该党需要向中间靠拢。当然,"中间"是统治阶级青睐的政策。

在意识形态方面，左翼的持不同政见者因其批判内容的不同而受到截然不同的对待。文化方面的左派问题——种族、民族、多元性别群体、交叉性——被大量媒体公司大肆报道。民粹主义经济问题，尤其是对美国军国主义的批判就更不用说了。一个生动的案例是统治阶级对美国最早的持不同政见者之一诺姆·乔姆斯基的处理方式——置之不理。他的著作或者校园演讲活动没有被禁止（如果他是苏联的持不同政见者，就会被禁止），但他从未被邀请在媒体上露面。因此，这些左翼知识分子仍然是美国意识形态和政治格局中的边缘人物。[19]

右翼持不同政见者的情况不同。在 2016 年之前，共和党是统治阶级的大本营，是前 1% 的那部分人的工具。但今天，在我写这本书的时候，共和党正在向一个真正的革命政党转变。（我们将在未来几年内知道这个转变是否成功。）这一转变始于唐纳德·特朗普的意外胜利。当然，特朗普不是一个革命者——他是一个典型的政治企业家，通过引导民众尤其是没有大学学历的美国白人的不满情绪助推自己上台。不过，一上台他就试图兑现自己的选举承诺（对于老牌政客来说，这是非常罕见的，这提供了更多的证据表明他不是一个老牌政客）。他的所有提案并非都违背了统治阶级的利益。他成功推进税改立法，使税法更加倒退。他还任命了保守派大法官进入最高法院，使保守派财阀和其他利益集团满意。但在其他方面，他与经济精英的优先利益背道而驰。正如我们所看到的，他对经济精英优先利益最大的挑战是他的反移民政策。

特朗普的其他举措还包括拒绝共和党传统的自由市场正统观念，转而支持产业政策，尽管他在这方面做得并不特别成功。左倾的经济政策研究所指出，"特朗普反复无常、自行其是"，在回流制造业就业岗位方面，"贸易政策前后矛盾，没有取得任何重大进展"。[20] 最后，特朗普对北约的怀疑态度和不愿开始新的外交冒险，违背了执政精英普遍认同的"强势"外交政策目标。特朗普是最近唯一一位没有发动新战争的总统。

虽然特朗普并不认为自己是激进派，但他团队中的一名成员，首席战略家史蒂夫·班农，是一名公认的革命派（正如我们在第一章讨论的那样）。班农认为自己是一个"列宁主义者"，想"推翻一切，打破现下的所有制度"。[21] 特朗普不认同这种观点。本杰明·泰特尔鲍姆在《永恒之战：班农的极右翼全球权力掮客圈子内幕》（*War for Eternity: Inside Bannon's Far-Right Circle of Global Power Brokers*）一书中写道：

> 正如他（班农）告诉我的那样，"要让美国再次强大，你必须……在重建之前，你必须先进行破坏"。在班农眼中，唐纳德·特朗普是"颠覆者"。我还听到他说

过"破坏者"一词。这至少是史蒂夫的理解。史蒂夫回忆说，2017年4月，一些媒体报道了他阅读《第四次转折》（*The Fourth Turning*）后，他在白宫与特朗普就这一切进行了简短的交谈。特朗普对此不以为然。他认为自己的角色是一个建设者，而不是破坏者，所有关于厄运、毁灭和崩溃的怪异言论都让他感到厌烦。史蒂夫没有让谈话继续下去。这只是一次很简短的交谈。此外，没有必要让特朗普看待世界的方式和他一样。[22]

特朗普可能认为自己是一个建设者，但随后他混乱的总统任期（任期结束时更甚）表明，班农2017年将特朗普定性为"颠覆者"是公正的。

特朗普和班农都是反精英者，但特朗普成为反政权斗士走的是财富路线，而班农走的是学历路线。班农在弗吉尼亚州的一个劳工阶层家庭长大，曾在美国海军服役。在海军服役期间，他获得了乔治敦大学的硕士学位，然后获得了哈佛商学院的MBA学位。这使他得以在高盛担任投资银行家，然后成立了自己的投资银行，并涉足娱乐和媒体领域。然而，他非但没有融入统治阶级，反而变得激进化。（他把自己在人生的这一阶段描述为一个"局外人"。）他对统治精英的厌恶和推翻他们的愿望似乎植根于他在他们中间生活和工作的经历。[23] 在2014

年梵蒂冈演讲中,他说:

> 当我在高盛工作时,我可以看到这一点——相比于堪萨斯州和科罗拉多州的人,纽约人对伦敦和柏林的人感觉更亲近,他们更有这种向大家规定世界运转方式的精英心态。我要告诉你,欧洲、亚洲、美国和拉丁美洲的职场男女都不相信这一点。他们相信自己知道什么对自己的生活最有利。

2012 年,班农成为极右翼在线新闻网站布赖特巴特新闻网的执行主席。"在布莱巴特新闻网任职期间,班农主持了一档很受欢迎的脱口秀广播节目,对主流共和党人发起了猛烈的攻击,转而支持极端保守派的边缘人士。其中就包括特朗普,他是该节目的常客。他们建立了一种关系,最终促使班农策划了特朗普的民粹主义入主白宫。"[24]

然而,事实证明,进入总统办公室是两人成就的巅峰。[25]他们两个人谁都没有能力或者自我约束力来"排干沼泽",正如他们在竞选期间所承诺的那样。特朗普不仅没有实施系统的改革计划,而且事实证明,他在治理国家方面也非常糟糕,不过,公平地说,他试图违背统治阶级利益的一切行为都遭到了同一阶级的大规模阻挠。这件事是众所周知的,不需要赘述那些龌龊的细节。可以说,班农和特朗普闹翻了,至少部分原因是班农对特朗普及其家人满是贬损之词。

班农只是特朗普众多因丑闻而离开政府的同僚之一。事实上,特朗普团队的大多数成员(就像过去一样)似乎都对此事感到困惑。许多人被起诉,有些人甚至服刑。特朗普表现出他更善于解雇员工,而不是建立一个有凝聚力和能起作用的权力网络。就连那些指责他试图把自己塑造成独裁者的批评者也承认,事实证明,他在专制主义的事务方面非常无能。2020年,建制派发起了一场"反叛乱运动",成功地将这种刺激因素从政体中清除。2021年1月6日冲击国会大厦是这场斗争中的最后一次小规模冲突,[26]尽管以世界历史的标准来看,这场"暴动"并没有那么严重;它肯定比不上攻占巴士底狱或者攻占冬宫。

然而,这对2024年有影响,共和党可能正在从前1%的那部分人的政党逐渐演变为右翼民粹主义政党。主流共和党人(统治阶级的忠实支持者)成群结队地离开了该党,一些人提前退休,另一些人则受到"特朗普式"候选人的挑战并被击败。这种转变会有多成功还有待观察。这个老大党(美国共和党的别称)会像班农所希望的那样,成为一个旨在推翻统治精英的革命组织吗?这无疑是统治阶级非常关心的问题。

激进右翼不断分裂并且缺乏共同的意识形态。特朗普本人很难成为一个有凝聚力的人物,"特朗普主义"也不是一种连贯的意识形态,而是一个让某人重新掌权的一厢情愿的计划。一些右翼政客是纯粹的文化斗士,而另一些则关注民粹主义问题。目前,最受人关注的现象是塔克·卡尔森的事迹,事实可能会证明,其发挥了"晶核"作用,但也可能不会。卡尔森之所以引人注目,是因为他是企业媒体中最直言不讳的反建制批评者。尽管 CNN、MSNBC、《纽约时报》和《华盛顿邮报》等媒体在普通民众中(尤其是在学历不高的美国人中)正在失去信誉,但卡尔森却越来越受欢迎。他是目前美国最受欢迎的政治评论员。他引人注目的原因还有一点:他有一套清晰、连贯的意识形态,这在他 2018 年出版的《愚人船:自私的统治阶级如何将美国带到革命的边缘》(*Ship of Fools: How a Selfish Ruling Class Is Bringing America to the Brink of Revolution*)一书中有很好的阐述。

在书的开头,卡尔森问道:"美国为什么选出了唐纳德·特朗普?"然后他立即给出了答案:

> 特朗普的当选与特朗普无关。这是在美国统治阶级面前竖起了一根颤抖的中指。这是一种蔑视的姿态,一种愤怒的咆哮,是自私和不明智的领导人几十年来做出自私和不明智决定的最终结果。幸福的国家不会选唐纳德·特朗

普为总统。绝望的国家才会如此。

这个答案也是一种判断,为该书的其余部分奠定了基调。美国陷入困境,其根本原因是什么?卡尔森在许多地方对美国统治阶级的批评与我们对于将美国推向边缘的社会力量的分析相似。尽管不一定使用相同的术语,但他的书阐述了社会合作("强大到足以将一个3.3亿人口的国家团结在一起的黏合剂")、民众的贫困("中产阶层的衰落")和自私的精英(同样用了"自私的精英"一词)的瓦解。然而,他确实忽略了不稳定的一个关键驱动因素——精英生产过剩——并且执着于文化问题。直观地理解我在这本书中讨论过的各种社会力量的作用是一回事,但理解这些局部——大象的鼻子、牙齿和柱子一样的腿——如何连接在一起并组成一头完整的大象则是另一回事。[27]

因为卡尔森为"新右翼"提供了最接近共同意识形态的东西,所以有必要对《愚人船》进行简要概述。以下是这本书的一些主要观点:

- 民主党曾经是工人阶级的政党。然而,到2000年,它成为富人的政党。美国的两个执政党已经融合在一起。"自由市场资本主义与进步主义社会价值观的结合可能是美国经济史上最具破坏性的结合……向多样性议程低头比提高工资成本低得多。"

- 大规模移民一直得到商会（促进雇主利益的组织）的支持。相比之下，没有民主党人怀疑"低技能"移民工人的大量涌入会降低美国工人的工资，尤其是受教育程度较低的工人。然而，到2016年，"对移民持怀疑态度的人几乎全都离开了左翼……这一变化纯粹是政治考量的产物。民主党人明白，绝大多数移民选民会投票给民主党人"。

- 共和党和民主党现在"在频繁的海外军事干预的思想上保持一致……因此，美国几乎一直处于长期的战争状态"。伊拉克、阿富汗、利比亚、叙利亚——每一次干预都被公众认为是在追求崇高目标，比如用充满活力的民主国家取代腐败的独裁政权。然而，最终的结果是一连串的国家遭到破坏。

- "曾经有一段时间，第一修正案被视为受过教育的美国人的世俗圣经。"现在已经不是了。现在，统治阶级的左翼和右翼都认为相反的意见是对他们权威的威胁；"分歧是走向暴动的第一步"。言论自由在校园遭到了否定，被硅谷否定，被媒体否定。"记者已经成为权力的侍从。"

- "为什么我们对资本征税的税率是劳动力税率的一半？"为什么职工会过早死亡？问这样的问题对统治阶级来说是麻烦的。与其说人们指责统治精英，不如说"你希望人们互相指责……控制民众的最快方法是让其与自己对立……身份政治是一种便利的方法"。

塔克·卡尔森是一个非常危险的人。2022年4月,《纽约时报》发表了三篇系列文章，清楚地表明了老牌精英对他的重视。[28]《纽约时报》的研究人员对这些文章做了大量的研究，观看或阅读了《塔克·卡尔森今夜秀》从2016年11月（首次播出）到2021年1 150集的脚本。根据《纽约时报》的分析，卡尔森一次又一次谈到三个最重要的主题。其中两个与本书讨论的问题直接相关："统治阶级"（卡尔森在800多集，即70%的节目中提及了这一点）和"对社会的破坏"（600集）。第三个是"取代"（在400集中提到，民主党政客希望通过移民迫使人口结构发生变化），这使卡尔森的节目被《纽约时报》称为"有线电视新闻史上最具种族主义色彩的节目"。《纽约时报》的系列文章没有提到卡尔森在《愚人船》中提出的想法，而是完全专注于他的电视节目。[29]事实上，这本书的基调和这档节目的基调之间反差非常大，像是两个人的手笔。节目的基调也随着时间的推移而变化：与卡尔森有矛盾的嘉宾出现的次数减少了，而独白变得更长、更频繁。《纽约时报》认为，节目形式的这种变化是为了追求更高的收视率。当然，《塔克·卡尔森今夜秀》已经成为有线电视新闻史上最成功的节目。

卡尔森被其他企业媒体（包括他自己所在的福克斯新闻的评论员）广泛厌恶不足为奇。他被称为右翼挑衅者、"虚伪的宣传者"、"愚蠢的种族主义者"、"外国的资产"，甚至是国家的叛徒。[30] 政客和媒体人士（"权力的侍从"）呼吁福克斯解雇他，但迄今为止没有成功。

卡尔森并不是荒野中唯一的声音。除了他标志性的独白，卡尔森还经常邀请嘉宾参加他的节目，他们的身份让我们了解到很多关于批评当权者的持不同政见者的叛乱状态的信息。2021—2022 年，卡尔森的嘉宾包括左翼的格伦·格林沃尔德和图尔西·加伯德，以及右翼的迈克尔·弗林和 J. D. 万斯。

喜剧演员兼政治评论员乔恩·斯图尔特曾指责福克斯新闻的老板、卡尔森的雇主鲁珀特·默多克"试图破坏这个国家的结构"[31]。更准确的指控是卡尔森想推翻统治精英。在很多方面，他都是典型的反精英人物。退一步来说，如果默多克有意保持经济精英（当然包括他自己）的主导地位，那么他是否应该认真对待这些呼声？但很显然，默多克更关心自己的个人底线，而不是捍卫自己的阶级。

下一场斗争

一

执政联盟在正在进行的革命斗争的第一场战斗中占据上风。民主党已经控制了其民粹主义派系，现在是学历最高的10%群体和收入最高的1%群体的政党。但收入最高的1%群体正在失去其传统的政治工具——共和党，后者正被其民粹主义派系接管。塔克·卡尔森，而不是唐纳德·特朗普，可能是一个新的激进政党形成的种子结晶。或者另一个人物可能突然出现——混乱的时代有利于新领导人的崛起（通常也会迅速落幕）。我之前说过，没有大规模的组织，革命就不可能成功。右翼民粹主义者打算利用共和党作为一个已经存在的组织来攫取权力。一个额外的优势是，对一个主要政党的控制为他们提供了一条非暴力的、合法的权力之路。

早期的右翼民粹主义派系有各种各样的名字，目前最常见的是新右翼和国家保守派（NatCon）。来自俄亥俄州的新当选共和党参议员J. D. 万斯是国家保守派的后起之秀。万斯的人生轨迹与班农有很多共同之处。万斯在俄亥俄州铁锈地带长大，亲身经历了去工业化对劳工阶层的破坏性影响，包括家庭暴力和吸毒等问题。他的父母离婚了，他由祖父母抚养长大。他应征加入美国海军陆战队并在伊拉克服役，然后他的人生轨迹发生了戏剧性的转折。从俄亥俄州立大学毕业后，他在革命力量锻造厂——耶鲁大学法学院获得了法学博士学位。[32] 在法学院时，他在蔡美儿教授的鼓励下写了一本回忆录——于2016年出版的《乡下人的悲歌》。毕业后，他在一家公司律师事务所工作，然后在彼得·泰尔的一家风险投资公司秘银资本担任主管。现在，他已经赢得了NatCon项目运作的一个参议院席位。他的候选人资格是由泰尔资助的，他还在塔克·卡尔森的项目中得到优待。万斯还多次出现在史蒂夫·班农的播客"战情室"（War Room）上。另一位有类似轨迹的2022年参议院候选人是布莱克·马斯特斯（不过他拥有斯坦福大学而非耶鲁大学的法律学位）。他也得到了泰尔的资助和卡尔森的支持。这两人是典型的美国反精英人物。

截至2022年底，我们还不知道卡尔森、万斯以及其他国家保守派是否会成功接管共和党，但国家保守派显然正在重塑共和党，在特朗普和班农所作所为之上更进一步。正如贾森·曾格尔在《纽约时报》上所写的那样："根据你的观点，国家保守派要么试图为特朗普主义增加智力分量，要么试图反向设计一种智力学说，以匹配特朗普的蜥蜴脑式民粹主义。"[33] 甚至是老牌共和党政客也开始向民粹主义方向发展，开始质疑他们对大企业的忠诚。这些政客包括共和党参议员和2016年共和党总统候选人特德·克鲁兹以及马尔科·卢比奥。克鲁兹最近宣布，他不会接受企业政治行动委员会的捐款。卢比奥没有做出类似的承诺,但他表达了越来越民粹主义的信息:"在过去的几年里,我一直在证明,太多的美国公司以牺牲美国的家庭、社区和国家安全为代价,优先考虑短期财务上的暴利。无论是在共和党还是在全国各地,越来越多的人开始接受这种观点。"[34] 某一参议员(另一位耶鲁大学法学院毕业生)正在推动一项立法,他说这项立法将"拆分大型科技公司",并对违反反垄断法的公司施加"严厉的新惩罚"。[35]

今天,美国统治阶级发现自己陷入了人类历史上成千上万次重演的困境。许多普通美国人已经撤回了对执政精英的支持。他们在"美国统治阶级面前竖起了一根颤抖的中指"。大批学位持有者在追求精英职位时遭遇挫折,这已成为反精英者的滋生地,他们梦想推翻现有政权。大多数财富持有者不愿意为了维持现状而牺牲任何个人利益。这种现象的专业术语是"革命局面"。对于统治阶级来说,有两条路可以摆脱革命局面。一条路将导致他们被推翻;另一条路是采取一系列改革,重新平衡社会体系,扭转民众贫困化和精英生产过剩的趋势。一个世纪前,美国的统治精英们曾经这样做过一次。他们会再度尝试吗?历史给出了什么指示?

第九章

财富泵与民主的未来

危机的后果

一

到目前为止，我们对 CrisisDB 中 100 个案例的分析表明，社会在如何进入和退出危机时期的问题上存在根本性不同。如果危机的"入口"就像狭窄的山谷，那么社会在遵循一系列可能的路径后，导致了"严重程度"大不相同的后果。我们的研究团队使用各种负面后果指标（总共 12 个）对严重程度进行了编码。[1] 其中一组捕捉到了人口统计方面的后果：总人口是否因危机过后的动荡而减少？出现了重大流行病吗？我们发现，人口减少是很常见的——一半的危机退出导致了人口损失。30% 的危机退出与重大流行病有关联。

其他指标则关注精英阶层的遭遇。在近三分之二的案例中，这场危机导致了从精英阶层到平民阶层的大规模向下流动。在六分之一的案例中，精英群体成为灭绝行动的目标。统治者被暗杀的概率为40%。这对精英们来说是个坏消息。对每个人来说，更坏的消息是，75%的危机以革命或者内战（或者两者兼有）告终，在五分之一的案例中，反复发生的内战持续了一个世纪或更长时间。60%的危机退出导致了国家的灭亡——它被另一个国家征服，或者干脆分崩离析。

总体结论是严峻的。很少有社会能够在没有或者几乎没有重大后果的情况下成功摆脱危机。在大多数情况下，几场灾难同时发生，一些社会经历了非常严重的后果。例如，在16世纪法国宗教战争期间，瓦卢瓦王朝经历了12个负面后果中的9个。国王和公爵被暗杀；精英们多次被清除（例如圣巴托罗缪惨案）；据估计，在这场内战期间，有300万人死于暴力、饥荒或疾病。其他后果严重的案例包括古代中国唐朝和宋朝的灭亡、萨珊王朝的解体以及6世纪东罗马帝国的危机。

然而，历史记录确实提供了另外一些例子，有些社会相较而言能够毫发无损地摆脱危机：暴力事件极少；主权得到维护；几乎没有领土损失；除某些体制或政策改革外，大多数社会结构和体制都完好无损。这些社会以某种方式得以"拉平"这条动荡和宗派暴力急剧升级的"曲线"，而其他众多社会却无法幸免。这些社会究竟是如何避免更多灾难性后果的？

让我们来关注最后一次完整的国家崩溃浪潮，即席卷全球的革命时代。特别是革命时代的后半期，即1830—1870年，是世界历史上一个极端动荡的时期。几乎所有主要国家都经历过革命或者内战（或者两者都经历过）。它们包括美国和中国（正如我们在第一章所看到的）。1848年的革命浪潮导致欧洲动荡不安。法国进行了三次革命——分别在1830年、1848年和1871年。在日本，德川幕府政权于1867年倒台。但也有两个例外：大英帝国和俄罗斯帝国。两国都经历过革命的局面，但都通过采取恰当的改革措施成功应对。到目前为止，我的书中充满了关于社会分崩离析和国家崩溃的"沉闷的科学"。是时候看看事情光明的一面了。

英国：宪章运动时期（1819—1867年）[①]

一

英国17世纪危机（1642—1692年，包括英国内战和光荣革命）结束后，尽管失去了美洲殖民地，但在下个世纪，其海外帝国却急剧扩张。不列颠群岛的人口也因高出生率和逐渐下降

[①] 学界公认的宪章运动时期为19世纪30—50年代。此处作者考虑了冲突爆发前后的改革运动。——编者注

第九章 | 财富泵与民主的未来

的死亡率而增长。大部分人口增长最终都集中在伦敦和曼彻斯特等工业中心，这些地方成为疾病和营养不良的集聚中心。城市里的工人工作时间长，工资低，几乎没有安全保障。1750年后，劳动力供应过剩开始压低实际工资。普遍的贫困导致了平均身高的下降，而身高是衡量总体幸福感的一个关键指标。1819年，曼彻斯特爆发了一场大规模的民众抗议活动，活动要求男性享有充分的选举权并且改善工作条件，但遭到当局的残酷镇压。约6万名抗议者被拔出军刀的骑兵袭击，结果十余人死亡，数百人受伤。这就是后来尽人皆知的彼得卢惨案，当时震惊了整个英国。

与此同时，英国作为工业化先驱，开始积聚动力，产生了前所未有的长期强劲的经济增长。财富泵开始产生新的经济精英。精英生产过剩的另一个明显迹象是，大学入学人数从英国内战前夕的峰值一直在下降，但在1750年后再次激增。精英派系内部就如何应对动乱产生了激烈的争论。1831年，这场冲突导致英国议会解散，在上一次选举仅一年后就举行了选举，改革派获胜，但这些问题仍然存在争议。

我们可以通过英国有争议的公共集会上的逮捕和死亡人数来追踪不稳定的压力。1758年只有三次这样的逮捕，但在接下来的几十年里，逮捕人数不断增加，1830年达到1 800人的峰值。死亡人数在1831年达到顶峰，当时有52人被杀害。英国显然处于一种革命的局面。动荡一直持续到1867年，当时选举权扩大到所有男性公民。在此期间，又发生了几起骚乱和抗议活动，同时通过了一系列旨在改善城市贫困劳动力生活条件的劳动法和其他改革措施。这一时期以1838年的《人民宪章》命名，该宪章是一份正式呼吁改革的抗议性文件。

毫无疑问，19世纪中期是英国充满压力和动荡的时期。这一时期的学者普遍认为，"这几十年具有革命的潜力，而且……是这个国家自17世纪以来最接近革命的时期"[2]。然而，英国并未发生大规模的内战或彻底的叛乱，政治暴力的规模也远低于其他欧洲国家（或英国之前的不和谐时代，1642—1692年）。用什么来解释这种幸运的结果？

部分原因是英国得益于其庞大帝国所提供的资源。在宪章运动时期，数百万平民从英国移民到加拿大、澳大利亚和（当时已经独立的）美利坚合众国等地。这在一定程度上是由于大部分人群面临的人口和经济压力。英国还从19世纪20年代开始取消移民限制，并资助那些寻求殖民扩张的旅行，特别是去澳大利亚和新西兰，通过这些方式促进这种向外流动。移民的不仅是平民。许多精英追逐者对国内享有声望和权势的职位的饱和感到沮丧，也去往海外——有的在殖民政府任职，有的则成为普通公民。

可以说，对最终结束危机更关键的是这一时期的体制改革。为了应对动乱，相当一部分英国政治精英被说服认为有必要进行几项关键的改革。1832年，特许经营权扩大到较小的土地所有者和一些城市居民。《1832年改革法案》还通过取消"衰败选区"（由富裕的赞助人控制的少量人口居住于此）并将主要的商业和工业城市变成单独的选区，将权力从地主（乡绅）向向上流动的商业精英倾斜。1834年，该国通过了《济贫法修正案》，试图增加国家对病残者和失业工人的支持。当新的《济贫法》未能实现其既定目标时，爆发了新一轮的骚乱和抗议浪潮，催生出《人民宪章》。作为回应，国家在接下来的20年里进行了一些额外的改革。缓解贫困的最重要措施之一是废除了对谷物进口征收关税的《谷物法》，这使大地主受益，却抬高了国内市场的主食产品价格。这一时期的另一个重要驱动力是工人为争取工会权利而进行的斗争。通过各项措施，工人的实际工资在1850年回升至1750年以前的水平。1867年后，工人工资开始以历史上前所未有的速度增长，在接下来的50年里翻了一番。

政治进程混乱不堪。英国议员们是在持续的公众抗议和（几乎发生的）叛乱之后才做出让步的。所有改革也花了很长时间——将近50年——才落实到位。精英内部在如何应对这场动乱上存在分歧。尽管如此，统治精英们还是试图通过体制改革来满足（至少在一定程度上）贫穷的大多数人的要求。实施这些改革还需要大量的公共支出来支持新的福利计划。正如一位历史学家所说,"从 19 世纪 20 年代起,英国精英阶层在体制改革方面展现出非凡的能力,将英国从一个财政军事国家转变为一个能够满足日益复杂的商业和工业社会需求的行政国家"[3]。

俄国:革命时期(1855—1881 年)

一

近代早期俄罗斯帝国和大英帝国的历史轨迹有很多共同点。直到 17 世纪,两者都是欧洲权力政治中无足轻重的边缘国家。[4] 但在 18 世纪,俄国和英国分别以陆地和海洋为基础,成为大型帝国。在联合击败拿破仑统治下的法国后,大英帝国和俄罗斯帝国成为欧洲乃至世界的"超级大国"(清朝统治下的帝制中国因内部原因逐渐崩溃)。1833 年,俄国是欧洲最强大的陆地强国,拥有一支 86 万人的军队。然而,1800 年后在欧洲西北部兴起的工业革命改变了欧洲内部的力量平衡。由于俄国在经济现代化方面落后,它在克里米亚战争(1853—1856 年)中耻辱地输给了英国领导的军事联盟。这场失败引发了 19 世纪 50 年代末俄罗斯帝国所经历的革命局面。

然而,首先,俄国是最后废除农奴制的国家之一。这种明显不公平的社会秩序是如何发展的?为了理解原因,我们需要回顾俄罗斯帝国的起源。15世纪末,莫斯科大公国、士绅和农民签订了一份三方社会契约,根据该契约,士绅将在军队服役,而农民将努力支持国家和这些战士(无论如何,这些支持都是微不足道的,绅士们可以获得土地以及土地上的农民,以此作为补偿)。那些不能或者不愿服役的士绅被剥夺了土地(和农民)。这一契约使处于极其严峻的地缘政治环境、(除了北边)周围都是劲敌的莫斯科大公国得以生存并扩张成为一个强大的帝国。在彼得一世(1682—1725年在位)的领导下,这一社会契约得以延续,他要求所有贵族在军队或官僚机构中为国家服务。然而,1762年的"士绅革命"导致契约被废除,当时彼得三世取消了贵族土地所有者对国家的服役责任。到1860年,贵族已经成为一个寄生阶级,只有少数农奴主在军队或官僚机构服役。因此,废除农奴制恢复了一定程度的社会正义。但是,纠正社会错误并不是一件容易的事情;革命形势促使统治者对贵族的抵抗进行必要的改革。

通常,这种社会政治脆弱性的根本原因是民众的贫困和精英的生产过剩。[5] 在17世纪俄国危机后期,当罗曼诺夫王朝于1613年建立时,该国人口不到500万。但到1860年,仅在欧洲50个行政区的俄国人口已经增长到6 000多万。尽管俄国同时扩大了领土,但如此大规模的人口增长超过了农民可耕地的存量,导致人均粮食消费减少。民众贫困化的一个明显迹象是，18世纪农民新兵的平均身高下降了4厘米。

直到1860年，精英人数也在增加，甚至比农民的人数增加得还要快。因此，在18世纪和19世纪上半叶，贵族在普通人口中的比例有所增加。与此同时，精英们提高了消费水平。随着精英数量的增加和欲望的膨胀，他们需要从生产阶级中攫取更多的资源。因为俄国大约一半的农民是农奴（其余是自由的"国有农民"），贵族们对他们拥有的农奴更加严苛。到目前为止，我们讨论过的大多数财富泵都是由工人和雇主之间经济实力平衡的转变开启的。在农奴制经济中，精英们可以选择使用赤裸裸的武力从农民那里榨取财富。

19世纪上半叶，对农奴日益增长的要求越来越遭到农民的抵抗。绝大多数农村骚乱是由对农民的新规定引起的，如增加代役租金或徭役、剥夺土地和严厉的惩罚。农民抗议的次数从19世纪初的每年10~20次增加到1848年的162次（由欧洲革命的消息引发）。农民抵抗的高峰发生在1858年（423次动乱）。

持续不断的农民暴动和骚乱带来的压力越来越大，这是亚历山大二世（1855—1881年在位）决定解放农奴的一个重要因素。1857年，御前办公厅第三厅（政治警察）报告称，由于即将解放的传言，农民处于"激动状态"，可能会发生大规模动乱。这正是第二年发生的事情。

克里米亚战争的耻辱性失败使沙皇政权失去了合法性，再加上担心爆发的农民抵抗可能会使得普加乔夫起义[6]的历史重演，这让俄国统治阶级相信农奴必须得到解放。在阅读了托克维尔关于法国大革命的书后，沙皇的弟弟康斯坦丁大公评论道："如果我们不用自己的双手进行一场和平而彻底的革命，它将不可避免地在没有我们和反对我们的情况下发生。"亚历山大二世本人在对莫斯科贵族的讲话中表达了同样的情绪："我们生活在这样一个时代，这种情况迟早会发生。我想你和我的想法是一样的：与其等到农奴制度自下而上地废除，不如自上而下开始废除。"[7]

19世纪六七十年代的大改革不仅解放了农奴，而且以真正前所未有的方式改变了俄国社会。[8]然而，并不是俄国所有的利益集团都欢迎改革。尤其是1861年的农奴制改革，既没让农民满意，也没让贵族农奴主满意。大多数获得自由的农奴没有足够的土地养活家人，他们还必须向前主人支付繁重的赎回费。贵族遭受的损失更大，因为他们失去了被限制人身自由的劳动力。解放农奴后，大多数精英被迫忍受向下的社会流动。这一过程造就了大量的反精英，助长了无政府主义者和社会革命者等激进分子的成长。19世纪六七十年代，一系列恐怖活动席卷了俄国。亚历山大二世被称为"解放者亚历山大"，他为自己的自由化政策付出了终极代价——1881年，他被民意党激进分子暗杀，这些人希望引发一场反对沙皇政权的民众革命。

尽管改革花了20年的时间才奏效，但它们最终成功地缓解了导致19世纪中期俄罗斯帝国危机的社会紧张局势。俄罗斯帝国统治阶级成功地避免了一场革命。在改革后的时期，农民骚乱的数量有所下降，虽然在19世纪末骚乱出现了高峰，但这些骚乱通常与新皇帝的继位有关，这增强了农民对土地改革的希望。（农民人均土地不足的问题仍然存在。）同样，恐怖浪潮在1890年才消退。由于沙俄的死刑只适用于最严重的政治罪行，如恐怖主义，因此每年的处决次数提供了研究革命活动的有用指标。[9] 处决的时间分布清楚地描绘了改革后的不稳定高峰：19世纪50年代为0，60年代为17，70年代为22，80年代为30，90年代再次回到0。[10]

我们能从这两个成功案例中学到什么？尽管英国和俄罗斯帝国之间存在明显的差异——一个是自由主义帝国，另一个是专制帝国——但它们也有一些相似之处，这可能有助于解释为什么它们在没有重大革命的情况下成功应对了19世纪中期的危机，这与当代其他大型（以及不是那么大型的）强国不同。毫无疑问，拥有一个不断壮大的帝国是一个重要的优势，因为每个国家都有能力向最近被吞并的领土输送多余的人口和精英。此外，建立一个庞大而持久的帝国并不简单。这方面的成功表明统治阶级具有一定的能力，至少在一定程度上与社会进行了广泛的合作。这种能力可以而且曾经被用于帝国改革以应对新的挑战。同时,两个帝国都很幸运,因为它们的领导者愿意为了长期的集体利益而牺牲短期的自我利益。最后,两国都面临着来自彼此以及其他大国的激烈外部竞争。没有什么比双重生存威胁更能集中统治阶级的集体意识了——来自内部的被统治民众,以及来自外部的地缘政治对手。[11]

长期成功的案例

一

CrisisDB 告诉我们,过去没有一个社会能够在陷入危机之前坚持很长时间。那么,我们有理由发问,俄国和英国实施的改革的稳定效果持续了多久。

在俄国,平静只持续了大约一代人,即从 1881 年到 1905 年。主要问题是我前面提到的:解放农奴使贵族的经济地位不稳。一方面,解放农奴体现了正义,但另一方面,它产生了意想不到的后果。

大多数贵族土地所有者,特别是那些专门利用徭役劳动力来生产粮食以供应市场的土地所有者,[12]无法适应新的条件,因此一蹶不振。富农、商人和小资产阶级买下了那些属于破产士绅的地产。补偿贫困贵族失去土地收入损失的主要途径是政府服务。教育提供的学历成为就业竞争中的优势,因此大批士绅青年进入大学。1860—1880年,大学生人数增加了两倍多(从4 100人增加到14 100人),并在接下来的20年中持续增加。[13]

大约一半的学生是贵族和政府官员的子女。他们中的大多数人都很穷。由于贫困潦倒加上接触西欧新的社会意识形态,如马克思主义,学生变得激进。这一时期形成了一个新的社会阶层,即知识分子阶层,它随着教育的扩张而壮大。精英生产过剩是知识分子形成的最重要的过程,他们中有一半出身于贵族阶层。

国家无法为所有大学预科毕业生和大学毕业生找到工作,因为在此期间,政府官僚机构的规模仅增加了8%(而毕业生人数却翻了两番)。面对糟糕的就业前景,许多学生找到了其他选择,如参与革命活动,这是一项有吸引力的选择。19世纪60年代的革命者,即"虚无主义者",61%是学生或应届毕业生,更大比例(70%)是贵族或官员的子女。[14]

19世纪六七十年代的第一波革命浪潮未能推翻沙皇政权。亚历山大三世在父亲遇刺后继位,在其统治期间,他通过对激进组织的镇压恢复了政治稳定。然而,社会仍在不断产生失意的精英野心家,在下一任沙皇尼古拉二世统治期间,俄国陷入了1905革命(1905—1907年)。和以前一样,导火索是俄国经历的军事失败，这次是因为俄国在日俄战争（1904—1905年）中的战败。帝国仍然有很大的韧性，尽管革命是血腥的，但并没有成功推翻俄国的统治阶级。1917年俄国革命和罗曼诺夫王朝的终结，是第一次世界大战带来的额外冲击。

总之，19世纪六七十年代的大改革是一个名副其实的成功案例。他们以相对较少的流血事件解决了19世纪50年代发展起来的革命局势。相比之下，如果说在亚历山大三世（被称为和平缔造者，或者革命者口中的自由扼杀者）统治期间只有30次处决（在19世纪90年代没有处决），那么镇压1905—1907年的革命需要3 000人。罗曼诺夫王朝成功地"拉平了曲线"，留给了俄国半个世纪的时间发展现代化。然而，从长远来看，这个王朝在精英生产过剩和地缘政治压力的共同打击下崩溃了。

大英帝国的情况更好一些。克里米亚战争中它战胜了俄国，消除了对其无可匹敌的世界霸权地位的最后威胁。维多利亚时代（1837—1901年）是一个文化、技术和科学繁荣的时期。然而，所有这样的一体化时代都结束了。尽管大英帝国在第一次世界大战中获胜，但在战后，大英帝国开始了缓慢的衰落（不过这种逐渐的解体避免了统治中心的严重政治不稳定和内部暴力）。它在经济竞赛中输给了美国和德国。爱尔兰发生了一场成功的革命，于1921年建立了爱尔兰自由邦。第二次世界大战后，随着印度——"帝国皇冠上的明珠"——于1947年独立，大英帝国衰落的进程开始加速。今天，不难想象，苏格兰可以在未来10年左右成为一个独立的国家。所有的帝国都终将灭亡，大英帝国也不例外，但这一观察丝毫没有贬低宪章运动时期英国精英的成就。

为什么民主政体容易受到财阀精英的攻击

一

对成功案例的分析（英国的大宪章运动、俄国的大改革、美国的进步时代等[15]）既能带来乐观的结论，又能得到悲观的结论。乐观的方面是，在不诉诸革命或者灾难性战争的情况下，关闭财富泵并重新平衡社会体系是有可能的。正如沙伊德尔所言，死亡可能是"伟大的平衡器"，但它并不是唯一的平衡器。恐惧——更温和一点的说法是聪明的远见——也可以发挥作用，而且在上述成功案例中的确发挥了作用。

然而，更悲观的是，在历史记载中，成功的案例少之又少。不过，更乐观的是，我们现在能够更好地理解导致社会体系失衡的深层次原因，并且有可能预测出旨在将社会体系恢复至平衡状态的各种干预措施（即便不够完美）可能产生的结果。再来看悲观的方面，实施必要的改革并非易事，因为改革者需要突破那些将沦为失败者的利益群体的抵抗。

最后,没有一劳永逸的解决办法。财富泵关闭了的平衡社会体系是一种不稳定的平衡,需要通过不断努力才能维持——就像骑自行车一样。这种不稳定源于社会学中最基本的原则之一,即"寡头统治铁律"[16],该定律指出,当一个利益集团获得大量权力时,它就不可避免地开始以符合自身利益的方式行使这种权力。我们看到这一普遍原则在前现代社会和当代社会都适用。例如,早期的俄罗斯帝国是一个人人服役的国家:农民、贵族和统治者莫不如是。(彼得一世是为沙皇服役的一个好例子,但不是唯一的一个。)然而,贵族比其他各方有更大的权力,他们最终将自己从劳役中解放出来,从而推翻了三方契约。然后他们开启了财富泵——因为他们可以——压迫农民并成为寄生阶级。我们在历史上的所有国家中一次又一次地看到了同样的过程,这就是为什么不稳定的浪潮总是反复出现。

不幸的是,现代民主国家也不能免于寡头统治铁律。美国在进步时代/新政期间成功地关闭了财富泵,但随后在20世纪70年代允许自利的精英将财富泵重新开启。英国也遵循了类似的轨迹,即使落后了几年。在英国,相对工资的下降始于1975年之后。[17]现在有许多迹象表明,其他几个西方民主国家也在走同样的下坡路。

一个明显的迹象是,在20世纪的大部分时间经历长期收入和财富压缩之后，西方民主国家（以及世界其他大部分地区）的经济不平等现象开始再次加剧。[18] 西欧也面临着越来越严重的高学历青年生产过剩的问题。[19] 另一个令人担忧的迹象是，《经济学人》等有影响力的国际出版物和国际货币基金组织等以美国为主导的国际组织所推动的新古典市场原教旨主义在蔓延。[20]

一个更令人担忧的事态发展是西方民主国家从"基于阶级的政党制度"向"多精英政党制度"的转变。在本书的第八章，我们讨论了美国的这种转变，到2000年，新政期间的劳工阶层政党民主党成为学历最高的10%群体的政党。竞争对手共和党主要为收入最高的1%群体服务，而90%的人被冷落。艾默里·格辛、克拉拉·马丁内斯-托莱达诺和托马斯·皮凯蒂对数百次选举进行了研究，发现其他西方民主国家的政党也越来越多地只迎合受过良好教育的群体和富人群体。[21] 政治党派放弃劳工阶层，相当于社会权力在社会中的分配方式的重大转变。最终，正是这种权力平衡决定了是否允许自私的精英开启财富泵。

很少有人注意到，尽管民主制度是治理社会的最佳（或者最不坏的）方式，但民主国家特别容易被财阀颠覆。意识形态可能是最柔和、最温和的权力形式，但它是民主社会的关键。财阀可以用他们的财富购买大众媒体，资助智库，并且给予那些宣传他们信息的社会影响者以丰厚的奖励。换言之，他们掌握着巨大的权力，可以左右选民支持来支持推动他们利益的意见。更直接的权力形式，如动摇选举和游说政客，在推动富人的政治议程方面也相当有效。最后，就像在战争中一样，金钱是为组织提供动力的最重要的燃料。光有热情不足以支撑持续、长期的努力，但金钱加上热情比只有金钱好。财阀们可以支付得起（字面意义上的支付）长期的计划并且实施计划。

这一切听起来都相当悲观。美国为欧洲人提供了一个警示案例，所有这些推动民主向财阀过渡的进程几十年来一直在全速运转。不过，仍有一些乐观的方面。尽管有着强烈的文化相似性，尽管属于同一个超国家组织，但一些欧盟国家在发展轨迹上表现出显著的差异。为了说明这点，让我们做一个快速调查，重点关注世界不平等数据库中的一项特定统计数据：收入最高的 1% 群体所占的份额。[22]

德国作为欧盟最大的经济体，是一个合乎逻辑的起点。自 1945 年以来的几十年里，顶层收入群体一直在 10% 左右波动。截至 2003 年，这一比例为 9.5%，但随后迅速上升至 13% 以上，并保持不变。后来发生了转变，但并不像美国那样极端。在美国，20 世纪 70 年代（与德国一样），顶层收入群体所占的比例接近 10%，但在 1980 年之后，这一比例迅速增长，10 年来一直保持在 19% 以上。但请记住，美国在西方民主国家中是一个异类——不仅在经济不平等程度上是个异类，而且在令人沮丧的福祉统计数据方面也是个异类（尽管两者明显相关）。德国要想赶上美国还有很长的路要走，但它现在已经在走下坡路了。

法国为我们提供了一个与德国的有趣对比。法国顶层收入人群所占的比例在 20 世纪 80 年代达到了绝对最低水平（8% 左右），然后在 21 世纪初增加到 11% 以上。但随后它显著下降，目前略低于 10%。[23] 德国和法国是欧盟中最重要、最具影响力的两个成员国，它们的不平等轨迹却截然不同。显然，它们的精英正在寻求不同的方向。

我之前将丹麦和奥地利作为国家善治的案例，这两个国家在不平等轨迹方面表现得如何？奥地利似乎表现得很好，设法将不平等状况保持在相当平稳的水平。20 世纪 80 年代，顶层收入人群所占的比例约为 11%；21 世纪初，这一比例略有上升，达到 12% 左右，但随后有所下降，目前为 10%，与法国一样。在丹麦，轨迹大不相同。正如我们在第六章所见，丹麦是北欧国家中第一个执行三方契约的国家。这项协议实现了显著的收入压缩，因此在 1980 年左右，顶层收入人群占比降至 7% 以下。但在 20 世纪 80 年代，这一趋势发生了逆转，顶层收入人群的财富开始增多。如今，其占比略低于 13%，与德国大致相同。

这项调查得出的最重要的结论，并非不同国家所遵循的轨迹的具体情况，而在于轨迹变化本身这一事实。为什么这一点很重要？从科学家的角度来看，有足够的变化是更好理解驱动动态变化之因素的关键。在世界不平等数据库中，几乎每个国家都遵循着自己独特的轨迹。有经济学家和其他社会科学家提出了许多理论来解释为什么不平等有时会增加，有时会减少。变化越多，用来相互检验这些理论数据的信息量就越大。此外，我们显然已经进入世界历史上一个特别动荡的时期。在未来几年，各国的韧性将受到气候变化、流行病、经济萧条、洲际冲突和大规模移民潮的严峻考验。那些不允许不平等程度加剧的国家会对这种冲击更有抵抗力吗？我们需要知道这一点。

在本书结尾，我想提出最后一个观点，即人类这个物种自从大约20万年前出现以来，已经走过了漫长的道路。人类在过去的一万年里经历了特别迅速的演变。压迫普通民众的专制精英一再崛起，又一再被推翻。我们现在再次处于这个周期的瓦解阶段，但当我们身处于不和谐的时代，值得记住的是，人类已经从以前的这种崩溃中吸取了教训。累积的文化进化为我们提供了非凡的技术，包括社会技术——制度——使我们的社会能够提供水平前所未有之高以及为民众所广泛享有的生活质量。是的，这种能力往往没有完全实现——不同国家在为其公民提供福祉方面存在很大差异。但从长远来看，这种变化对于持续的文化进化是必要的。如果社会不寻求尝试更好的社会安排，进化就会停止。更重要的是，当自私的统治阶级把社会搞垮时，有其他选择是件好事——成功案例。我们"99%的人"有责任要求我们的统治者以促进我们共同利益的方式行事。复杂的人类社会需要精英——统治者、管理者、思想领袖——才能有效运转。我们不是要除掉他们；关键是要约束他们的行为，使其为所有人谋利。

致 谢

本书的写作经历了一段漫长的时光。过去 20 年里，我在与许多同事和朋友的交谈中获得了乐趣并受到启发，他们是：Jim Bennett、Chris Chase-Dunn、Georgi Derluguian、Kevin Chekov Feeney、Sergey Gavrilets、Jack Goldstone、Dan Hoyer、Vladimir Ivanov、Ludmila Korepin、Andrey Korotayev、Gavin Mendel-Gleason、Angela Nagle、Georg Orlandi 和 Nina Witoszek。

我想特别感谢 Dan Hoyer、Jim Bennett 和 Kevin Chekov Feeney，他们通读了手稿的完整草稿并提出意见。Andy Poehlman 和 Kate Kohn 在追查消息来源和核实我在书中所提出观点的事实基础方面提供了宝贵的帮助。

本书的撰写离不开 CrisisDB，这是一个关于过去社会陷入并走出危机的大型数据库。非常感谢帮助建立该数据库的同事：Dan Hoyer、Jill Levine、Samantha Holder、Jenny Reddish、Robert Miller 和 Majid Benam。

我想对我的代理 Andrew Wylie 以及威利代理团队的其他成员表示感谢。Scott Moyers 不仅推动了企鹅兰登书屋的出版进程，还对书稿的成形发挥了重大影响。根据他对最初文本的反馈，我大大地调整了叙事结构并精简了情节。他还对整部手稿提出了许多非常棒的建议，使其得到极大的完善。还非常感谢企鹅兰登书屋的制作团队，他们对书稿进行了超高水平的专业处理。

  一如既往，我最感谢的是我的妻子Olga，感谢她的支持、鼓励和（建设性的）批评。

[附 录]

附录一

一门崭新的历史学科

巴贝奇学会会议[1]

一

菲尼亚斯手拿粉笔在黑板上潦草地画下一条数学曲线。"这些是过去几十年的数据。我通过工具对它们进行了分析,并将其嵌入一个方程。预测是这样的……奴隶制正在消亡,它将在未来50年内彻底终结。我说得不对吗,伊莱兄弟?"

伊莱转过身来耸耸肩。"我们知道的有那么多吗?我们对自己的数据有多少信心?我们的方程可能大错特错。"

杰迪代亚·克劳福德的手杖像法官的木槌一样敲击着地板。"什么都不做是最糟糕的懦夫行为,我们知道这一点就足够了。奴隶制持续存在的每一年都是离灾难更近的一年。"

杰迪代亚站起身来，蹒跚着走到黑板前，在奴隶制消亡曲线的顶部画了一条 S 形增长曲线。"我们不能等着奴隶制终结……"

"如果南方脱离联邦，"伊莱平静地对艾萨克说，"北方会进行斗争……不是为了废除奴隶制，而是为了维护联邦。不会有好的结果发生。"

"斗争？"米彻姆笑着说，"如果南方脱离联邦，北方将什么都不敢做。南方绅士从出生起就接受战斗训练。一个由店主和机械师组成的民族怎么对抗得了他们？"

"怎么对抗得了？"艾萨克打趣着问道。他起身走向黑板，拿粉笔在黑板上写下一组方程式，然后退了回去。

戴维斯研究着这组方程式，感到脊背发凉。[2]

历史学、心理史学、历史动力学

一

查尔斯·巴贝奇是一位英国数学家和工程师，他发明了分析机（Analytical Engine），一种能够进行通用计算的机器。1837 年，分析机的设计首次问世。在接下来的几十年里，直到 1871 年去世，巴贝奇多次尝试制造出一个工作版本的分析机，但每次都因资金缺乏和人事矛盾而失败。今天，人们普遍认为巴贝奇的设计很合理，可以用当时的制造技术建造出来。

在迈克尔·弗林的科幻小说《盲人之国》中，预设了这样一个前提：分析机实际上是在美国内战前，由杰迪代亚·克劳福德（开头片段中的人物之一）带领的一群美国科学家和工程师建造出来的。出于小说中某些不确切的原因，这些研究人员决定对他们的工作保密。（如果他们不保密，就会破坏剧情中所有的悬疑元素，这样就没有小说可写了。）

在巴贝奇设计出分析机的两年前，比利时数学家、统计学家阿道夫·凯特勒出版了一本书——《论人及其能力的发展，或社会物理学论文》，他在书中描述了一种利用统计规律理解人类社会的方法。受到凯特勒和法国哲学家奥古斯特·孔德（现代社会学之父）思想的启发，克劳福德和他的同事们成立了巴贝奇学会，其目标是发展一门关于人类历史的科学，他们称之为历史学（英文为 cliology，源自希腊神话中历史女神的名字 Clio）。他们使用微分方程为社会进程编写数学模型。一些稍简单的模型可以用铅笔和纸来求解，但更复杂的方程组必须在分析机上运行。历史学家还投入了大量精力来搜集数据，然后将这些数据输入他们的机械计算机。这些数据使他们的数学方程立足于事实。

随着工作的推进，正如我们在开头所见，巴贝奇学会得以有能力预测美国社会未来的轨迹，即使这种能力存在瑕疵。如果内战发生，他们可以非常确定地预测一些事情，比如北方的最终胜利。但爆发内战本身对他们来说是一件又惊又怕的事情。正如小说后面的一个角色所说，"内战……我们尚不知道为什么会发生。方程中有些东西被忽略了"。尽管如此，有预测能力总比没有好。俗话说，盲人国里，独眼为王。

我在知道迈克尔·弗林的书时，已经对历史的分析与预测进行了深入的探索。我在2003年出版了《历史动力学：国家为何兴衰》一书并提出了这门新科学，这本书的一位读者让我关注到历史学。在弗林的小说之前有一部更著名的小说——艾萨克·阿西莫夫的《基地》，这本书是我多年前读的，当时我20岁。我觉得这本书引人入胜，但它并没有激励我成为一名心理史学家（心理史学是阿西莫夫自己所说的阿西莫夫版历史科学）。那时，我正朝着成为一名数学生物学家的方向发展。我喜欢户外活动和动物，所以我结合了对自然和"实用数学"（也就是说，不是为了数学而使用数学，而是将其作为了解世界的工具）的热情，成为一名人口生态学家。[3] 直到20年后，在我40岁的时候，我才决定从生态学转向历史动力学。虽然阿西莫夫的《基地》一直是一个灵感来源，但我决定转变方向并不是受它影响。

阿西莫夫想象中的历史科学和我们现在实践的现实中的历史动力学之间有很多不同。阿西莫夫的《基地》写于20世纪40年代，早于我们现在所说的"数学混沌"的发现。在阿西莫夫的书中，哈里·谢顿和心理史学家们提出了可以提前几十年甚至几个世纪做出精准预测的数学方法。根据20世纪七八十年代的发现，我们知道这是不可能的。

在阿西莫夫的视野中，心理史学恰如其分，其研究对象不是个体，而是由个体组成的巨大群体。它基本上运用了"热力学"方法，这种方法不试图追踪单个分子（人类个体）的不规则轨迹；相反，其目标是对数十亿分子的整体轨迹进行建模。这在很多方面与列夫·托尔斯泰的思想相似（我们将在稍后看到），实际上也与历史动力学相似，历史动力学也涉及庞大的集体。[4]

阿西莫夫不知道的是，即使你可以忽略个人自由意志等因素，你仍然会遇到对可预测性非常严格的限制。当复杂系统的构成部分非线性交互时，产生的动态实际上变得不可预测，即使它们是完全确定的。顺便说一句，这就是为什么天气只能提前几天预测。对于像人类社会这样的复杂系统来说，这种可能性实际上是确定的：它们非常复杂，并且是非线性的，因此一定会表现得杂乱无章和不可预测。

数学混沌的特征是"对初始条件的敏感依赖"[5]。在气候场景中，这意味着蝴蝶决定扇动翅膀（或者不扇动翅膀）最终可能导致飓风偏离其预测路径，对当地天气产生重大影响。

但矛盾的是,这种对可预测性的限制也带来乐观主义。这意味着,人类个体并不像阿西莫夫想象的那样无能为力。行使个人的自由意志将会在宏观层面产生重大后果,就像蝴蝶扇动翅膀会影响飓风的路线一样。然而,考虑到相当程度的现实主义,这种乐观不应过分。尽管我们每个人都影响着人类历史的进程,但我们大多数人的影响微乎其微,任何重大的影响都可能是完全不可预见的一连串事件的结果。要想产生巨大的影响,个体必须在正确的时间出现在正确的地点,而预测这样的"尖点"非常困难,也许无法实现。实现积极结果的更现实的方法是与他人合作。

简而言之,对人类社会未来几十年或者几个世纪的事件做出精准预测完全是一种科幻。根据阿西莫夫在第一本书中描绘的谢顿计划,未来历史机械化地展开,他本人似乎对此感到不安。他在该系列的第二本书《基地与帝国》中解决了这个问题,他引入了"骡"——一个拥有可怕精神力量的突变异种,使实际历史的列车偏离了谢顿预测的路线。

实际上,我们都是"骡"。我们在一生中做出大量选择,不断地将未来历史的列车带向不可预测的方向。

无法做出精确的长期预测,并不意味着我们的社会动态只是"一件破事接着一件破事"[6]。系统因素与个体的无数行为会结合起来产生实际的结果。如果你在电脑上运行一个处于混乱状态的模型，你可以清楚地看到这一点。例如，我曾经试验过爱德华·洛伦茨最初提出的一个混沌模型。不过，除了用数值方法求解方程外，我还周期性地增加了一些随机的干扰项。因此，轨迹不断受到这些随机因素的冲击，但当我将其在拓扑空间中绘制出来时，仍然得到了著名的洛伦茨吸引子形状，它看起来像蝴蝶。简单地说，如果有一个峰值即将到来，那么个体的行为可以将其推迟或者提前，或者使峰值稍微高一点或低一点，但峰值总会产生——以这种或那种形式。

另一个有趣的问题是，阿西莫夫坚持认为，心理史学家预测的所有事情都必须对人们保密，否则，当人们得知即将发生的事情时，这将影响他们的行动，由此导致预测失败。这种观点有几处错误。首先，大多数人丝毫不关心某个书呆子科学家预测出来的东西。举个例子，以下是我于2012年9月3日在博客中所写的内容，提到了我在2010年所做的预测。

> 我非常大胆地做出预测，2020年（或前后几年）将出现一个政治暴力的高峰。如果这个预测失败，那将是理论出错的结果，或者是某一不可预见的重大事件影响了社会系统，又或者是发生了完全不可预见的事情（用唐纳德·拉姆斯菲尔德的话来说，"未知的未知"）。但我相当肯定，这不会是因为美国决策者突然注意到一位名不见经

附录一 | 一门崭新的历史学科　277

传的教授所写的内容,然后采取行动避免这种不希望发生的结果。

如果他们这样做了,我会非常高兴。预测被高估了。我们真正应该努力做的是,能够利用社会科学带来理想中的结果,避免不希望发生的结果。如果未来非常暗淡,而我们无法改变,那么预测未来有什么意义?我们就会像一个注定要在日出前被绞死的人——清楚地知道未来将会发生什么,却对此无能为力。[7]

当然,这个关于预测的预测,或"元预测",也被证明是正确的。没有人注意到我在 2010 年时的预测,直到 2020 年预测成真。但是,让我们先回到《盲人之国》。

由于弗林写这本书的时间比阿西莫夫晚得多,弗林对分析、预测历史可能性的讨论得益于 20 世纪 70 年代"混沌革命"对动力系统的新理解。[8] 他的思想也受到了个人计算机革命的影响,这场革命让研究员个人掌握了强大的计算能力。(毫不奇怪,这两次革命是紧密相连的,正是计算机的进步推动了对非线性动力系统的理解。)因此,他书中的人物对历史学的讨论读起来远不如哈里·谢顿对心理史学的解释那么离奇。你可能不想读这本书本身——这是弗林写的第一本书,存在很多处女作所特有的缺陷,但我推荐迈克尔·弗林的文章《历史学导论》(An Introduction to Cliology)，这篇文章最初发表在美国科幻杂志《类比》(Analog)上，并作为后记收录在《盲人之国》第二版中。在这篇文章中，弗林论述了历史学（和历史动力学）的许多先驱。事实上，他对历史上的循环模式进行了一些独创的实证研究。因为他不是一名研究型科学家，他的研究结果不会在学术期刊上发表，因此也没有产生什么影响。然而，他反对批评者批评将历史作为科学的论点非常值得一读。

归根结底，实践检验一切。正如我们在开头看到的，来自北方联邦的历史学家艾萨克在黑板上写下一组方程式，说服南方人戴维斯：如果内战发生，南方毫无胜算。战争是人类活动中要求最高的，或许也是人类历史上最不可预测的进程。能够预测出战争的结果有多可信？

战争的数学

一

弗林没有告诉我们艾萨克在黑板上写了什么方程，但我对如何建立美国内战的模型有一个很好的想法——我会用奥西波夫-兰彻斯特方程作为起点。这个数学模型是由俄国军官米哈伊尔·奥西波夫、英国工程师弗雷德里克·兰彻斯特分别于1915年、1916年独立发现的。从一个世纪后的视角来看，这个模型非常简单，但它至少得出了一个令人意想不到的见解。（这就是数学模型的好处。）

该模型跟踪的主要变量是交战双方军队的规模。一旦加入战斗，每支军队的士兵人数就会开始下降，因为战斗会造成伤亡。敌人的伤亡率与己方士兵人数成正比。要想看到这一点，想象一个简单的场景，每个士兵都用步枪向敌人射击。不是每颗子弹都能命中目标，但你向对方军队发射的子弹越多，造成的伤亡就越多。当然，武器的质量是一个很大的影响因素，因为配备自动步枪的士兵比配备前膛枪的士兵能向敌人发射更多的子弹。然而，在南北战争中，双方的军事技术差不多，所以我会保持模型的简单化，忽略这种潜在的复杂性。（"模型应当尽可能简单。"）同时，士兵的技能很重要，因为受过良好训练的士兵更容易击中目标。这是南方的优势所在。

尽管奥西波夫-兰彻斯特方程是一个很好的起点，但我需要在模型中增加一些其他因素，因为我们需要理解的不只是单一的一场战斗，还需要理解包含多场战斗的整个战争。在每场战斗之间，每支军队都努力弥补伤亡；因此，它当前的规模反映了军队士兵减损和增补之间的平衡。因此，我将在模型中加入招募率。南北战争开始时，还没有邦联军，联邦军也基本还没组建起来（主要由在西部追捕美洲原住民的美国骑兵组成）。因此，招募率对于确定哪支军队能够弥补士兵在战斗中伤亡、被俘、病逝或叛逃造成的损失至关重要。我还想指出最后两个因素，它们往往比敌人造成的伤亡更重要。北方的优势就在于此，南北战争前夕，北方的人口约为2 200万，而南方的人口只有900万（其中350万是奴隶）。

士兵需要步枪和大炮，而这些死亡机器需要弹药。北方工业发达，在制造和更换武器弹药方面具有巨大优势——南方每制造1支步枪，北方工厂能制造32支。[9] 士兵还需要食物、衣服和运输载具。我将在我的模型中加入一个详细的物流部分。南方还从外部（主要是从英国）获取大部分武器，但这些武器必须通过北方的封锁线。这个因素非常重要，我可能会建立一个动态"子模型"，同样基于奥西波夫-兰彻斯特方程，反映南方军队在突破封锁时与北方海军的对抗。

最后，还有士气问题。正如我们刚才所见，历史上发生的很多事情都可以很容易地用数字来表达（每支军队有多少士兵、招募率、武器生产率等），但也有"柔性"甚至"软性"的变量，很难给出数值。然而，困难并不意味着不可能，我将在附录一稍后部分回到这一点。就当前而言，足以得出南方在这方面的优势远大于北方的结论。南方人在保卫自己的土地、家园和生活方式，而北方新兵是为维护联邦而战，这是一个更抽象的理想。此外，美国是一个种族主义色彩浓厚的国家，解救奴隶并不是大多数北方人的主要动机，除了极少数废奴主义者。

这些是我将要建立的模型的主要轮廓。基于你的背景，你可能会认为这个模型过于复杂（大多数物理学家会这么说）或者过于简单（大多数历史学家属于这个阵营）。这两种极端观点都有所误解。没有单一的规则可以决定一个模型应当多么复杂（或者多么简单）。模型的复杂性取决于建模的动态有多复杂，我们有多少数据和什么样的数据，以及我们想得到（或者可以得到——记住关于可预测性局限的讨论）的答案的准确性。在我的研究生涯中，我建立了许多这样的模型。我总是从最简单的设计开始，然后往里加"料"。这好比煮汤，先把水烧开，然后加入肉、蔬菜、调料等，一直煮到满意的味道就完成了。只需要适当数量和种类的食材及调料就可以做出最好的汤，别无其他。最好的模型也是同样的道理。经常发生的情况是，一旦你让模型处于恰当的复杂程度，加入更多的东西不会有所帮助；事实上，这使模型变得更糟。而那些尽可能简单但不比这更简单的模型可能非常好。例如，几年前，我和同事们一起建立了一个古代和中世纪时期（公元前 1500 年至公元 1500 年之间的 3 000 年）的旧世界国家形成的模型。尽管该模型相对简单，但它在预测"宏观状态"（大国和帝国）在何时何地形成以及如何扩张方面表现得很好。（参见文中的地图。）[10]

对于美国内战的模型，我可以走捷径，绕过大部分干预步骤直接找到答案。在这方面，我受益于奥西波夫-兰彻斯特模型产生的非凡见解。请记住，在人力方面，北方比南方有更大的优势。准确地说，是4倍的优势（2 200万北方人对550万南方白人）。有人可能会认为，在作战能力方面，南方人有2倍的优势，再加上更高的士气和更强大的动机，又差不多有2倍的优势，这样就足够与北方的人数优势相匹敌。获得武器对南方来说是个问题，但他们可以（而且确实可以）从海外获得。因此，南方有同样的机会赢得这场战争，对吗？

不对。虽然北方的人数优势是南方的4倍，但实际上转化成战场上的优势为4的平方，即16倍。这个数学结果被称为兰彻斯特平方律。这听起来有违直觉，但这一数学结果是从奥西波夫-兰彻斯特方程推导出来的，很容易用语言来解释。（我在2016年出版的《超级社会》一书的第八章中进行了解释。[11]）

事实上，在作战技术和士气方面给南方人4倍的优势可能过于慷慨，但战胜北方基于平方律的16倍优势基本上是没有希望的。

难怪戴维斯看到这些方程后感到绝望——如果真的像我猜测的那样，艾萨克在黑板上写下了奥西波夫-兰彻斯特模型。

在现实中，美国内战的进程正如奥西波夫-兰彻斯特模型所预测的那样。由于南方人的枪法和骑术更好，还有受过良好训练的军官和将军，邦联军队赢得了大部分战斗。然而，北方动员了210万士兵来对抗88万南方人。联邦军仍然不得不承受重大伤亡；它在对抗 26 万邦联军队时损失了 36 万士兵。不过，经过 4 年的血腥苦战，北方击败南方并赢得了战争。[12]

士气因素

一

我说过会回到如何将士气因素代入方程这一问题上。让我们来探讨这项艰巨但绝非不可能的任务。

在所有人中，伟大的俄国小说家列夫·托尔斯泰最早尝试用数字来表示士气。很少有人意识到，托尔斯泰于 1863 年动笔（刚好是美国内战最激烈的时候）的著作《战争与和平》有第二篇附录，他在这一附录中探讨了历史的科学。我在《战争与和平与战争》一书的第十章更详细地论述了托尔斯泰的思想——你可以猜到书名的由来——所以这里我们只讨论他关于用数学术语表示士气的想法。在关于俄国对拿破仑军队的游击战的篇章中，他写道：

> 在军事上，一支军队的力量是其规模和某一未知的 x 的乘积……
>
> 这个未知的量就是军队的士气，也就是说，军队所有人做好投入战斗以及面对危险的准备的程度，这与是否有

天才的指挥官，是两线队形还是三线队形，是用棍棒还是用每分钟发射30发子弹的步枪无关。想要战斗的人总是会把自己置于最有利的战斗条件下。

军队的士气就是这个乘以规模得出最终力量的因素。定义和表示这个未知因素——军队的士气——的意义对科学而言是个难题。

要想使这一问题可解，我们必须不再武断地用使力量显而易见的条件（如将军的指挥、所使用的装备）来代替未知的x本身，不再把这些错认为是这一因素的真正意义，还必须认识到这个未知的量在其整体上表现为投入战斗以及面对危险的欲望的大小。只有这样，用方程式表示已知的历史事实并比较这一因素的相对意义，我们才有希望定义这个未知参数。

10个人、营或师与15个人、营或师作战，征服——也就是说，杀死或俘虏——对方所有人，而己方损失了4个人，这样一来，一方损失了4人，另一方则损失了15人。结果是4与15相当，因此$4x=15y$，由此$x/y=15/4$。这个方程并没有给出未知参数的值，而是给出了这两个未知参数的比值。将多种选择的历史单位（战斗、战役、战争时期）代入这样的方程中，可以获得一系列数字，其中应当存在某些规律并且有可能被发现。

事实上，托尔斯泰的计算并不完全正确。（他是一个天才作家，但不是数学天才。）然而，通过分析许多战斗来估算参数 x 的核心思想是正确的。很久以后，这一方法被美国军事历史学家特雷弗·N.迪普伊（Trevor N. Dupuy）采用。在其 1987 年出版的《理解战争：战斗的历史和理论》（*Understanding War: History and Theory of Combat*）一书中，迪普伊将军队的战斗力等同于 3 个量的乘积：兵力（根据装备的质量和数量调整的部队数量）、运筹与环境因素（地形、天气、态势——防御或进攻），以及作战效率。最后一个即托尔斯泰的 x 参数。

迪普伊随后分析了几场战争，他可以获得这些战争中很多战斗的数据。例如，他对 1943—1944 年德国与英国或美国军队之间 81 次交战的分析表明，德国军队的作战效率是英国军队的 1.45 倍。这意味着，如果英国军队想在与德国军队的战斗中有同等胜算，就必须增派 45% 的部队（或者以同样的比例增加武装）。美国军队表现得比英国军队略好，但仍然需要增派相当于德国军队三分之一的兵力，才能有 50% 的胜算。[13]

事实证明，我们可以在量化作战士气方面取得很大进展。最近，我在文化进化领域的同事一直在研究愿意做出极端牺牲的心理，使用了诸如"忠诚的践行者""神圣的价值观""身份融合"等概念。[14]

作为科学的历史

一

奥西波夫在十月革命后消失不见了。也许他自己也成了俄国内战的牺牲品。因此，兰彻斯特成为新学科——运筹学之父。在哲学家和普通大众仍然不相信历史会成为一门科学之时，军官和研究人员正在悄悄地对历史中最难建模和预测的部分——战争——进行数学运算和分析。将这件事交给非专业人士的赌注太高了——数百万人的生死和国家的存亡。运筹学已经发展成为一个充满活力的研究领域，拥有自己的学术期刊、国防部发放的研究拨款，以及军事院校和普通大学的教学岗位。2011年，我受邀参加朴次茅斯附近的英国国防科学与技术实验室历史研究部门组织的一次年度会议，在会上发表关于历史动力学的主题演讲，其间了解到这个研究群体。会议的重点是如何利用历史为国防提供情报。举个例子，在我之后的下一位演讲者安德鲁·夏普准将谈到了历史领域的本质、个性和韵律。许多国家的国防机构都非常重视历史作为科学的可能性。

抛开军事史不谈，让我们看看通用历史科学的思想是怎样拥有深厚的历史渊源的。亚里士多德写过关于自然科学和社会科学的论著。中世纪伟大的阿拉伯历史学家伊本·赫勒敦提出了一个杰出的理论来解释国家的兴衰。我还提到过凯特勒和托尔斯泰。尼古拉斯·拉舍夫斯基（Nicolas Rashevsky）的《透过数学看历史》(*Looking at History Through Mathematics*)一书于1968年出版。然而，无论是凯特勒关于社会物理学的思想，还是拉舍夫斯基的数学历史，都没能开创一门新的科学学科。科学是一项集体努力。它需要的不仅仅是某个才华横溢的个体。一门科学学科要想快速发展起来，就需要有一群学者相互借鉴思想，更重要的是，相互批评对方的观点和结论。正如古人所说，真理是在辩论中诞生的，你不可能与自己，甚至与一个很容易变成"回音室"的小阴谋集团进行很好的辩论。这就是迈克尔·弗林的历史学是纯粹的虚构的原因之一。在我们的世界，历史动力学直到2000年左右才开始受到关注。关于为什么如此的问题很有趣，它不仅让未来的历史动力学家感兴趣，而且与历史作为科学可能性的主要反对观点之一有关。

伟人理论是我能想到的历史上最为"反历史动力学"的理论。用苏格兰哲学家托马斯·卡莱尔（被广泛认为是这一理论的提出者）的话来说：

> 通史，即人类在这个世界上取得成就的历史，本质上是在此过程中努力过的伟人的历史。他们是人类的领袖，是伟人；他们是一般人设法做到或者获取的任何事情的建造者、典范，以及广义上的创造者；我们在世界上看到的一切成就都是伟人思想在这个世界上的外在物质结果、具

体实现和体现：可以公正地认为，整个世界历史的灵魂就是这些伟大思想的历史。[15]

虚构的心理史学和历史学，以及现实中的历史动力学，都主要关注大的人类集体和非个人的社会力量，而伟人理论拒绝这种关注点，认为这是被误导了。正如心理学家威廉·詹姆斯后来所说，不是社会造就了伟人，而是伟人重塑了社会。[16] 尽管这一19世纪的理论在当前基本被否定，但它的痕迹依然存在于人们对伟大思想如何推动科学发展的普遍理解中。这一观点的推论构成了著名科学哲学家卡尔·波普尔对历史科学提出的一个反对意见的基础：知道历史的未来进程在逻辑上是不可能的，因为历史的未来进程在一定程度上取决于科学知识在未来的增长（这是事先不可知的）。[17]

但是，鉴于我们目前对知识如何积累缺乏了解，科学知识在未来的增长真的是不可知的吗？或者只是未知而已？对我来说，第二个答案听起来更合理，以下是我如此认为的原因。非常多的科学发现是由不止一位科学家同时发现的，这的确引人注目。如果科学是由稀少的杰出天才所推动的，那就不会是这种模式。（为什么这些天才会在一年内得到同样的发现？）

我们已经讨论过奥西波夫和兰彻斯特，他们在一年内发现了他们的同名方程。其他例子比比皆是：牛顿和莱布尼茨分别独立发明了微积分,达尔文和华莱士分别独立提出了通过自然选择的进化论,洛特卡和沃尔泰拉分别独立发现了动力循环模型,等等。或许最能说明问题的例子是遗传学的发现。众所周知,基因是由波希米亚僧侣孟德尔发现的。但他发现得太早——科学界还没有做好准备,他在1866年发表的关于豌豆遗传学的文章也被完全遗忘了。这就是一位未能重塑科学的杰出天才。然而当时机成熟时,在1900年,遗传原理被雨果·德弗里斯、卡尔·科伦斯和埃里克·冯·切尔马克独立发现。我们把遗传学称为"孟德尔学说"而不是"德弗里斯学说"的唯一原因是,科伦斯意识到他的对手可能会被认为是这一发现的功臣,就斩钉截铁地指出孟德尔打败了他们所有人。[18]

杰克·戈德斯通是历史动力学界的一位关键成员,也是我的好同事,我与他合著了许多论文,他重复了孟德尔的经历,不过孟德尔的结局要好得多。戈德斯通怀着成为一名物理学家的希望开始了他的科学生涯。作为加州理工学院的本科生,他拥有了扎实的数学基础,但后来他对理解社会系统——它们的历史和动态——产生了兴趣。正是在哈佛大学社会学系读研究生时,他构思了革命的"结构-人口理论"(这为理解社会为什么会循环经历危机提供了历史动力学方法的基础)。

早在研究生院时,戈德斯通就对解释革命产生了兴趣。当时,主流观点认为,革命只是精英内部冲突、民众起义,以及愚蠢统治者带来的国家失败，或者代价特别高昂的战争，或者异常强大的异端或激进意识形态兴起等因素的随机结合。由于他的自然科学背景，戈德斯通认为这种特殊情况的解释不能令人满意。幸运的是，他了解到人口学领域（因为他在一门关于这个主题的课程中担任助教，研究生阶段的他以这种方式赚取生活费）。他开始研究现代早期已知的人口动态。在最近发表于《历史动力学》杂志上的一篇回忆录《人口结构理论：25年的历程》（Demographic Structural Theory: 25 Years On）中，他讲述了接下来发生的事情：

> 在我搜集数据时，一个清晰的模式出现了。我发现，实际上，在1500—1900年的每一次重大革命或叛乱之前，人口在过去的半个世纪里大幅增长。卷入"17世纪普遍危机"的欧洲国家（葡萄牙、西班牙、英格兰、意大利、法国），杰拉里叛乱期间的奥斯曼帝国，以及明朝灭亡前的中国都是如此。18世纪末的大西洋革命（美国、法国、荷兰），19世纪的欧洲革命（1830年和1848年），19世纪三四十年代的奥斯曼帝国，以及太平天国运动之前的中国也是如此。更重要的是，在欧洲、奥斯曼帝国和中国没有发生革命和重大叛乱的时期，即大约从1450年到1550年以及从1660年到1760年，人口增长几乎为零。前一个阶

段是因为社会正在从黑死病中缓慢恢复，后一阶段是因为恶劣天气和包括瘟疫、伤寒和呼吸系统疾病在内的第二波重大疾病造成的全球人口增长逆转和停滞。[19]

尽管在 40 年后的今天，我们对革命、起义和内战的人口原因和结构原因有了更多的了解，但这一最初的见解仍然站得住脚。然而，随之而来的不是一个科学胜利的故事（至少在很长一段时间内），而是一部关于逆境和毅力的史诗。

戈德斯通研究人口增长与革命之间关系的第一份详细的论文开题报告被研究生委员会断然拒绝。之后，戈德斯通重组了论文委员会，并缩减了他的开题报告，只关注 17 世纪的英国内战。两年后，他成功完成论文答辩，但当他将论文投稿给一家期刊时，论文即刻被拒绝。经过两年的进一步审阅和论证，论文最终以文章的形式发表。发表更多的文章是一场持续不断的艰苦奋斗。10 年后，戈德斯通写了一本书，终于将其在研究生院时的构想公之于众。他在书中指出，结构-人口理论准确地确定了英国革命、法国大革命、宪章运动时期的英国改革运动、1830 年和 1848 年的革命、明清交替、太平天国运动，以及奥斯曼帝国危机的发生时间。这本书很快就被剑桥大学出版社拒绝了。戈德斯通坚持了下来，最终被加州大学出版社接受出版。在经历了更多的不幸和挫折之后，《早期现代世界的革命与反抗》终于在1991年出版，现在已经是一部历史动力学经典。然而，在它出版后的10年里，它几乎被完全忽视了，加州大学出版社甚至懒得出版平装本。[20]

和戈德斯通一样，我也以自然科学家的身份开始了我的科学生涯。不过，我转向社会科学的时间要晚得多，那是1997年，当时我已经在康涅狄格大学有了终身教职。起初，我预料我对历史的探索会被忽视，或者最多会受到严厉的批评。当然，的确有一些批评，但总的来说，我在2003年提出的这门新的历史动力学科学立即开始受到关注，这出乎我的意料。2000年前后发生了一些事情，使得历史动力学不仅成为可能，而且成为必要。是什么呢？一个词：数据。这就是我们接下来要讨论的。

附录二

历史的宏观镜

半人马座的外星社会学家

一

人族的 1 000 年以前,环绕半人马座阿尔法星运行的第四颗行星上的物理学家发明了一种绝妙的仪器——宏观镜(macroscope)。利用这个设备,他们能够在数光年以外,窥见邻近的银河系中离自己星球最近的有人居住的星球——地球——并观察人族建立的帝国的兴衰。宏观镜的发明在半人马座阿尔法星开拓了一个新的科学领域:外星社会学。

170 年前,当时还是半人马座大学外星社会学系研究生的 Woql-X!jt-URS3DF 发表了一篇论文,研究被人族称为"美利坚合众国"的一个新成立国家的社会和政治趋势。Woql 利用通过宏观镜收集的数据，建立了一个内战前社会的数学模型（但当时"内战前"一词还没有被历史学家使用，因为美国内战在 10 年后才发生）。

该模型中的一个基础方程对美国人口的增长和流动进行追踪。在 18 世纪，美国人的家庭规模比欧洲人大得多，因为每个农民都有大量土地来养活许多孩子。美国人吃得好，长得高，成为当时地球上最高的人。然而，大家庭带来了人口的快速增长。到 1850 年，当 Woql 向其[1]研究生委员会提交论文时，东海岸各州已经挤满了人。森林遭到砍伐，取而代之的是田地，即使一些土地相对贫瘠、产量低下。相当一部分年轻人发现他们无法再靠土地谋生，于是纷纷搬走。

有些人去了西部，那里有可自由取用的土地。其他人去了城市。当时，美国已经开始工业化，而且一直在创造新的就业机会。Woql 的模型表明，西方工业化和殖民化的双重力量可以吸收迅速增长的劳动力供应，从而使美国社会保持大致平衡。然而，还有一个系数需要添加到方程式中。到 19 世纪中期，欧洲的人口过剩情况比美国严重得多，许多"过剩"的欧洲人选择了跨大西洋移民，最终来到了接收美国农村过剩人口的城市。在 1830 年以前，来到美国的移民只是涓涓细流，但在 19 世纪 40 年代，在爱尔兰马铃薯饥荒以及 1848 年和 1849 年的革命浪潮等灾难的影响下，移民浪潮变得浩浩荡荡。移民与当地公民争夺有限的工作机会。结果，尽管工业化使劳动力需求扩大，但劳动力还是供过于求。正如经济学中所发生的那样，当商品供过于求时，价格往往会下降。在这种情况下，"商品"就是劳动力。随着劳动力成本下降，工人工资停滞不涨并有所下降。即使是土生土长的美国人，其预期寿命和社会地位都有所降低，这体现出总体福祉的减少。日益加剧的贫困化反过来又转化为日益加剧的社会不稳定和冲突。从半人马座阿尔法星观察时，Woql 看到了美国城市暴动和农村起义的爆发。

Woql 模型中的第二个基础方程侧重于精英动态，代入的数据来自人口统计方面。工业化提高了工人的生产力，使人均 GDP 持续增长。然而，劳动力过剩的情况压低了工人的工资。由于工人工资停滞不前，甚至有所下降，经济增长的成果一定是流向了其他地方。成果并没有被政府收割，19 世纪的美国政府还很单薄，只拿走了总 GDP 的 2%。相反，经济收益流向了精英阶层——特别是它们中的经济部门。巨额财富有赚有赔，但总体而言，趋势是顶层财富快速增长。不仅富人变得更富有，富人的数量也迅速增加。许多技术工人可以自己开店，加入赚钱的游戏。大多数都失败了，但有些崭露头角的企业家从低工资中获利，跻身精英阶层和百万富翁的行列。Woql 的方程表明，只要劳动力过剩（和保护工人的机构的缺乏）导致财富泵继续不停地运转，精英人数和财富的增加趋势就会继续失控。

当Woql开始收集数据并就南北战争前的美国建立模型时，其他外星社会学家已经利用宏观镜收集到大约100个陷入危机并从危机中走出来的地球社会的数据。之前的研究已经确定了几个一般原则，解释了为什么会发生这些周期性社会崩溃：民众贫困化、精英生产过剩、国家软弱和地缘政治环境。Woql决定不将最后两个因素纳入模型。美国是北美洲最强大的政体，加拿大、墨西哥和其他美洲原住民部落都不是其对手。事实上，美国的扩张是以牺牲墨西哥和美洲原住民为代价的。政府还不成气候，没能发挥作用。这就只剩前两个因素：民众贫困化和精英生产过剩。两者都在朝着令人担忧的方向发展。Woql在提交论文时有一个预测。根据Woql的模型，日益严重的贫困化和精英生产过剩趋势将使内战前美国的社会韧性下降到非常低的水平，到1870年左右几乎肯定会发生重大崩溃。Woql还指出，这一预测存在很大程度的不确定性。因此，预测的崩溃可能发生在1870年之前或之后的10年。此外，根据其他外星社会学家全面研究的100个案例的统计数据，如果执政精英能够团结起来，采取一系列政策措施，扭转将内战前的美国推向边缘的力量，就有10%~15%的机会避免革命或内战等大规模暴力的爆发。最重要的是，他们将不得不关闭财富泵。然而，

Woql发现，没有任何迹象表明在1850年时统治精英意识到了这个问题，或者如果他们意识到了，也没有迹象表明他们会愿意解决这个问题。（毕竟，压低工资对他们来说是非常有利可图的。）最后，Woql的模型无法就对可能发生的崩溃负有责任的个人身份做出任何预测，因为它追踪的是社会力量，而不是个人。

正如我们所看到的，与虚构的历史学家不同，我们的（同样虚构的）半人马座外星社会学家确实预测到美国内战。事实上，内战爆发的时间甚至早于Woql模型预测的时间。在Woql进行论文答辩后不久，美国的一切加速瓦解。在接下来的10年的后半段，集体暴力的爆发激增。仅从重大事件（造成10人及以上死亡）来看，Woql发现，1855—1859年发生了3起"一无所知"暴动（袭击了巴尔的摩、华盛顿特区和新奥尔良），一场纽约全市范围的帮派战争（也被称为"死兔帮"暴动），多起选举暴乱（肯塔基州路易斯维尔的"血腥星期一"），以及摩门战争的高潮（梅都斯山大屠杀）。堪萨斯州支持奴隶制势力和反对奴隶制势力之间的血腥斗争（堪萨斯内战），以及约翰·布朗突袭弗吉尼亚州哈珀斯费里联邦军火库，直接拉开了南北战争的序幕。紧接着是1860年的有争议的选举，轰炸南卡罗来纳州查尔斯顿的萨姆特堡，以及随后长达数年的血雨腥风的内战。

如今，Woql是一位杰出的资深学者，担任半人马座大学外星社会学系主任。[2] 它自己不做研究，但指导研究生做。其中一名研究生叫 Ziql-M&rw-ALF6GR，一直在研究当代美国。Ziql 追随老师的脚步，使用宏观镜收集了大量关于 1970—2010 年人口福祉和精英生产过剩的动态的数据。Ziql 在 2010 年建立的模型在本质上与 Woql 的内战前模型相似，但它考虑到了 1850—2010 年美国社会经历的巨大变化。特别是，Ziql 新增了一个模型方程，用来解释美国政府在二战后开始发挥的更重要的作用。然而，Ziql 2010 年模型的预测结果与 Woql 的 1850 年模型惊人地相似：美国即将爆发严重的政治暴力，并将在 21 世纪 20 年代初达到顶峰。Ziql 最想做的就是提醒地球人即将到来的厄运，但宏观镜是一种单向仪器，所以 Ziql 只能爱莫能助地看着其模型预测的结果发生。

如何构建我们自己的宏观镜

一

可惜，我在前面段落中描述的宏观镜纯粹是科幻。在现实生活中，我们的物理学家无法制造出一种能够让我们穿越时间迷雾回望过去的仪器。

那么我们能做什么呢？我不能过分强调我们有多需要数据。的确，数学模型是历史动力学的重要组成部分。当然，有时即使是一个纯粹抽象的模型也能得出意想不到的、强有力的洞见——正如我们用兰彻斯特平方律看到的那样（见附录一）。不过，有数据支撑时，模型才能取得最好的效果。

要获得数据，我们需要的不是物理学家，而是历史学家。不幸的是，许多历史学家对历史动力学持悲观态度，担心其目标是取代他们。许多记者在不了解历史动力学的情况下就动笔，从而导致了这些恐惧。事实远非如此。历史动力学需要历史，它的存在离不开历史学家发挥专长——拓宽并深化我们的历史社会知识库。

历史学家、考古学家和其他历史方面的学者共同建立了一个庞大的知识库。这些信息需要被翻译成一种可以用历史动力学工具进行分析的形式。这不是一件容易的事。还有很多缺口——我们对很多历史领域基本甚至完全茫然不知。我们很难有定量的测算，即使有也存在很多不确定性。历史学家自身经常有不同意见，有时甚至是在一些非常根本的问题上有分歧。不过，我们可以克服这些困难。

我之所以可以满怀信心地这么说，是因为事实上，我们已经成功建立了一个"历史宏观镜"。它被称为塞莎特（Seshat）：全球历史数据库。[3]虽然它并不完美，还需更多的努力来进一步完善，但Seshat数据库项目证明了获取历史数据是可能的。此外，Seshat并不是唯一一个将历史学家的知识转化为数据的项目。

我将用Seshat来说明如何收集历史数据，因为（依我个人的浅见）这是最复杂巧妙的数据库，并且我对它了如指掌。在附录二的后面，我将讨论其他类似的项目。在开始分析之前，我可以说，基于数据的历史方法的突然兴起解释了为什么在2000年之后，历史动力学不仅是有可能的，而且是有必要的。

代理参数

一

我们如何创建历史数据库？用托马斯·爱迪生的话说，我们需要灵感和（大量）汗水。[4]我们首先来讨论灵感。

与现代社会不同，对于历史上的社会，我们没有政府机构和私人民意调查机构每年提供的大量数据。我们越是回到过去，直接测量我们需要输入模型的量的系统性数据就越少。如果有数据的来源，如《末日审判书》[5]或中国的地方志[6]，我们会迫切地从中汲取任何能提取的信息。而在没有这样的宝贵来源的情况下（这很常见），我们必须依靠间接指标或

"代理参数"。

使用代理参数在古气候学等历史科学中最为常见。古气候学家使用各种代理参数来重建数千年前地球上的气候动态：冰芯、沉积岩芯、树木年轮和花粉计数。因为这些都是不同历史时期和地质时代盛行的气候条件的间接指标，所以需要非常小心地识别并消除影响测量的各种偏差。出于这个原因，最好使用多代理算法，因为它可以让我们看到不同的代理参数之间的一致性（或不一致性），并对如何以最佳的方式将其组合起来做出明智的判断。

在人类历史的研究中，代理参数的使用更为广泛，因为我们想了解的关于早期社会的信息更多，不只是了解过去某个时期的气温或降水量。例如，我们需要了解的关于任何特定社会的最基本的内容之一是其规模，这也是关于社会韧性或崩溃的历史动力学模型中的一个关键变量。有多少人生活在罗马帝国？这些人口是如何从一代人到下一代人发生变化的？每个人死后都会留下痕迹。人要吃饭、排泄。他们通常住在房屋或其他形式的住所里。他们穿着衣服和鞋，耕种土地或制作陶器和珠宝。每一种不同的活动都会留下痕迹，这些痕迹可能为测量人口变化提供潜在的代理参数。

因此，一个特定地区不断增长的人口需要更多的粮食，这就需要开垦更多的土地用于农业。随着森林的砍伐，被风吹向湖泊的花粉成分（花粉粒沉淀在底部）从以树种为主转变为以作物、杂草和牧草为主。通过检验从湖底采集的岩芯，孢粉学家（花粉专家）可以重建该地区的环境历史，并推断出该地区人口激增或减少的时期。

衡量人口增长和减少的另一种方法是观察新的房屋建设，不管其带来的是村庄规模的扩大或者是新村庄的建立。通过对保存下来的大梁取芯（即使在原始结构倒塌后），树木年代学家（树木年轮专家）可以确定制成房梁的树木被砍伐的确切年份。通过收集数百甚至数千个这样的日期，我们可以确定何时建筑活动激增，这表明人口不断增长，需要更多住房。

人类产生了很多垃圾。今天如此，过去也如此，但垃圾的性质有所变化。垃圾——更准确的科学表述是**人类活动产生的垃圾！**——的产生速度表明了人口的多少。陶瓷碎片是这方面最有用的指标之一。陶瓷碎片基本上是永恒存在的——需要地质沉没才能将其清除。我们可以追溯它们的日期。之所以产生陶瓷碎片，是因为容器经常被用于烹饪和储存食物，而容器迟早会破碎，这是不可避免的。

我可以继续说下去，但重点已经很清楚了。并不是在任何特定地区或历史时期都有可用的人口代理参数，但我们通常可以开发出几个。每个代理参数都可能存在系统性问题

（偏差），但通过比较具有不同偏差的多个此类指标，重建人口动态是可以实现的。因此，目前已经对区域和全球人口动态进行了良好的重建。[7]虽然它们远不完美，但它们已经让我们对过去的人口变化有了很多了解。更重要的是，这是当前研究的一个紧锣密鼓开展的领域，因而这些测算在被不断地改进和完善。

历史的骨头

一

代理参数的一个特别丰富甚至相当可怕的来源是人类遗骸。人类骨骼具有非凡的持久力。看过热门电视剧《黑道家族》的人可能还记得，两名黑道成员被老大派去处理几名受害者的尸体的场景，尸体之前被埋在纽约州北部的一个农场里。[8]他们挖出骸骨，用锤子砸碎骨头，然后把碎片扔到湖里。许多杀人犯都知道，处理尸体是一件很费力的事情。

骨骼很容易保存数百年甚至数千年时间（前提是它们没有被埋在酸性土壤中）。每副骨架都是一个信息宝库。读者肯定知道，我们现在可以可靠地提取古代DNA并测序，这项技术彻底变革了对过去的研究。[9]多亏了不断发现的古代DNA（aDNA）数据，旧的理论已经被推翻，并出现了新的理论，并且我们才刚刚起步。这些古代的骨头还提供了其他许多关于过去的线索。

我们能做的最简单的测量之一是我们有幸得到的骨架主人的整体身高。如果骨架不完整，也不用担心。通过测量其中一块主要的骨头（如股骨）的长度并参照对应表，我们可以非常准确地估算出整体的高度。人的身高是衡量生理福祉的重要指标。生活在营养不良、疾病或寄生虫高发或者生活条件恶劣（缺乏新鲜空气和阳光）等环境压力下的人，在成长过程中发育迟缓。当然，身高还受到其他许多因素的影响——尤其是父母的身高。不过，当我们将生活在特定地区的每一代人的身高进行平均计算时，我们会消除个体差异，并获得一个非常准确的总体人口福祉的代理参数。例如，人口拥挤和资源压力确实会降低平均身高。在第一章中，我提出，我们所知的美国工人在19世纪表现不佳的原因之一是，土生土长的美国人的平均身高下降了惊人的5厘米。这些身高数据是通过测量活人获得的，但没有什么能阻止我们从死者身上获得同样的数据。仅欧洲博物馆就有数百万具骨架，覆盖了数千年的欧洲历史。这些骨架提供了关于欧洲人口历史的惊人信息。[10]

这还没有结束。考古学家利用现代法医学的方法，不仅研究了人们过去是如何生活的，还研究了他们是如何死亡的。暴力致死往往会在骨骼上留下蛛丝马迹。当然，卡在椎骨中的石制箭头或金属箭头是一种致命的"随赠品"。致命的剑伤和斧伤也很容易被发现。被木棍击打的痕迹有些难以确定，因为摔倒和其他事故也会导致骨折。不过，左尺骨（前臂）异常频繁的骨折可以较好地说明这是被钝器施加了暴力。想象一下，如果有人要用棒球棍打你，你会有什么反应。你的手臂很可能会抬起来保护你的头部，如果攻击者用的是右手，你的左前臂就会被击中。

当然，并不是所有的暴力致死案例都会在骨头上留下明显的痕迹。胃部被箭刺穿肯定会导致死亡，并且十分痛苦。如果把箭拔除，一旦软组织腐烂，就不会留下任何痕迹。但同样，我们感兴趣的不是发生在某个人身上的事情。当然，每一起死亡事件都是一场悲剧，但一千起死亡事件就能为我们提供数据。[11] 如果在一代人中，有明确暴力致死证据的骨骼比例为3%，而在下一代人中这一比例为30%，那么暴力水平显然呈爆炸式增长。

骨骼还可以告诉我们，人们出生在哪里以及是否迁移过，有着怎样的饮食，以及患有什么疾病。这个代理参数的来源异常丰富，但这只是其中一个。

教区登记册能告诉我们的有关英国革命的信息

一

因此，需要灵感来想出精巧的代理参数，让我们能够发现我们感兴趣的各种变量是如何随着时间的推移而变化的；而剩下的 99% 是汗水。我们还没有智能机器能够阅读和理解，用中世纪拉丁文在羊皮纸上以潦草笔迹写下的纳税申报单，至少目前还没有。因此，这项工作必须由专业的历史学家来完成。大多数不是历史学家的人不理解这项工作的重大意义和巨大价值。做好这一点还需要大量的训练。你能读懂巴比伦泥板上写的东西吗？很少有人能做到。

但是，挖掘一些很久以前去世的人的相关信息有什么价值呢？这和我们有什么关系？例如，谁在乎威廉·邓克霍恩和妻子玛莎（已故的老姑娘艾琳）的女儿苏珊娜出生于 1796 年 11 月 21 日，并于 1796 年 11 月 27 日私下受洗？[12] 或者，74 岁的波灵顿绅士乔治·克纳格斯先生于 1723 年 12 月 25 日下葬？克纳格斯先生的死可能是一场悲剧，也可能不是（毕竟，他以 74 岁的高龄去世），但一千份这样的下葬记录无疑是一份统计数据。把这份统计数据与其他数据结合，代入历史动力学方程式框架中，就可以知道很多我们想要了解的社会正在发生的事情，包括它是否正在走向危机。

教区记录是法国人口学家路易·亨利和米歇尔·弗勒里在

20世纪50年代开发的家庭重建人口统计技术的原始数据。在计算机普及之前,研究人员必须手动完成所有工作。首先,他们来到教区教堂,在卡片上转录教区记录中记载的事件(洗礼、婚礼和葬礼)。接下来,他们回到大学,按照特定的方案,以不同的方式对卡片进行多次分类。这一过程使他们能够将同一家庭的事件联结到一起,然后在家庭卡上对其进行汇总。例如,一张卡片告诉我们玛莎出生于1796年,另一张告诉我们她于1828年结婚,葬礼登记簿上说她死于1860年。她有四个孩子,我们用同样的方式追踪他们的生活轨迹。随着将越来越多的个体添加到数据库中,我们就能越来越好地了解到总体人口是如何增长(或下降)的。

使用这一办法存在许多实际困难。教区的册子被损坏(被老鼠啃咬)或丢失(例如,当教堂被烧毁时)。记录这些事件的神职人员把名字拼错了。由于人们搬进和搬离教区,家庭记录往往不完整。解决这一问题的一种方法是做更多的工作。添加到数据库中的教区越多,数据中的缺口就越小。当然,如果一个家庭搬到另一个国家,你仍然会失去他们的线索。不管怎样,没有一个数据集是完美无缺的,尤其是大型数据集。总是存在数据缺口和错误,但它们否定不了数据的价值;我们只需要在分析阶段谨慎处理这些问题即可。

就是通过这种方式,教区记录让人口统计学家得以在正式人口普查前研究一个国家的人口历史。例如，英国的第一次人口普查是在 1801 年，比其他国家早很多。因此，我们对英国过去两个世纪的人口历史有详尽的了解。然而，教区登记册是 1538 年引入英格兰的。剑桥人口与社会结构史研究小组于 20 世纪 60 年代开始研究这些问题。1981 年，该小组的两名成员 E. A. 里格利和 R. S. 斯科菲尔德出版了《英格兰人口史（1541—1871）：重建记》(*The Population History of England, 1541–1871: A Reconstruction*)，将我们对英格兰（和威尔士）人口动态的了解从第一次现代人口普查向前拓展了近 3 个世纪。

就在剑桥人口统计学家完成对近代早期英格兰人口趋势的分析的同时，正如我们在上一章所了解到的，杰克·戈德斯通在探索提出有关革命和叛乱的结构-人口理论时遇到了第一个障碍。在博士委员会的灾难性会议上，教授们当即否定了他最初的雄心勃勃的提议，随后，戈德斯通回到自己的公寓重整旗鼓，决定下一步该怎么办。

多亏了剑桥研究小组的工作，戈德斯通觉得自己至少在 1640 年的英格兰革命这一案例中掌握了人口动态的数据，这是他提出的理论的关键驱动力。尤其是，来自剑桥研究小组的高质量的人口统计数据证实，英格兰人口在 1640 年之前快速增长，此后有所下降。还有关于工资、精英流动性和王室财务的可靠数据。这些数据的趋势完全符合戈德斯通的理论。戈德斯通精简了他的博士论文开题报告,将重点放在近代早期的英格兰,这个不那么雄心勃勃的开题报告被他的委员会接受了。正是有了大量关于近代早期英格兰的高质量数据,情况才能有所不同。

个人电脑革命

——

1981年发生的另一件看似无关的事件是IBM(国际商业机器公司)个人电脑的推出,它成为第一台真正面向大众市场的计算机。别忘了,戈德斯通在他的博士论文中使用的数据,源自耗费了极大人力的研究。渐渐地,强大的计算机能力和存储彻底改变了数据科学,带来了大数据时代。历史学家加入这场盛宴的时间较晚,但他们逐渐变得非常有热情。数字历史现在已经是一门成熟的学科,拥有许多学术期刊,并且在许多大学有专门的学院。

Seshat

——

与戈德斯通不同,我在成为一名历史动力学家之前,已经有一段作为理论生物学家的成功职业经历。我曾在一所不错的大学拥有终身教职，因此可以承担一次冒险的领域转换。在之前的种群动态领域里，我已经遇到了经验主义生物学家对数学模型的抵制，他们在该领域的研究重点是微生物。然而，我和其他数学生态学领域的同事学会了如何说服经验主义者相信模型的价值。我们会指出种群-生态学模型的成功之处，比如有关捕食者与猎物之间周期性关系的洛特卡-沃尔泰拉方程。在阿尔弗雷德·洛特卡和维托·沃尔泰拉分别于1925年和1926年独立发现这一模型之前（这是同时取得科学突破的例子之一），生态学家对于为什么许多动物的种群——例如挪威旅鼠——会重复经历周期性的繁荣和衰落感到困惑。他们假设这可能是由于气候波动，但天气记录并不支持这一观点。捕食者和猎物之间的种群互动可以产生"内源性"循环，而不受外部或外源性因素的驱动，这一发现是一个巨大的惊喜。正如我在谈到兰彻斯特平方律时所提到的，数学的价值之一是，它可以让我们纯粹从逻辑上理解我们试图解决的问题或谜题。数学方程，以及最近的计算机模型，是大脑的一个绝佳辅助。

当我开始研究人类历史的动力进程时，我充分预料到"外星人"入侵历史学家的地盘会产生巨大阻力。借用军事上的说法，我没有进行正面攻击，而是决心进行侧翼包抄。虽然绝大多数历史学家坚决反对用数学方法研究历史，但广义上可称为历史社会科学的各种相关学科的专家更容易接受这些思想。到2000年，许多对理解历史感兴趣的社会科学家在"文化转向"对他们的研究施加的限制下感到不安，这种"文化转向"否定了定量方法的价值，甚至否定了定量方法的必要性。这种集体情绪的波动在社会科学中是很典型的。文化转向是年轻一代学者反对20世纪70年代流行的定量方法的表现，如计量史学（计量经济历史）和过程考古学（其追随者主张严格应用科学方法）。批评者在当时占了上风，建立了一种新的正统观念，但现在轮到他们接受下一代的批评了。于是，历史动力学的种子落在了准备好的土壤上。

在历史社会学、环境和经济史以及进化人类学领域，研究者们没花太多时间就找到了盟友（包括杰克·戈德斯通）。我们不一定在解释我们所看到的各种经验模式的主要驱动因素上意见统一，但我们一致认为理论需要模型的支持，以及理论预测需要用数据来检验。

大约到2010年，以数字人文学科的兴起为标志，计算机被历史学家和考古学家广泛应用，我们得以畅游在信息的海洋中。事实上，我们陷入富足的困境，而不是被匮乏压垮。在卡尔·马克思的时代，建立宏大的理论要容易得多，当时可以获得的关于历史社会的数据很少（以欧洲为中心的关注确保了数据来自类似的社会）。如今，新的丰富的数据使建立更好的理论成为可能。

但是如何获得这些信息呢？其中一些信息已经转化为数据——在电子表格中按行和列排列的数字，可以下载并输入分析。然而，即使是这样的数字化信息也不是没有问题的，因为它往往缺乏数据科学家所说的元数据，即关于数据的数据，来解释这些数字的含义。例如，电子表格中的列可能没有详细的标题，如"Var23""Var24"指的是数字23、24的变量，但"Var23"代表了什么？

此外，只有一小部分信息被数字化了。其中大部分分布在书籍和学术期刊的文章中，或者在难以获得的"灰色文献"中，如考古遗址报告。其中一些只存在于个别学者的头脑中。如果能有一个机器蜘蛛在专家的大脑中爬行，从他们那里获取我们需要的信息，那就太好了，但那又是科幻小说。因此，我们不得不采取艰难的方式。

现实生活中的历史宏观镜被称为Seshat：全球历史数据库。Seshat数据库项目于2011年启动，当时我在一次会议上遇到了社会人类学家哈维·怀特豪斯。当我提出让哈维建立历史数据库的想法时，他立即看到了它的巨大潜力，我们同意将其作为一个组成部分加进他当时提出的一项大额拨款提案中。对我们来说幸运的是，这项提案得到了资助，我们开始招募研究助理、专家和博士后。许多人类学家、历史学家、考古学家和数据科学家加入了该项目，以帮助我们处理构建数据库技术方面的工作，项目由此得到拓展。

最初我们的想法是，Seshat数据库的所有数据都将由专家——专业的历史学家、考古学家和其他历史方面的学者收集。然而，我们很快发现，即使有这些对Seshat数据库项目非常热情的历史学家，这种方法也有严重的缺陷。例如，让专家填写数百个单元格是对其专业能力的严重浪费。对于许多变量，一旦建立了有效的编码方案，训练有素的研究助理就可以使用标准文本准确地录入80%~90%的数据。后来我们意识到，专家的时间和精力是非常宝贵的资源，应当战略性地用在真正需要的地方——解决困难的编码问题和定位难以捉摸的信息。此外，只有专家才能确定该领域没有某个特定的变量——这就是真正的信息缺口。

因此，录入Seshat数据库的大多数数据都是由研究助理完成的。在项目开始阶段，我们尝试使用不同类型的助理。我们发现，使用临时的本科生劳动力不是一种可行的方法。花费几个月时间训练他们以确保准确性和效率毫无意义，因为他们很快就会离开。因此，我们将资源用在聘用长期的研究助理上，他们在该项目上工作至少一年，通常是好几年。我们所有的研究助理都至少拥有学士学位或同等学力；许多人拥有硕士学位，有些人甚至拥有博士学位。

我们收集数据过程中的第三个关键因素是博士级社会科学家对研究助理的密切指导，包括 Seshat 数据库博士后、地区编辑（每个人都有关于世界某个地区的专业知识）、变量协调员（每个人专注于一组特定的 Seshat 数据库变量），以及 Seshat 数据库主任（目前由三名历史学家、一名人类学家、一名考古学家和一名复杂性科学家组成）。他们的职责是培训研究助理，检查其编码决策，并确保编码方案应用的一致性。如果没有研究助理的辛勤工作和专家合作者极为慷慨的付出（他们为项目贡献了自己的时间和知识），我们就不可能取得已有的成绩，生成如此多高质量的历史数据。

我们发现，当三组人员（研究助理、专家学者和社会科学家）通力合作时，收集到的数据最好。当我们开始编码一个特定的 Seshat "政体"（有起止时间、在政治上独立的社会）时，专家能帮我们找到一套标准的文本和给出常见问题的答案。例如，我们应该用哪个日期作为这个政体的起止日期？然后，研究助理在指导下用"最简单"的方法，获得尽可能多的有标准来源的编码数据。换句话说，如果他们没有很快找到一个答案，他们就会停止研究这个问题，并将其添加到问题列表中，以便稍后在专家的帮助下解决。一旦这个阶段结束，我们就带着问题清单回到专家那里，处理数据缺口和困难的编码决策问题。

我们还经常举办专门的研讨会，将 Seshat 数据库项目成员与专注于世界各地（如埃及、东南亚）或特定变量（如仪式和宗教、农业生产力）的专家聚集在一起。

总之，扩充 Seshat 数据库，尤其是为难以编码的变量找到数据，离不开专家和 Seshat 数据库工作人员的通力合作。这一过程将专家对特定历史社会的专业知识与我们将历史信息转化为数据的经验结合在了一起。

如上所述，建立一个有效的编码方案是使 Seshat 数据库项目发挥作用的一个关键点。如果变量的定义过于模糊、过于抽象或者需要过多的解释，那么它们就会难以编码，并且编码人员之间出现分歧的可能性也会增加。例如，在将数据汇总到 Seshat 数据库中时，我们避免将有关过去社会的信息强行塞进任意的评分范围（例如，"在 0~10 范围内对这个社会的社会复杂性进行评分"）。在收集数据之前，我们会举办一次研讨会，通常有专家参加，以弄清楚如何对我们打算在 Seshat 数据库中捕获的特定方面进行编码。一般来说，我们的目标是使用一个定量变量（例如，对编码政体的人口估算），或者将复杂的变量分解为多个简单的变量，这些变量可以以二进制方式编码（例如，不存在/存在）。然后，Seshat 数据库研究助理在专家的指导下，将其应用于几个测试样例，对初始编码方案进行测试。之后，根据专家和研究助理的建议，对编码方案进行完善，并将其应用于整个样本。有的时候，在大量的政体已经使用旧方案进行编码之后，我们发现必须调整编码方案。改用更好的定义会导致一定程度的效率低下，因为研究助理必须使用新方案对已经编过码的政体进行重新编码。这个过程需要时间，而且这些旧代码有时会遗留在数据库中，直到最后才能被找到并更正。

在将 Seshat 数据应用于统计分析之前，我们进行了系统的数据质量检查。每个数据点都由其他研究助理而不是录入数据的研究助理进行检查。

Seshat 数据库是一个巨大、复杂、不断进化的"活的"实体。在一个像 Seshat 数据库这样庞大和多方面的项目（并且有一个和它一样庞大的基础数据库）中，在获得特定变量的准确的或有代表性的值或代码方面，不可避免地会有一些实际限制。比如说，某一特定信息是在一个模糊的来源中发布的，或者存在我们尚未意识到的新信息会改变编码值。我们不会等到这个"清洁"过程结束——因为它永远不会结束。因此，我们的方法是在发现这些遗留问题时解决这些问题，逐步使数据库变得更完善，同时理解数据中总会存在一些差错。其他学者的建议和批评在这方面非常有用。把问题摆出来对我们都有好处——Seshat 数据库的系统性特征有助于将这些讨论集中起来并确定存在分歧、不确定性和信息缺口的地方。此外，随着新的历史信息和考古信息的出现,我们希望能将其加进 Seshat 数据库中。

CrisisDB

一

直到 2020 年,我们收集数据和对所收集的数据进行统计分析的主要目的是回答一个特定的"大问题"。在大约 1 万年前的全新世之初,所有人类都生活在相对平等的、由几百人或几千人组成的小型社会中。今天,几乎所有人(除了亚马孙河流域和其他遥远地方的少数土著群体)都生活在大型社会中,其中中国和印度这两个国家的人口均超过 10 亿。一种新的政治组织形式,即国家,在全新世中期兴起,现在已经占领了世界。技术已经变得非常先进,经济体具有很高的生产力,这提高了许多人的生活质量。从悲观的一面来看,增加的福祉并没有被平均分配,无论是在过去还是在今天,复杂的社会都是高度不平等的。我们想回答的大问题是:这种"全新世的伟大转变"是如何发生的以及为什么会发生?虽然我不能说我们对这个问题的回答能让所有人都满意,但我们确实取得了很大进展。现代社会学家以及历史上伟大的哲学家提出的许多理论,都已经被我们在 Seshat 数据库中收集的数据推翻。随着支撑理论的领域缩小，我们越来越了解将我们的社会转变为如今模样的驱动因素。[13]

随着回答这个特别的大问题所需的数据收集过程结束，我们逐渐转向了一个新的大问题：为什么复杂社会会周期性地陷入困境？解释高度的内部不稳定性、国家崩溃和全面内战的反复浪潮的因素是什么？这个问题通常被表述为：为什么复杂社会会崩溃？在过去10年里，出现了一门全新的科学学科来回答这个问题，学科名名副其实，即崩溃学（collapsology）[14]。说实话，我不太喜欢这个新方向。什么是"崩溃"？正如我在第二章所讨论的，它再现了我们通过宏观镜在过去看到的一切，当社会陷入困境时，彻底崩溃只是一种可能的结果。有时，内战、大屠杀和生产性基础设施的崩溃，再加上流行病，确实破坏了社会结构，导致人口大幅下降、管理机构简化，以及信息部分损失。然而，过去的一些社会通过实施一套正确的制度来设法应对将其推向边缘的深层结构性力量，从而以相对不流血的方式摆脱了危机。大多数摆脱危机的方式都介于这两种极端情况之间。为什么只关注崩溃？难道我们不想知道社会是如何避免崩溃的，从而汲取可能和我们今天相关的教训吗？

这就是为什么我们决定将Seshat的分支命名为CrisisDB（"DB"是"数据库"的英文缩写）。我们已经确认了大约300

起从新石器时代到现在、分布在世界各主要大陆上的危机案例。我们的目标是检验有关社会为什么会陷入危机的理论。但同样重要的是，我们的目标是理解为什么有些危机的摆脱方式非常恐怖，而另一些则相对温和。在第一种情况下，领导和民众做错了什么？在第二种情况下，他们做对了什么？

CrisisDB 的数据收集遵循了我们已经为"经典"的 Seshat 数据库所改进的方法。这是一个漫长而艰巨的过程，我们还没有完成。目前，我们有关于大约 100 个危机案例的良好数据，即数据库最终数据的三分之一。这足以让我们识别出主要的模式。这些"历史教训"是第二章的主题。

附录三

结构–动力学方法

"摘樱桃"和"普洛克路斯忒斯之床"

一

我在这本书中使用大量历史例子的主要目的,是说明关于社会崩溃和社会复兴的历史动力学理论的不同部分是如何发挥作用的。这里的方法与专业历史学家所写的书中的方法,以及纸上谈兵的业余理论家所写的书中的方法都非常不同。

历史学家对他们最熟悉的时期和地区进行了深入研究,他们所写的故事总是很有启发性。但是,无论一个学者多么才华横溢,他能够掌握的历史案例研究数量都是有限的。因此,我们可以从历史学家的叙事中深入了解一个特定的社会如何陷入危机,然后如何从危机中走出来,但我们无法区分此时此地的特殊情况和当时当地适用的一般原则。然而，如果想用历史教训帮助我们自己的社会以最佳方式摆脱危机，我们就需要理解一般原则。毕竟，每个社会都是独一无二的，机械地把我们从法国中世纪晚期危机、中国的太平天国运动甚至美国内战中学到的东西应用到美国当前的危机或者法国和德国的困境是行不通的。为了从历史中学习，我们需要把个案与特殊性和一般原则区分开来。此外，我们需要总体地了解社会的某些特殊特征如何与危机和复兴的一般机制相互影响。我们在第二章中列举过这种一般性与特殊性相互影响的例子，得知精英中的一夫多妻制程度对精英生产过剩的发展速度有很大影响。因此，我们的一般理论需要能够识别形成崩溃/复兴周期的社会的其他特殊特征。

历史学家的叙事可以提供丰富的信息（即使它们不能帮助我们解决区分一般性与特殊性的问题），而纸上谈兵的业余理论家的作品通常是无用的。这些业余理论家一般不是历史学家，通常对历史知之甚少。无知即自由，但不仅如此。业余理论家使用两个"技巧"来搭建他们的宏大叙事。第一个技巧是"摘樱桃"，即只引用符合他们所钟爱的理论的历史例子。第二个技巧是"普洛克路斯忒斯之床"，通过增补、修剪，强行地使各类历史例子符合其理论假设的固定周期。99%的"循环历史"都有这两个问题中的一个或两个。这十分糟糕，所以我在我的专业文章中往往避免使用"循环"一词，因为它带有太多负面的包袱。(相反，我讨论的是"波动""繁荣–萧条动态"等。)

历史动力学是不同的。它汇集了专业历史学家收集的大量信息，然后以客观科学的方式对其加以利用。我们想知道一般的模式是什么，以及在不同的社会和历史时代这些模式表现出的差异有多大。理论思想必须转化为明确的动态模型，这样我们才能确定什么样的假设会导致什么样的预测。这些预测结果还要用数据进行检验。这是一项艰巨的工作，没有人能够独立完成这一切。它需要有完整的科学领域、分工、不断的尝试和错误，以及建设性的分歧和辩论。我们正处于这门新的历史科学的起步阶段，还需要做更多的工作。尽管历史动力学这门学科很年轻，但我们从中获得的深刻见解表明，这一努力并非没有希望。我们需要继续努力，因为风险太大了。社会崩溃和内部战争会导致人员伤亡、经济崩溃以及人类成就的倒退。我们必须清醒地理解为什么会发生这种情况，这样我们才能避免不稳定和暴力的无休止循环。

作为一个整体的社会动态

一

当历史动力学家想了解我们的社会为什么以及如何陷入危

机，我们如何以流血最少的方式来摆脱危机时，他们会建立数学模型。这些模型通过整合无数个独一无二的、拥有自由意志的个人，来跟踪社会系统的内部运作。许多传统的历史学家和外行人士认为这种方法是错误的，甚至令人反感，因为它似乎在某种程度上剥夺了真正的人的人性。尽管如此，如果我们想了解社会动态并预测可能的解决方案的效果，我们就必须这样做。为什么？因为它有效。

为社会保障总署（SSA）这类机构工作的人口统计学家必须预测该机构明年、5年后以及未来需要多少资金。他们使用的模型根据年龄和已缴纳的社会保障税对人们进行整合。尽管每个人都是独一无二的，但人口统计模型在预测未来退休人员数量的总体情况方面非常准确。当你购买汽车时，你的保险费将根据你的一般特征计算。你如果是一名20岁的男性，就要准备被收取更高的保险费率。这可能是不公平的，因为你可能碰巧是一个特别谨慎的司机，但如果你想开车，你就必须支付。如果你收到超速罚单，你的保险费将会增加。每一起交通事故都是独一无二的，而且精算师非常善于弄清楚如何平衡风险，这样他们所在的保险公司才不会破产。

历史动力学家也使用类似的方法。我们知道，特定群体中的人（例如，没有大学学历、收入在工资分配的第五十分位的男性）并不是一样的。但是，做出这种假设的模型是有效的，就像人口统计模型和精算模型一样。

同时，我不想把我在这本书中讨论的想法和见解局限于追踪非个人的社会因素。所有的社会行为都是个人行为总和的结果。非个人的因素塑造着个人的生活和态度。我们既想了解社会，又想了解个体。那该怎么办呢？

我为这本书选择的方法是，让叙事的重点介于个人观点与社会总体层面之间。这就是为什么第三、四和五章的开篇是关于该章所涉及社会阶层或阶级中某个人的故事。虽然故事中的每个人完全都是虚构的，但他们是基于我 40 多年来从内部对美国社会进行的研究（我向非美国读者致歉，但我必须写我最了解的方面）。同时，我并不是在美国长大，我在 20 岁时移民到美国。但是我认为，这实际上是一个优势——就像一个从半人马座阿尔法星观测地球的外星社会学家比那些生活在混乱时代、理性经常被盲目的激情笼罩的人类更具分析优势一样。读者将是我在这方面做得是否成功的最终评判者。

结构与动力学

一

从复杂性科学的角度来看，人类社会是一个复杂的动力系统。研究此类系统的科学家开发出一套理论工具，使他们能够了解这些社会是如何运作和演变的。这种理解为预测未来可能的轨迹提供了基础,更重要的是,还为预测各种干预措施可能引发的系统反应提供了基础。

复杂性科学行之有效。我们之所以知道这一点,是因为它在理解生物系统(如生态系统)和物理系统(如全球气候)方面取得了成功。对社会系统的研究不如对自然系统的研究先进,但我们在这方面也取得了长足的进步。在本书中,我使用了复杂性科学家开发的理论工具。这在实践中是如何发挥作用的?

关于一个系统,我们需要问的第一个问题是:它的结构即它的内部组成是什么?社会并不像统计物理学家所钟爱的装有理想气体的容器。与分子不同,每个人都是独一无二的。此外,所有人都属于各种不同的群体,这些群体也可以属于其他更大规模的群体。一个社会可以被看作一个由一群群体组成的群体。属于同一群体的人可能有集体利益,这使得这群个体成为一个利益群体。本书关注的一个特殊利益群体即统治精英,或者是"统治阶级"。这些人将一个国家的大部分社会权力集中在自己手中。他们是在整个社会层面就战争与和平、社会和经济政策、税收和资源再分配,以及立法和执法等问题做出决策的人。

利益群体推进集体利益的能力各不相同。这在一定程度上取决于属于该群体的每个人分别拥有多少权力。例如,对于经济精英,我们想知道个人的财富(财富是一种权力)。对于军事精英，比如中世纪的贵族，我们想知道这些战士的武装、装甲和训练情况，以及他们的军队规模情况。不过，个人的权力只是一个开始。利益群体的力量主要取决于其社会凝聚力和政治组织。如果群体中的成员为相互冲突的目标而努力，甚至积极进行相互斗争，那么无论个人的力量多么强大，集体力量都将为零。同样，所有有效的集体行动都需要良好的组织。一支纪律严明、结构良好的军队总是会战胜一支个人能力很强但没有组织的散乱军队。同样，老板有组织地形成公司等级，因而比员工更有结构性优势，除非员工组织成立工会。如果你想评估一个利益群体的力量，那么组织即便不是全部的衡量标准，也是最重要的标准之一。

了解一个社会的结构是怎样的——有哪些利益集团以及它们拥有多少相对权力——是这种分析的第一步。第二个问题涉及动力学。随着时间的推移，竞争或合作的利益集团的相互作用如何影响系统层面的变化？群体的利益和相对能力是如何演变的？这就是历史的意义所在。为了回答诸如"这个社会正处于崩溃的边缘吗？"这样的问题，我们需要了解它是如何步入当前的脆弱阶段的（或者，反之亦然，是如何步入当前有韧性的稳定阶段的）。影响各群体利益和权力水平的趋势是什么？它们是否可能发生趋势逆转或继续向同一方向发展？

这种结构-动力学方法在复杂性和系统科学中是相当标准

的。它是历史动力学工具箱的重要组成部分,因为它是明确关于历史研究的——这就是动力学部分的由来。它还让我们更好地理解个人行为如何渗透到社会层面,因为个人行为是由个人所属的利益群体所促成的。

现在我们来谈谈我所说的"利益"指的是什么。我遵循的方法是相当唯物主义的。它假设人们希望增加他们的福祉。简单地说,(几乎)每个人都喜欢有更多的钱。因此,工人想要更高的工资,而雇主希望支付更低的工资。这是一个良好的开端,但人类是复杂的生物,我们的价值观和喜好存在很多异质性。有些人更看重安逸,而另一些人则更看重金钱。一些人的动机纯粹是物质上的考虑,而另一些人则更加重视公平和合作等无形的东西。人们也可能因为对物质利益有所误解,或者被人操纵而被误导,所以做出与自身物质利益相悖的行为。例如,询问人们所关注利益的社会学民意调查并不总是有效的,因为回答问题的人经常在动机上说谎(有时甚至对自己说谎)。他人的想法是一个包裹在黑暗中的谜(除非我们学会读心术)。

幸运的是,当我们只需要知道群体利益时,这些问题中的大部分就会消失。足够大的群体可能有不同类型的群体利益,利他的方面和反社会的方面大多相互抵消。群体,尤其是有组织的群体,也可以利用内部沟通渠道就共同目标达成一致。因此,群体往往会在共同的物质利益上达成共识。

然而，物质利益并不局限于经济福祉。例如，南北战争前，北方商人的财富有所增加，但缺乏权力来影响国家政策，以及使其有利于自己的利益（比如在关税和内部改进方面）。因此，群体利益可能包括经济和政治层面，以及军事（出于对安全或统治的担心）和意识形态（维护合法性和地位）层面。此外，一个群体可能专注于其狭隘的、只考虑自身的利益，也可能持有更加亲社会的立场，着眼长远。例如，面对工会提高工资的要求，雇主组织可能死战到底也不妥协，但也可能同意做出让步，因为他们明白支付更高的工资能提高工人的购买力，而购买力是经济增长的重要驱动力，最终惠及整个社会。这种短期的、自私的利益与长期的、广泛的利益之间的两难问题，对统治阶级来说尤其尖锐，因为他们的自私行为可能会在其政权垮台时使他们受到惩罚。

亲社会的关切导致的动机，是一个群体不推进其狭隘利益的一个可能原因。群体可能不按照自身的利益行事的另一个原因是，他们受到有效宣传的引导。《堪萨斯怎么了？：保守派如何赢得美国之心》一书中有一个被广泛讨论且颇有争议的例子，托马斯·弗兰克在书中解释了为什么美国劳工阶层开始投票反对自身的经济利益。

这让我想到了我们需要解决的最后一个问题——说谎。我在这里的总体立场是，只要没有读心术，人们的"真实"动机就是不可知的。重申一次，他人的心理是一个被包裹在黑暗中的谜。幸运的是，"群体思维"，即一个集体决策的过程是可知的。这才是我们真正关心的。群体思维是集体讨论和达成共识的结果，可以被看见（与不可读的心理不同）。达成一个共同的行动纲领往往会留下物理痕迹，如会议记录和纲领性文件。当然，一些群体对其内部决策过程相当保密。这就是朱利安·阿桑奇和爱德华·斯诺登这样的解密者对权力社会学家至关重要的地方。

如果缺乏这样的内幕信息，我们就只能根据群体的行为结果来反推其议程。不过，从务实角度而言，首先假设一个群体会追求其成员的物质利益往往是一个不错的想法。那些声称并非如此的群体——群体为了更广泛的社会利益或者人类的整体利益，以亲社会的方式行事——需要付出更多的行动来表明他们没有对我们说废话。同样，当一个群体因为其成员为宣传所引导而违背其利益时，我们也需要证据来支持这一说法。这种立场可能会让读者感到怀疑和悲观，但我认为这起到了研究议程的作用。我并不认为人们总是为了自己的利益行事（我写过一整本书，即《超级社会》来解释这一点），但在调查利益群体（而不是个人），尤其是精英群体时，这就是我在这本书中所采取的方法。

注 释

前言
1. 关于这句话的来源，请参见 https://quoteinvestigator.com/2015/09/16/history/。

第一章 精英、精英生产过剩和迈向危机之路
1. 用 2019 年美国联邦储备委员会的数据来计算，1 219 126 美元的净资产是进入美国前 10% 的门槛。参见 "Average, Median, Top 1%, and all United States Net Worth Percentiles" DQYDJ, accessed August 10, 2022, https://dqydj.com/average-median-top-net-worth-percentiles/。
2. 根据 24/7 Wall St. 网站 2020 年财富峰值估计值和大约 1 000 万美元的净资产门槛来计算。参见 Michael Sauter, Grant Suneson, and Samuel Stebbins, "The Net Worth of the American Presidents: Washington to Trump," *24/7 Wall St.*, March 2, 2020, https://247wallst.com/special-report/2020/03/02/the-net-worth-of-the-american-presidents-washing-to-trump-3/。
3. Jennifer Taylor, "Here's How Much Every Living US President Is Worth: Where Does Biden Rank?" GOBankingRates, May 30, 2022, https://www.gobankingrates.com/net-worth/politicians/heres-how-much-every-living-us-president-is-worth/。
4. 这是实际引语的缩减版本。参见 Andrew Robinson, "Did Einstein really say that?" *Nature* 557 (2018): 30, https://doi.org/10.1038/d41586-018-05004-4。
5. 请注意，我这里使用的"阶层"一词不是马克思主义意义上的"阶级"（它是由个人在生产过程中的作用来定义的），而是指一群具有相同社会经济地位的个人——最重要的是，具有相似的财富水平和教育程度。

6. Edward N. Wolff, "Household Wealth Trends in the United States, 1962 to 2019: Median Wealth Rebounds ... but Not Enough." NBER Working Paper No. 28383, National Bureau of Economic Research, Cambridge, MA, January 2021, https://www.nber.org/system/files/working_papers/w28383 /w28383.pdf.

7. 但并非完全不被理解。参见 Kevin Phillips, *Wealth and Democracy: A Political History of the American Rich* (New York: Broadway Books, 2002); Paul Krugman, *The Conscience of a Liberal* (New York: W. W. Norton, 2007); and Joseph E. Stiglitz, *The Price of Inequality: How Today's Divided Society Endangers Our Future* (New York: W. W. Norton, 2012)。

8. "Election Trends," OpenSecrets, accessed August 10, 2022, https://www.opensecrets.org/elections-overview/election-trends.

9. 从20世纪70年代到21世纪的最初10年，美国政府支出占GDP的百分比为19%~21%。参见 "Federal Net Outlays as Percent of Gross Domestic Product," Economic Research, Federal Reserve Bank of St. Louis, last modified April 1, 2022. https://fred.stlouisfed.org/series /FYONGDA188S。

10. Peter Turchin, *Ages of Discord: A Structural-Demographic Analysis of American History* (Chaplin, CT: Beresta Books, 2016). 具体见该书图3.4。

11. Anne Case and Angus Deaton, *Deaths of Despair and the Future of Capitalism* (Princeton: Princeton University Press, 2020). 详细内容参见第三章。

12. Zachary Crockett, "Donald Trump is the only US president ever with no political or military experience," *Vox*, January 23, 2017, https://www.vox.com/policy-and-politics/2016/11/11/13587532/donald-trump-no-experience.

13. 术语是"超活跃能动性检测"或"超敏能动性检测"。参见 Karen M. Douglas et al., "Someone Is Pulling the Strings: Hypersensitive Agency Detection and Belief in Conspiracy Theories," *Thinking & Reasoning* 22,

no. 1 (2016): 57–77, https://doi.org/10.1080/13546783.2015.1051586。

14. David Barstow, Susanne Craig, and Russ Buettner, "Trump Engaged in Suspect Tax Schemes as He Reaped Riches from His Father," *New York Times*, October 2, 2018, https://www.nytimes.com/interactive/2018/10/02/us/politics/donald-trump-tax-schemes-fred-trump.html.

15. 这个数字在 2020 年被超过，当时共有 29 名主要候选人竞争民主党总统候选人提名。

16. Matt Taibbi, *Insane Clown President: Dispatches from the 2016 Circus* (New York: Random House, 2017). 关于 2016 年美国总统竞选的精彩记录，详见该书第二章。

17. Stephen B. Oates, *Abraham Lincoln: The Man Behind the Myths* (New York: Harper & Row, 1984).

18. 关于美国内战原因更详细的讨论，参见《不和谐时代》（*Ages of Discord*）第九章。

19. David Brion Davis, "Slavery, Emancipation, and Progress," in *British Abolitionism and the Question of Moral Progress in History,* edited by Donald A. Yerxa (Columbia, SC: University of South Carolina Press, 2012), 18–19.

20. 推动这些衰退的特定力量组合是不同的，因为美国社会在内战爆发之后的 150 年间发生了巨大变化。我把有关近几十年来相对工资下降的讨论放在第三章。相对工资在 19 世纪 20 年代至 60 年代下降的原因在《不和谐时代》一书的第八章和第九章中有讨论。简而言之，这一下降是由于大量海外移民以及来自东部沿海人口过多的农村地区的移民造成劳动力供过于求。

21. 所有这些趋势都在《不和谐时代》一书中有所描述和引用。

22. Phillips, *Wealth and Democracy*.

23. 接下来一次的数量大增发生于 1873 年，从 243 人增至 293 人。参见 George B. Galloway, *History of the House of Representatives* (New York: Crowell, 1976)。

24. Joanne B. Freeman, "When Congress Was Armed and Dangerous," *New York Times*, January 11, 2011, https://www.nytimes.com/2011/01/12/

opinion/12freeman.html.
25. David M. Potter, *The Impending Crisis, 1848–1861* (New York: Harper & Row, 1976).
26. 1820年，中国是世界上最大的经济体，占世界GDP的32.9%。参见 Angus Maddison, *The World Economy: Historical Statistics* (Paris: OECD Publishing, 2003)。
27. Georg Orlandi et al., "Structural-Demographic Analysis of the Qing Dynasty (1644–1912) Collapse in China," preprint, submitted November 2, 2022. https://osf.io/preprints/socarxiv/5awhk/.
28. Stephen R. Platt, *Autumn in the Heavenly Kingdom: China, the West, and the Epic Story of the Taiping Civil War* (New York: Vintage Books, 2012).
29. Platt, *Autumn in the Heavenly Kingdom*, 18.
30. Orlandi et al., "Structural-Demographic Analysis of the Qing Dynasty (1644–1912) Collapse in China."
31. Platt, *Autumn in the Heavenly Kingdom*, 114–16.
32. 武装冲突地点和事件数据项目（https://acleddata.com/）报告称，有25名美国人在2020年的政治动乱中丧生。
33. *MCCA Report on the 2020 Protests and Civil Unrest* (Salt Lake City: Major Cities Chiefs Association, October 2020), https://majorcitieschiefs.com/wp-content/uploads/2021/01/MCCA-Report-on-the-2020-Protest-and-Civil-Unrest.pdf.
34. Thomas Johansmeyer, "How 2020 protests changed insurance forever," World Economic Forum, February 22, 2021, https://www.weforum.org/agenda/2021/02/2020-protests-changed-insurance-forever/.

第二章 回溯：历史的教训

1. 引自 Daniel Hoyer et al., "How long were periods of internal peace and stability in historical polities? An analysis with CrisisDB," 正在准备中的论文手稿。
2. Peter Turchin, *War and Peace and War: The Rise and Fall of Empires* (New York: Plume, 2007). 我在这本书中提出的这句格言，诠释了历

史学家阿诺德·汤因比关于文明的说法。

3. 我在《战争与和平与战争》(*War and Peace and War*)一书的第九章和第十章中更详细地讨论了这个问题。

4. 在南部,阿马尼亚克和富瓦的贵族家族为争夺贝亚恩子爵的领地而战。在北部和东部,皮卡第大区和勃艮第大区的贵族反抗皇家税收。同样在北部,罗贝尔·德·阿图瓦和他的姨妈马哈特为争夺阿图瓦镇而斗争,而在佛兰德,新兴资产阶级利用城市无产阶级作为突击部队,反抗旧的城市贵族。在西部,布列塔尼陷入了布卢瓦人和蒙福尔人之间的内战,因为其公爵约翰三世死后没有直系继承人。

5. 这句格言经常被认为是马克·吐温说的,但没有实质性的证据证明他说过这句话。参见 Quote Investigator 网站对此的详细相关研究:https://quoteinvestigator.com/2014/01/12/history-rhymes/。

6. 唯一的例外是加来,英国人又占领其一个世纪,最终在 1558 年失去了它。

7. 除了贵族的高死亡率之外,这一数量下降的原因是向下的社会流动,贫困的贵族失去了他们的精英地位,被迫进入平民阶层。参见 Peter Turchin and Sergey A. Nefedov, *Secular Cycles* (Princeton: Princeton University Press, 2009) 一书中的第四章。

8. Fernand Braudel, *The Identity of France*, vol. 2, bk. 2, *People and Production* (New York: HarperCollins, 1991), 159.

9. 具体参见 "Anglo-French Wars," Wikimedia Foundation, last modified September 11, 2022, 19:07, https://en.wikipedia.org/wiki/Anglo-French Wars。

10. 第一个周期是 1200—1450 年,第二个周期为 1450—1660 年,第三个周期为 1660—1870 年。读者可以在我的书《世俗周期》(*Secular Cycles*)的第四章和第五章中了解这些周期。

11. 具体来说,是 1215—1217 年,1263—1267 年,1321—1327 年,参见《世俗周期》一书中的表 2.5。

12. 这里有详细的介绍:Charlotte Ahlin, "Learn the History That Inspired the Lannisters & Impress All Your Friends," *Bustle,* December 4, 2018, https://www.bustle.com/p/the-inspiration-for-the-lannisters-from-game-

of-thrones-came-from-a-number-of-fascinating-historical-figures-1322-2107。

13. 这句话引自爱德华·霍尔的《霍尔纪事：包括亨利四世和继任君主在位期间直至亨利八世统治结束的英格兰历史》(*Hall's Chronicle: Containing the History of England During the Reign of Henry the Fourth, and the Succeeding Monarchs, to the End of the Reign of Henry the Eighth*) 该书于 1809 年在伦敦首印。
14. 参见《世俗周期》一书。
15. 具体参见 "Anglo-French Wars," Wikimedia Foundation, last modified September 11, 2022, 19:07, https://en.wikipedia.org/wiki/Anglo-French_Wars。
16. Peter Turchin, *Historical Dynamics: Why States Rise and Fall* (Princeton: Princeton University Press, 2003). 具体参见该书第七章。
17. 要了解有关伊本·赫勒敦非凡的一生和他对历史社会学的杰出贡献，参见《战争与和平与战争》(*War and Peace and War*) 一书第四章。
18. 忽必烈和他的继任者统治中原和蒙古。察合台的后代在中国新疆和中亚河中地区建立了一个帝国。旭烈兀和他的继任者统治着波斯和美索不达米亚。最后，术赤和他的继任者统治下的钦察汗国将其控制范围扩展到了大草原的西部，以及俄罗斯。
19. 对于关注历史的读者来说，这里有一些细节。在中国，1328 年忽必烈的继承者之间爆发了内战。14 世纪 50 年代，各部落领袖多次发动起义；1368 年，其中一位领袖驱逐了蒙古人，建立了明朝。

　　察合台汗国的统一在 1333—1334 年被打破，当时在察合台汗国东部爆发了游牧民族领导的反抗察合台政权的起义。到 1350 年，中亚河中地区的权力已经转移到当地的突厥贵族手中。经过一段时间的动荡，帖木儿建立了一个新的王朝。帖木儿于 1379 年统一了中亚河中地区，并于 1383—1385 年征服了波斯。帖木儿王朝也持续了大约一个世纪。1469 年，波斯落入白羊王朝之手，而中亚河中地区因为帖木儿后裔之间的交战而变得四分五裂。

　　伊儿汗统治下的波斯在 1335 年解体。经过一段时间的内战，被帖木儿征服。当帖木儿在 1469 年失去波斯时，另一个动荡时期随之而来，最终，到1501年，波斯被一个本土王朝——萨非王朝统一。

西部大草原也发生了类似的事件。1359年，当金帐汗国陷入无政府状态时，术赤的统治结束了。经过一段时间的内战，金帐汗国在帖木儿·忽格鲁特的领导下经历了复兴。1399年，帖木儿·忽格鲁特战胜立陶宛人，将他们赶向西方，并重新巩固了对俄国的统治。然而，在15世纪中叶，复兴的金帐汗国又开始瓦解。1443年，克里米亚汗国第一个脱离出去。喀山汗国（于1445年）和阿斯特拉罕汗国（于1466年）紧随其后。

20. Veritasium, "The Surprising Secret of Synchronization," March 31, 2021, YouTube video, 20:57, https://www.youtube.com/watch?v=t-_VPRCtiUg.

21. Peter Turchin, "Modeling Periodic Waves of Integration in the Afro-Eurasian World-System," in *Globalization as Evolutionary Process,* edited by George Modelski, Tessaleno Devezas, and William R. Thompson (London: Routledge, 2007), 163–91.

22. 以下时间线来自："Arab Spring," Wikimedia Foundation, last modified October 4, 2022, 05:37, https://en.wikipedia.org/wiki/Arab_Spring。

23. Leonid Grinin and Andrey Korotayev, "The Arab Spring: Causes, Conditions, and Driving Forces," in *Handbook of Revolutions in the 21st Century: The New Waves of Revolutions, and the Causes and Effects of Disruptive Political Change,* edited by Jack A. Goldstone, Leonid Grinin, and Andrey Korotayev (Switzerland: Springer, 2022), 595–624, https://doi.org/10.1007/978-3-030-86468-2.

24. 详细参见 "Revolutions of 1848," Wikimedia Foundation, last modified September 23, 2022, 10:12, https://en.wikipedia.org/wiki/Revolutions_of_1848#Events_by_country_or_region。

第三章 "农民正在造反"

1. Guy Standing, *The Precariat: The New Dangerous Class* (London: Bloomsbury, 2011).

2. 正如史蒂芬·平克网站上的一篇帖子所说："这个世界真的要分崩离析了吗？进步的理想过时了吗？在这份针对第三个千年的人类状况的

简洁评估中，认知科学家、公共知识分子史蒂芬·平克敦促我们远离那些旨在迎合我们心理偏见的血淋淋的标题和末日预言。相反，要相信数据：通过 75 幅令人瞠目结舌的图表，平克展示了生命、健康、繁荣、安全、和平、知识和幸福水平正在上升，不仅是在西方，而且是在全世界。这种进步不是某种宇宙力量的结果。这是启蒙运动的礼物：理性和科学可以促进人类繁荣的信念。"参见"Enlightenment Now: The Case for Reason, Science, Humanism, and Progress," Steven Pinker, last updated on April 22, 2022, https://stevenpinker.com/publications/enlightenment-now-case-reason-science-humanism-and-progress。

3. Max Roser, "Extreme poverty: how far have we come, how far do we still have to go?" Our World in Data, November 22, 2021, https://ourworldindata.org /extreme-poverty-in-brief.

4. Michael J. Boskin, "The best solution for inequality? Economic growth," World Economic Forum, December 13, 2019, https://www.weforum.org/agenda/2019/12/economic-growth-is-the-answer.

5. "Historical Income Tables: Households," United States Census Bureau, last updated August 18, 2022, https://www.census.gov/data/tables/time-series/demo/income-poverty/historical-income-households.html.

6. Tonya Garcia, "CEO average pay climbed more than $1 million in 2016," *MarketWatch*, April 13, 2017, https://www.marketwatch.com/story/ceo-average-pay-climbed-more-than-1-millionin-2016-2017-04-12.

7. "State of Working America Data Library," Economic Policy Institute, accessed August 10, 2022, https://www.epi.org/data/.

8. Anne Case and Angus Deaton, *Deaths of Despair and the Future of Capitalism* (Princeton: Princeton University Press, 2020).

9. 本段中的所有统计数据都来自经济政策研究所的"美国工作状况数据库（State of Working American Data Library）"。

10. 其中有一个类别——未接受高等教育的白人女性，其绝对工资水平没有下降。

11. John Komlos, "Growth of Welfare and Its Distribution in the U.S., 1979–2013," *Journal of Income Distribution* 28, no. 1 (2019): 1–19, https://doi.

org/10.25071/1874-6322.40399.
12. 参见《不和谐时代》第三章。
13. John Komlos and Marieluise Baur, "From the Tallest to (One of) the Fattest: The Enigmatic Fate of the American Population in the 20th Century," preprint, submitted September 14, 2003, https://doi.org/10.2139/ssrn.444501.
14. 参见《不和谐时代》一书中的图 11.1，以及第十一章的解释性文字。
15. Robert William Fogel, *The Escape from Hunger and Premature Death, 1700–2100: Europe, America, and the Third World* (New York: Cambridge University Press, 2004).
16. 参见《不和谐时代》一书中的图 3.5。
17. Case and Deaton, *Deaths of Despair*, 752–60.
18. John Komlos, *Foundations of Real-World Economics*, 3rd ed. (New York: Routledge, 2023).
19. Case and Deaton, *Deaths of Despair*, figures 5.1 and 5.2.
20. Case and Deaton, *Deaths of Despair*, figures 5.1 .
21. Case and Deaton, *Deaths of Despair*, figures 4.1.
22. 参见 Komlos, *Foundations of Real-World Economics*。
23. 接下来的叙述是对《不和谐时代》一书第十二章内容的总结。
24. 《不和谐时代》一书中的表 7.1 和图 7.1 以及相关文字讨论解释了这种分期的经验基础。
25. 比如全国制造商协会中的保守派。罗斯福还不得不与敌对的最高法院打交道。对于新政时期不同精英派系的分析，参见 G. William Domhoff and Michael J. Webber, *Class and Power in the New Deal: Corporate Moderates, Southern Democrats, and the Liberal-Labor Coalition* (Stanford: Stanford University Press, 2011)。
26. 我将在第六章讨论"大压缩"时代时再次谈到这一点，更多细节参见《不和谐时代》第四章。
27. Robert D. Putnam, *Bowling Alone: The Collapse and Revival of American Community* (New York: Simon & Schuster, 2000).
28. Kim Phillips-Fein, *Invisible Hands: The Businessmen's Crusade Against*

the New Deal (New York: W. W. Norton, 2009).

29. George J. Borjas, *We Wanted Workers: Unraveling the Immigration Narrative* (New York: W. W. Norton, 2016).

30. 参见《不和谐时代》第十二章。

31. 参见《不和谐时代》第十二章中对劳动力过剩和总体福利建模部分的讨论。

32. Anna Stansbury and Lawrence Summers, "Declining Worker Power and American Economic Performance," paper presented at the BPEA Conference, March 19, 2020, https://www.brookings.edu/wp-content/uploads/2020/03/stansbury-summers-conference-draft.pdf.

33. Lawrence Mishel and Josh Bivens, "Identifying the policy levers generating wage suppression and wage inequality," Economic Policy Institute, May 13, 2021, https://www.epi.org/unequalpower/publications/wage-suppression-inequality/.

34. Noam Scheiber, "Middle-Class Pay Lost Pace. Is Washington to Blame?" *New York Times*, May 13, 2021, https://www.nytimes.com/2021/05/13/business/economy/middle-class-pay.html.

35. Putnam, *Bowling Alone*.

36. David G. Blanchflower and Andrew J. Oswald, "Trends in Extreme Distress in the United States, 1993–2019," *American Journal of Public Health* 110, no. 10 (2020): 1538–44, https://doi.org/10.2105/ajph.2020.305811. 这些作者关注的问题是："现在想想你的心理健康，包括压力、抑郁和情绪问题，在过去30天中有多少天你的心理健康状态不好？"然后将极端压力状态定义为给出最大可能答案（即30天）的受访者比例。

37. George Ward et al., "(Un)Happiness and Voting in U.S. Presidential Elections," *Journal of Personality and Social Psychology* 120, no. 2 (2021): 370–83, https://doi.org/10.1037/pspi0000249.

38. 参见 Case and Deaton, *Deaths of Despair*, 54–55。

39. 这句话出自一部非常受欢迎的苏联小说《十二把椅子》(*The Twelve Chairs*)，模仿了卡尔·马克思的那句："工人阶级的解放应该由工人阶级自己去争取。"

40. Nick Hanauer, "The Pitchforks Are Coming ...for Us Plutocrats," *Politico Magazine*, July/August 2014, https://www.politico.com/magazine/story/2014/06/the-pitchforks-are-coming-for-us-plutocrats-108014/.

第四章 革命队伍

1. Claudia Goldin, "Enrollment in institutions of higher education, by sex, enrollment status, and type of institution: 1869–1995," table Bc523–536 in *Historical Statistics of the United States, Earliest Times to the Present: Millennial Edition*, edited by Susan B. Carter et al. (New York: Cambridge University Press, 2006), http://dx.doi.org/10.1017/ISBN-9780511132971.Bc510-736.
2. US Department of Education, Institute of Education Sciences, "Immediate College Enrollment Rate," National Center for Education Statistics, last updated May 2022, https://nces.ed.gov/programs/coe/indicator/cpa.
3. Noah Smith, "America Is Pumping Out Too Many Ph.D.s," *Bloomberg*, January 4, 2021, https://www.bloomberg.com/opinion/articles/2021-01-04/america-is-pumping-out-too-manyph-d-s.
4. Guy Standing, "Meet the precariat, the new global class fuelling the rise of populism," World Economic Forum, November 9, 2016, https://www.weforum.org/agenda/2016/11/precariat-global-class-rise-of-populism/.
5. 这一讨论遵循了《不和谐时代》第四章和第十三章中关于精英生产过剩的资料。具体见图4.4和图13.4。另外参见"Salary Distribution Curves," NALP, accessed August 10, 2022, https://www.nalp.org/salarydistrib。
6. David Callahan, *The Cheating Culture: Why More Americans Are Doing Wrong to Get Ahead* (Boston: Mariner Books, 2004), 211.
7. Associated Press, "College bribery scandal: students sue elite schools in class action," *The Guardian*, March 14, 2019, https://www.theguardian.com/us-news/2019/mar/14/college-admisisons-scandal-fraud-lawsuit-yale-usc-stanford.
8. Jack A. Goldstone, *Revolution and Rebellion in the Early Modern World* (Berkeley: University of California Press, 1991); Turchin, *Historical*

Dynamics; Andrey Korotayev et al., "A Trap at the Escape from the Trap? Demographic-Structural Factors of Political Instability in Modern Africa and West Asia," *Cliodynamics: The Journal of Quantitative History and Cultural Evolution* 2, no. 2 (2011): 276–303, https://doi.org/10.21237/c7clio22217.

9. 参见 Goldstone, *Revolution and Rebellion*。
10. Goldstone, *Revolution and Rebellion*, 417.
11. Goldstone, *Revolution and Rebellion*, 417.
12. Goldstone, *Revolution and Rebellion*, 420.
13. Keith T. Poole and Howard Rosenthal, "The Polarization of American Politics," *The Journal of Politics* 46, no. 4 (1984): 1061–79, https://doi.org/10.2307/2131242; Keith T. Poole and Howard Rosenthal, *Congress: A Political-Economic History of Roll Call Voting* (Oxford: Oxford University Press, 2000); Nolan McCarty, Keith T. Poole, and Howard Rosenthal, *Polarized America: The Dance of Ideology and Unequal Riches* (Cambridge, MA: MIT Press, 2006).
14. 参见《不和谐时代》第四章，尤其是图 4.8a。
15. 参见 "Radical Politics," Wikimedia Foundation, last modified August 31, 2022, 17:44, https://en.wikipedia.org/wiki/Radical_politics。
16. 根据皮尤研究中心的数据计算得出，2020 年，受教育程度更高的选民中 61% 支持拜登，37% 支持特朗普。在年轻选民（18~29 岁）中，59% 支持民主党，35% 支持共和党。粗略地看，我们可以估算出年轻且受教育程度更高的选民（基本上是大学生）中支持拜登的比例是 1−(1−0.61)(1−0.59) = 0.84。参见 Ruth Igielnik, Scott Keeter, and Hannah Hartig, "Behind Biden's 2020 Victory," Pew Research Center, June 30, 2021, https://www.pewresearch.org/politics/2021/06/30/behind-bidens-2020-victory/。
17. Gwynn Guilford and Nikhil Sonnad, "What Steve Bannon really wants," *Quartz*, February 3, 2017, https://qz.com/898134/what-steve-bannon-really-wants/.
18. Steven Greenhouse, "Bernie Sanders says Democrats are failing: 'The

party has turned its back on the working class,'" *The Guardian*, January 10, 2022, https://www.theguardian.com/us-news/2022/jan/10/bernie-sanders-democrats-failing-working-class-interview.
19. 她的推特账号在 2022 年 11 月重新恢复使用，其国会官方账号仍然保持活跃。
20. 我的来源如下：Bryan Burrough, *Days of Rage: America's Radical Underground, the FBI, and the Forgotten Age of Revolutionary Violence* (New York: Penguin Books, 2016); Susan Rosenberg, *An American Radical: Political Prisoner in My Own Country* (New York: Citadel Press, 2011)。
21. 她最初是无政府主义者米哈伊尔·巴枯宁的追随者，但后来转向了马克思主义。

第五章　统治阶级

1. 很多有影响力的思想家都持这一观点，即美国是财阀政体，包括保罗·克鲁格曼、约瑟夫·斯蒂格利茨、凯文·菲利普斯和方慧兰。这种说法源自马丁·吉伦斯和本杰明·佩奇的著作，我将在本章后面讨论其实证基础。
2. 这句著名的话出自美国政治学家查尔斯·蒂利。我们对全球历史数据库 Seshat（该数据库对关于复杂社会演化的所有主流理论进行了交叉测试）的分析表明，除农业以外，战争是社会复杂性的主要驱动力。参见 Peter Turchin et al., "Disentangling the Evolutionary Drivers of Social Complexity: A Comprehensive Test of Hypotheses," *Science Advances* 8, no. 25 (2022), https://doi.org/10.1126/sciadv.abn3517. 这一主题在我即将出版的新书《全新世大转型》(*The Great Holocene Transformation*) 中将有更深入的讨论。
3. 你可以从我的《超级社会》一书中读到关于这种演化的内容。Peter Turchin, *Ultrasociety: How 10,000 Years of War Made Humans the Greatest Cooperators on Earth* (Chaplin, CT: Beresta Books, 2016).
4. Turchin et al., "Disentangling the Evolutionary Drivers of Social Complexity." 我即将出版的《全新世大转型》对这一主题进行了更加详尽的探讨。

5. 参见 "2011 Egyptian revolution," Wikimedia Foundation, last modified October 2, 2022, 12:50, https://en.wikipedia.org/wiki/2011_Egyptian_revolution。
6. Andrey Korotayev and Julia Zinkina, "Egyptian Revolution: A Demographic Structural Analysis," *Entelequia* 13 (2011): 139–69; Andrey Korotayev and L.Isaev, "The Anatomy of the Egyptian Counter-revolution," *Mirovaya Ekonomika i Mezhdunarodnye Otnosheniya* 8 (2014): 91–100.
7. 《不和谐时代》第九章中对此有更详尽的介绍。
8. Phillips, *Wealth and Democracy*, 34–36.
9. Philip H. Burch, *Elites in American History*, vol. 2, *The Civil War to the New Deal* (New York: Holmes & Meier, 1981), 47.
10. Charles A. Beard and Mary R. Beard, *The Rise of American Civilization* (New York: Macmillan, 1927), 110.
11. 加布里埃尔·科尔科有很多名言："无知的和不受限制的竞争，其必然结果是，部分竞争者的灭亡和所有竞争者的损伤。""事实证明，不受限制的竞争是一种具有欺骗性的幻景，其受害者正竭尽全力寻找逃离危险环境的办法。在这种困难的情况下，理性合作而不是残酷竞争的想法会自然而然地出现。"参见 Gabriel Kolko, *The Triumph of Conservatism: A Reinterpretation of American History, 1900–1916* (New York: Free Press, 1963), 13–14。
12. "Editorial Comment," *The Bankers' Magazine*, 1901, 497–514.
13. G. William Domhoff, *Who Rules America?*, 5th ed., *Power, Politics, and Social Change* (New York: McGraw-Hill, 2006).
14. 另参见 E. Digby Baltzell, *Philadelphia Gentlemen: The Making of a National Upper Class* (Piscataway, NJ: Transaction Publishers, 1989); and E. Digby Baltzell, *The Protestant Establishment Revisited* (New Brunswick, NJ: Transaction Publishers, 1991)。
15. 维基百科的文章提供了大量关于"财阀政体"的引用，Wikimedia Foundation, last modified September 13, 2022, 19:49, https://en.wikipedia.org/wiki/Plutocracy。
16. 该观点与 G. 威廉·多姆霍夫在《谁统治美国？》(第一版于 1967 年

出版，到2022年，该书已经出了第八版）等具有影响力的著作中提出的主流理论相似。和我的分析一样，多姆霍夫的分析也是以权力的四种网络理论为框架，我在第一章将其解释为社会权力的四种来源。但是我将在本书后面讨论，经济精英（收入最高的1%群体）是与高学历群体中的顶尖群体（学历最高的10%群体）联合起来进行统治的。

17. "Lobbying Data Summary," OpenSecrets, accessed August 10, 2022, https://www.opensecrets.org/federal-lobbying/summary.
18. "Industries," OpenSecrets, accessed August 10, 2022, https://www.opensecrets.org/federal-lobbying/industries.
19. 此处我再次紧紧跟随多姆霍夫在《谁统治美国？》中的观点。
20. 参见 "Martha Mitchell effect," Wikimedia Foundation, last modified August 4, 2022, 13:56, https://en.wikipedia.org/wiki/Martha_Mitchell_effect。
21. Trudy Ring, "Maddow: Russians May Be Controlling Our Government," *Advocate*, March 10, 2017, https://www.advocate.com/politics/2017/3/10/maddow-russians-maybecontrolling-our-government.
22. 另参见 G. William Domhoff, "There Are No Conspiracies," *Who Rules America?*, March 2005, https://whorulesamerica.ucsc.edu/theory/conspiracy.html。
23. "Our Vision and Mission: Inform, Empower & Advocate," OpenSecrets, accessed August 10, 2022, https://www.opensecrets.org/about/.
24. "Power Elite Database," *Who Rules America?*, accessed August 10, 2022, https://whorulesamerica.ucsc.edu/power_elite/.
25. Martin Gilens and Benjamin I. Page, "Testing Theories of American Politics: Elites, Interest Groups, and Average Citizens," *Perspectives on Politics* 12, no.3 (2014): 564–81, https://doi.org/10.1017/s1537592714001595.
26. 参见 Michael J. Graetz and Ian Shapiro, *Death by a Thousand Cuts: The Fight over Taxing Inherited Wealth* (Princeton: Princeton University Press, 2006)。
27. 正如学术圈经常发生的那样，吉伦斯和佩奇在2014年发表的文章受到了批评，批评集锦见迪伦·马修的文章："Remember that study saying America is an oligarchy? 3 rebuttals say it's wrong," *Vox*, May 9, 2016, https://www.vox.com/2016/5/9/11502464/gilens-page-oligarchy-study。吉伦斯和佩奇在发表于《华盛顿邮报》的文章中回应了这些批评："Critics argued with our analysis of U.S. political inequality. Here are 5 ways they're wrong," May 23, 2016, https://www.washingtonpost.com/news/monkey-cage/wp/2016/05/23/critics-challenge-our-portrait-of-americas-political-inequality-heres-5-ways-they-are-wrong/)。最近，关于技术观点的争论已经被各个领域的一系列文章取代，这些文章赞同吉伦斯/佩奇的论点，并提供了更多证据，证明美国政治由极端富有的人主导。

28. "将近四分之三（71%）的美国人认为，非法移民到美国的行为是'不可接受的'。"参见 Emily Ekins and David Kemp, "E Pluribus Unum: Findings from the Cato Institute 2021 Immigration and Identity National Survey," Cato Institute, April 27, 2021, https://www.cato.org/survey-reports/e-pluribus-unum-findings-cato-institute-2021-immigration-identity-national-survey。

29. Angela Nagle, "The Left Case Against Open Borders," *American Affairs* 2, no. 4 (2018), https://americanaffairsjournal.org/2018/11/the-left-case-against-open-borders/.

30. 参见《不和谐时代》第十二章。

31. 我想说，移民是否会压低本地工人的工资是经济学中一个非常有争议的问题。乔治·博尔哈斯和他的同事估计移民的工资弹性在 −0.4~−0.3。换句话说，当移民人数增加 10% 时，本地工人的工资就会下降 3%~4%。然而，戴维·卡德和他的同事们认为影响要小得多，甚至没有影响。参见 Alan de Brauw, "Does Immigration Reduce Wages?," *Cato Journal*, Fall 2017, https://www.cato.org/cato-journal/fall-2017/does-immigration-reduce-wages#。目前的共识似乎是，事实介于这两种估计之间。换句话说，移民人数增加 10% 会使工资下降 2%。这场争论具有高度的技术性，因为数据分析方式的微小变化会导致估计出的影响大小发生巨大变化。移民的支持者经常选择性地阅读文献来强调没有影响。经常被引用来支持没有影响的一篇关键文章，其共同作者是戴维·卡德和乔瓦尼·佩里（"Do immigrant workers depress the wages of native workers?" IZA World of Labor, May 2014, https://doi.org/10.15185/izawol.42）。根据对 27 项实证研究的回顾，佩里得出结论，即"总体而言，对大多数工业化国家的研究发现，移民对工资没有影响，对受教育程度较高和较低的移民和本地工人之间的工资差异只有轻微的影响"。然而，他的分析并没有将丹麦等劳工保护制度强大的国家与美国等劳工保护制度薄弱或缺失的国家区分开来。在他列出的"为什么移民可能不会压低当地人的工资"的原因中，他甚至没有提到劳工制度对劳动力供应过剩所导致的工资下降有抑制作用。他真正列出的大多数机制都是长期来看才起作用。因此，一次移民冲击可能会在未来 5~10 年的时间内产生积极影响，但当大量移民持续数十年时，短期的负面影响实质上变成了长期性的。总而言之，在这一问题上有很多不确定性，很大一部分原因是，正如我在本书正文中强调的，移民只是影响工资的众多因素中的一个，甚至可能不是主要因素（参见第三章）。制造业离岸外包和自动化可能是更重要的因素。在另一个层面上，移民是否会压低工资在现实中甚至可能不是一个主要的问题。收入最高的 1% 群体和劳工阶层都认为移民会压低工资，从而建立起自己的"社会现实"。最后一点是，当统治阶级代表在主流媒体和智库中引用经济学家（他们本身就是统治阶级的一部分，即学历最高的 10% 群体）的艰涩分析时，对普通民众而言这是完全没有信服力的，因而他们"从骨子里"认为移民带来的更大竞争减少了他们的经济福祉。统治阶级向劳工阶层说明移民不会压低其工资的最好方式是，将工资中位数重新纳入增长机制（就像现代移民潮出现之前一样），使其再次赶上人均 GDP（和工人生产力）的增长。

32. 引自 Kitty Calavita, *U.S. Immigration Law and the Control of Labor: 1820–1924* (London: Academic Press, 1984), 49。

第六章　为什么美国是财阀政体？

1. 之后的论述整合了 G. 威廉·多姆霍夫、查尔斯·蒂利和社会学家迈克尔·曼的观点。

2. 有关15世纪的"军事革命"以及之前的其他军事革命，参见我即将出版的书《全新世大转型》。
3. 因此，最好将大约1500年时的军事革命称为炮舰革命。参见Peter Turchin, "A Theory for Formation of Large Empires," *Journal of Global History* 4, no. 2 (2009): 191–217, https://doi.org/10.1017/s17400228090-0312x。
4. 这句引用源于西塞罗的第五篇《反腓力辞》，可以进入下面这个网址阅读：https://www.gutenberg.org/files/11080/11080-8.txt。
5. 感谢尼娜·维托谢克提供北欧模式起源的这些详细信息。
6. Heather Cox Richardson, *How the South Won the Civil War: Oligarchy, Democracy, and the Continuing Fight for the Soul of America* (New York: Oxford University Press, 2020).
7. Heather McGhee, *The Sum of Us: What Racism Costs Everyone and How We Can Prosper Together* (New York: One World, 2021).
8. Thomas Frank, *The People, No: A Brief History of Anti-Populism* (New York: Metropolitan Books, 2020). 括号中的插入语是金的演讲感叹词。
9. Patriotic Millionaires, accessed August 10, 2022, https://patrioticmillionaires.org/.
10. 详见《不和谐时代》第十章。
11. Douglas Fraser, Resignation Letter from the Labor-Management Group, July 17, 1978, https://www.historyisaweapon.com/defcon1/fraserresign.html.
12. Domhoff and Webber, *Class and Power in the New Deal*.
13. Phillips, *Wealth and Democracy*.
14. 参见《不和谐时代》第四章。
15. Thomas Piketty, *Capital in the Twenty-First Century* (Cambridge, MA: Harvard University Press, 2014).
16. Walter Scheidel, *The Great Leveler: Violence and the History of Inequality from the Stone Age to the Twenty-First Century* (Princeton: Princeton University Press, 2018).

17. 关于这些引用的来源，参见《不和谐时代》第十二章。
18. 莫罗佐夫家族是1900年前后俄国第五富有的家族。
19. Lizunov, V. S., "Origins," in *The Past Passes Before Me* [in Russian] (Orekhovo-Zuyevo: Bogorodsk-Noginsk, 2007), https://www.bogorodsk-noginsk.ru/articles/24_lizunov1.html.

第七章　国家的崩溃

1. 有关侯赛因如何行使权力的论述，参见《战争与和平与战争》。
2. Peter Turchin, "Building nations after conflict," *Nature* 453 (2008): 986–87, https://doi.org/10.1038/453986a.
3. 另参见"Fall of Kabul (2021)," Wikimedia Foundation, last modified October 3, 2022, 18:20, https://en.wikipedia.org/wiki/Fall_of_Kabul_(2021)#Capture_of_Kabul。
4. 这与阿西莫夫虚构的历史学科无关。
5. Hugh Trevor-Roper, "Reinventing Hitler," *The Sunday Times*, February 18, 1973.
6. Jack A. Goldstone et al., "A Global Model for Forecasting Political Instability," *American Journal of Political Science* 54, no. 1 (2010): 190–208, https:// doi.org/10.1111/j.1540-5907.2009.00426.x.
7. 有关对该方法的批评，参见 Zach Jones, "An Analysis of Polity IV and Its Components"。
8. "政体 IV"项目现在已经被下一迭代，即"政体 5"项目取代。参见"The Polity Project," Center for Systemic Peace, http://www.systemicpeace.org/polityproject.html。同样要注意的是，他们现在将政体得分介于 –5~+5 的国家归类为"独裁政体"。
9. Goldstone et al., "A Global Model," 196.
10. Barbara F. Walter, *How Civil Wars Start: And How to Stop Them* (New York: Crown, 2022), 127–28. 另参见 Jonathan Haidt, "Why the Past 10 Years of American Life Have Been Uniquely Stupid," *The Atlantic*, April 11, 2022, https:// www.theatlantic.com/magazine/archive/2022/05/social-media-democracy-trust-babel/629369/。

11. Lars-Erik Cederman and Nils B. Weidmann, "Predicting Armed Conflict: Time to Adjust Our Expectations?," *Science* 355, no. 6324 (2017): 474–76.
12. Zbigniew Brzezinski, *The Grand Chessboard: American Primacy and Its Geostrategic Imperatives* (New York: Basic Books, 1997), 45.
13. "Ukraine is the biggest prize": Carl Gershman, "Former Soviet states stand up to Russia. Will the U.S.?" *Washington Post*, September 26, 2013, https://www.washingtonpost.com/opinions/former-soviet-states-stand-up-to-russia-will-the-us/2013/09/26/b5ad2be4-246a-11e3-b75d-5b7f66349852_story.html. 2022年6月，北约将俄罗斯认定为"最大和最直接的威胁"。
14. 美国司法部副部长莉萨·莫纳科在宣布成立一个盗贼抓捕行动特别工作组时称："寡头们听好了，我们将使用一切工具冻结和扣押你们的犯罪所得。"参见 https://www.justice.gov/opa/pr/attorney-general-merrick-b-garland-announces-launch-task-force-kleptocapture。
15. 2022年3月，米哈伊尔·弗里德曼（俄罗斯最大的私有银行创始人，身价超过100亿美元）的可用资金被英国政府冻结。他告诉彭博新闻社，他的银行卡用不了了，还被英国限制消费——每月不超过2 500英镑。在资产被冻结后，弗里德曼表示很失望："我不知道如何生存下去。我不知道。我真的不知道。"（参见 Stephanie Baker, "Broke Oligarch Says Sanctioned Billionaires Have No Sway Over Putin," Bloomberg, March 17, 2022, https://www.bloomberg.com/news/features/2022-03-17/broke-russian-oligarch-fridman-says-sanctioned-billionaires-can-t-sway-putin。）弗里德曼不是唯一一个被针对的。自乌克兰危机开始以来，西方政府声称冻结或扣押了俄罗斯寡头300多亿美元的资产。（参见 "Russian Elites, Proxies, and Oligarchs Task Force Joint Statement," US Department of the Treasury, June 29, 2022, https://home.treasury.gov/news/press-releases/jy0839。）
16. Victoria Nuland, "Remarks" (speech), US-Ukraine Foundation Conference, Washington, DC, December 13, 2013, https://2009-2017.state.gov/p/eur/rls/rm/2013/dec/218804.htm.
17. "Ukraine crisis: Transcript of leaked Nuland-Pyatt call," BBC News,

February 7, 2014, https://www.bbc.com/news/world-europe-26079957.
18. Christian Neef, "Yanukovych's Fall: The Power of Ukraine's Billionaires," *Der Spiegel,* February 25, 2014, https://www.spiegel.de/international/europe/how-oligarchs-in-ukraine-prepared-for-the-fall-of-yanukovych-a-955328.html.
19. Christian Neef, "Yanukovych's Fall: The Power of Ukraine's Billionaires."
20. Aaron Maté, "By using Ukraine to fight Russia, the US provoked Putin's war," *Aaron Mate* (Substack blog), March 5, 2022, https://mate.substack.com/p/by-using-ukraine-to-fight-russia.
21. Lally Weymouth, "Interview with Ukrainian presidential candidate Petro Poroshenko," *Washington Post*, April 25, 2014, https://www.washingtonpost.com/opinions/interview-with-ukrainian-presidential-candidate-petro-poroshenko/2014/04/25/74c73a48-cbbd-11e3-93eb-6c0037dde2ad_story.html.
22. 参见 Shaun Walker, "Azov fighters are Ukraine's greatest weapon and may be its greatest threat," *The Guardian*, September 10, 2014, https://www.theguardian.com/world/2014/sep/10/azov-far-right-fighters-ukraine-neo-nazis; and Andrew E. Kramer, "Islamic Battalions, Stocked with Chechens, Aid Ukraine in War with Rebels," *New York Times*, July 7, 2015, https://www.nytimes.com/2015/07/08/world/europe/islamic-battalions-stocked-with-chechens-aid-ukraine-in-war-with-rebels.html。
23. Maté, "By using Ukraine to fight Russia, the US provoked Putin's war."
24. 例如，阿克梅托夫失去了其商业帝国的明珠——亚速钢铁厂，该工厂在马里乌波尔围城期间被毁，而菲尔塔什失去了位于北顿涅茨克的阿佐特化工厂。
25. Casey Michel, "Who Is Ihor Kolomoisky?" *The Spectator*, March 13, 2022, https://www.spectator.co.uk/article/who-is-ihor-kolomoisky; David Clark, "Will Zelenskyy target all Ukrainian oligarchs equally?" *UkraineAlert* (blog), Atlantic Council, July 10, 2021, https://www.atlanticcouncil.org/blogs/ukrainealert/will-zelenskyy-target-all-ukrainian-oligarchs-equally/；另参见 Maté, "By using Ukraine to fight Russia, the US provoked Putin's war"。

第八章　近未来的历史

1. Peter Turchin et al., "A History of Possible Futures: Multipath Forecasting of Social Breakdown, Recovery, and Resilience," *Cliodynamics: The Journal of Quantitative History and Cultural Evolution* 9, no. 2 (2018): 124–39, https://doi.org/10.21237/c7clio9242078.
2. Peter Turchin, "Multipath Forecasting: The Aftermath of the 2020 American Crisis," preprint, submitted April 4, 2021, https://osf.io/preprints/socarxiv/f37jy/.
3. 注意这里的"接触"包括通过社交媒体进行的互动。与生物流行病不同,"激进化"流行病不需要身体接触。
4. 参见 Bruce D. Malamud, Gleb Morein, and Donald L. Turcotte, "Forest Fires: An Example of Self-Organized Critical Behavior," *Science* 281, no. 5384 (1998): 1840-42, https://doi.org/10.1126/science.281.5384.1840; and R. Silva et al., "Nonextensive models for earthquakes," *Physical Review E* 73, no.2 (2006): 1–5, https://doi.org/10.1103/physreve.73.026102。
5. 在这里,为了简化模型,我只关注不稳定的两个主要驱动因素:民众贫困化和精英生产过剩。正如我们在第二章看到的,不稳定的其他结构性因素是国家虚弱(财政状况欠佳和国家合法性减弱)和地缘政治因素。这些因素可以包含在模型中,但代价是模型会变得更加复杂。
6. 有关模型预测的轨迹,参见 Turchin, "Multipath Forecasting: The Aftermath of the 2020 American Crisis"。
7. G. William Domhoff, *Who Rules America?*, 8th ed., *The Corporate Rich, White Nationalist Republicans, and Inclusionary Democrats in the 2020s* (London: Routledge, 2022), 105.
8. Domhoff, *Who Rules America?*, 106.
9. Parker Thayer, "Living Room Pundit's Guide to Soros District Attorneys," Capital Research Center, January 18, 2022, https://capitalresearch.org/article/living-room-pundits-guide-to-soros-district-attorneys/.
10. Jeremy B. White, "4 wealthy donors fuel overhaul of California's criminal justice system," *Politico*, July 17, 2021, https://www.politico.com/

states/california/story/2021/07/17/four-wealthy-donors-fuel-overhaul-of californias-criminal-justice-system-1388261.

11. Mark Mizruchi, *The Fracturing of the American Corporate Elite* (Cambridge, MA: Harvard University Press, 2013), 286.

12. 有关对米兹鲁奇论点的批评，参见"Is the Corporate Elite Fractured, or Is There Continuing Corporate Dominance? Two Contrasting Views" by G. William Domhoff in *Class, Race and Corporate Power* 3, no. 1 (2015), https://doi.org/10.25148/CRCP.3.1.16092135。

13. Stephen Marche, "The next US civil war is already here—we just refuse to see it," *The Guardian*, January 4, 2022, https://www.theguardian.com/world/2022/jan/04/next-us-civil-war-already-here-we-refuse-to-see-it.

14. Southern Poverty Law Center, *The Year in Hate and Extremism 2019* (Montgomery, AL: Southern Poverty Law Center, 2020), https://www.splcenter.org/sites/default/files/yih_2020_final.pdf; and Southern Poverty Law Center, *The Year in Hate and Extremism 2021* (Montgomery, AL: Southern Poverty Law Center, 2022), https://www.splcenter.org/sites/default/files/splc-2021-year-in-hate-extremism-report.pdf.

15. Nicholas Bogel-Burroughs, Shaila Dewan, and Kathleen Gray, "F.B.I. Says Michigan Anti-Government Group Plotted to Kidnap Gov. Gretchen Whitmer," *New York Times*, April 13, 2021, https://www.nytimes.com/2020/10/08/us/gretchen-whitmer-michigan-militia.html.

16. Ryan Lucas, "Oath Keepers face seditious conspiracy charges. DOJ has mixed record with such cases," NPR, February 1, 2022, https://www.npr.org/2022/02/01/1076349762/oath-keepers-charged-capitol-riot-seditious-conspiracy.

17. Ezra Klein, "Bernie Sanders: The Vox Conversation," *Vox*, July 28, 2015, https://www.vox.com/2015/7/28/9014491/bernie-sanders-vox-conversation.

18. David Weigel, "Bernie Sanders criticizes 'open borders' at Hispanic Chamber of Commerce," *Washington Post*, July 30, 2015, https://www.washingtonpost.com/news/post-politics/wp/2015/07/30/bernie-sanders-

criticizes-open-borders-at-hispanic-chamber-of-commerce/.

19. 此外，作为社交媒体的影响者，他们往往不是很有影响力。在对社交媒体的分析中，《政客》(Politico) 和战略对话研究所 (Institute for Strategic Dialogue) 发现，在线上尽管有对审查制度的呼声，但"在推动对话方面，支持老大党的呼声远远超过自由主义者（支持变革的人）的呼声"。参见 Mark Scott, "Despite cries of censorship, conservatives dominate social media," *Politico*, October 26, 2020, https://www.politico.com/news/2020/10/26/censorship-conservatives-social-media-432643。

20. Robert E. Scott, "We can reshore manufacturing jobs, but Trump hasn't done it," Economic Policy Institute, August 10, 2020, https://www.epi.org/publication/reshoring-manufacturing-jobs/.

21. Ronald Radosh, "Steve Bannon, Trump's Top Guy, Told Me He Was 'a Leninist,'" *Daily Beast*, August 22, 2016, https://www.thedailybeast.com/steve-bannon-trumps-top-guy-told-me-he-was-a-leninist.

22. Benjamin R. Teitelbaum, *War for Eternity: Inside Bannon's Far-Right Circle of Global Power Brokers* (New York: Dey Street Books, 2020).

23. Guilford and Sonnad, "What Steve Bannon really wants."

24. Guilford and Sonnad, "What Steve Bannon really wants."

25. 到目前为止是这样。谁知道 2024 年会发生什么……

26. 至少到写作本书之时。鉴于大多数共和党人都同意特朗普窃取了 2020 年大选成果的观点，这场斗争仍在继续。

27. 从长远来看，一门将正式模型与大数据相结合，并由研究人员共同推动的科学学科，一定会优胜于任何个人，无论他们有多么优秀。同时，我将是第一个承认历史动力学是一门非常年轻的学科的人，我们才刚刚处于感知大象轮廓的起始阶段。

28. Nicholas Confessore, "How Tucker Carlson Stoked White Fear to Conquer Cable," *New York Times*, April 30, 2022, https://www.nytimes.com/2022/04/30/us/tucker-carlson-gop-republican-party.html.

29. 该系列的第一篇文章顺便提到了卡尔森的书，并将其斥为"在福克斯时代关于美国自私精英的悲叹之书"。

30. 以下是一些代表性言论：

"虚伪的宣传者"——乔恩·斯图尔特 (Dominick Mastrangelo, "Jon Stewart rips 'dishonest propagandist' Tucker Carlson for Putin comments," *The Hill*, March 3, 2022.)

"愚蠢的种族主义者"——《新共和》(Matt Ford, "Tucker Carlson Is Deadly Boring," *The New Republic*, April 29, 2021.)

"国家的叛徒"——谢里·雅各布斯 (@CheriJacobus, "Tucker Carlson is the Trump/Putin 'link' and he's now finishing the job of pulling it all together," Twitter, February 22, 2022, 10:08 p.m.)

"他是个很有才华的煽动家"——比尔·克里斯托 (Michael Kranish, "How Tucker Carlson became the voice of White grievance," *Washington Post*, July 14, 2021.)

"外国的资产"——安娜·纳瓦罗 (Dominick Mastrangelo, "Panel on 'The View' calls for DOJ to probe Tucker Carlson over Putin rhetoric," *The Hill*, March 14, 2022.)

31. Dominick Mastrangelo, "Jon Stewart rips 'dishonest propagandist' Tucker Carlson for Putin comments," *The Hill*, March 3, 2022, https://thehill.com/homenews/media/596764-jon-stewart-rips-dishonest-propagandist-tucker-carlson-for-putin-comments.

32. 值得注意的是，美国有多少反精英者获得了耶鲁大学的法律学位：从左翼成员博彻思到右翼成员、"誓言守护者"领袖斯图尔特·罗兹。

33. Jason Zengerle, "The Rise of the Tucker Carlson Politician," *New York Times Magazine*, March 22, 2022 https://www.nytimes.com/2022/03/22/magazine/tucker-carlson-politician.html.

34. Niall Stanage, "Cruz, Rubio ramp up criticisms of big business," *The Hill*, May 3, 2021, https://thehill.com/homenews/campaign/551318-exclusive-cruz-rubio-ramp-up-criticisms-of-big-business/.

35. Niall Stanage, "Cruz, Rubio ramp up criticisms of big business."

第九章　财富泵与民主的未来

1. Daniel Hoyer et al., "Flattening the Curve: Learning the lessons of world history to mitigate societal crises," preprint, submitted on January 2, 2022,

https://doi.org/10.31235/osf.io/hyj48.
2. John E. Archer, *Social Unrest and Popular Protest in England, 1780–1840* (New York: Cambridge University Press, 2000), 89.
3. Edward Royle, *Revolutionary Britannia? Reflections on the Threat of Revolution in Britain, 1789–1848* (Manchester, UK: Manchester University Press, 2000), 171.
4. 17世纪争夺海上霸权的三次英荷战争导致了英国的战败。1688年，荷兰执政奥伦治亲王威廉三世入侵英国并自立为国王，冲突就此结束。（这场征服后来被"美化"为光荣革命。）俄国同样遭受了更加强大的邻国的入侵。例如，波兰军队在大动乱年代（Time of Troubles）占领了莫斯科的克里姆林宫。
5. 我在《世俗周期》第九章中给出了更加详尽的总结描述。
6. 普加乔夫起义（Pugachev's Rebellion，1773—1775年）是叶梅连·普加乔夫领导的农民和哥萨克人起义，他自称是沙皇彼得三世（后者实际上在宫廷政变中被刺杀）。普加乔夫的主要目标是废除农奴制。
7. Turchin and Nefedov, *Secular Cycles*, chapter 9.
8. 以下是一些最重要的改革：媒体审查的放宽、司法改革、军事现代化、地方自治政府、教育改革、俄罗斯东正教改革和经济现代化。
9. 更准确地说，这是当局镇压极端主义的一个指标。
10. Turchin and Nefedov, *Secular Cycles*, chapter 9.
11. 当然，在大多数情况下，统治阶级不会接受挑战，这就是为什么CrisisDB的绝大多数案例都以革命或血腥的内战告终。
12. 也就是说，农民被要求每周无偿地为地主工作几天。
13. Turchin and Nefedov, *Secular Cycles*, chapter 9.
14. Turchin and Nefedov, *Secular Cycles*, chapter 9.
15. Daniel Hoyer et al., "Flattening the Curve: Learning the lessons of world history to mitigate societal crises."
16. 参见《超级社会》第八章。
17. 参见下文中的图2：Oscar Ortmans et al., "Modeling Social Pressures Toward Political Instability in the United Kingdom after 1960: A Demographic Structural Analysis," *Cliodynamics: The Journal of Quantitative*

History and Cultural Evolution 8, no. 2 (2017), https://doi.org/10.21237/c7clio8237313。

18. 请注意，在这里，我关心的不是全球不平等（全球不平等的重要指标是国家间的不平等减少），而是国内的不平等趋势。这是财富泵运转的重要指标之一（在不平等减弱的情况下就不是了）。
19. Christina Boll et al., "Overeducation—New Evidence for 25 European Countries," HWWI Research Paper No. 173, Hamburg Institute of International Economics, Hamburg, Germany, 2016, https://www.econstor.eu/bitstream/10419/130613/1/857142143.pdf.
20. Sarah Babb and Alexander Kentikelenis, "People have long predicted the collapse of the Washington Consensus. It keeps reappearing under new guises," *Washington Post*, April 16, 2021, https://www.washingtonpost.com/politics/2021/04/16/people-have-long-predicted-collapse-washington-consensus-it-keeps-reappearing-under-new-guises/.
21. Amory Gethin, Clara Martínez-Toledano, and Thomas Piketty, "How politics became a contest dominated by two kinds of elite," *The Guardian,* August 5, 2021, https://www.theguardian.com/commentisfree/2021/aug/05/around-the-world-the-disadvantaged-have-been-left-behind-by-politicians-of-all-hues.
22. "World Inequality Database," World Inequality Database, accessed August 10, 2022, https://wid.world/.
23. 与此同时，收入最低的那一半人（略微）增加了他们的份额，因此这似乎是真正的收入压缩，即使不是巨大的压缩。

附录一　一门崭新的历史学科

1. 该部分是迈克尔·弗林的《盲人之国》一书中一个经过轻微改编和重新编排的段落。
2. 改编自 Michael Flynn, *In the Country of the Blind* (New York: Tor Books, 2001)。
3. 有关方面的细节，参见我的另外两本书《运动的量化分析》(*Quantitative Analysis of Movement*) 和《复杂人口动态》(*Complex Popula-*

tion Dynamics ）。

4. 我在《战争与和平与战争》中讨论了列夫·托尔斯泰对历史动力学的影响。
5. James Gleick, *Chaos: Making a New Science* (New York: Viking Press, 1987).
6. 阿诺德·汤因比在回应来自同事的批评时说："历史不只是一件破事接着一件破事。"
7. Peter Turchin, "Psychohistory and Cliodynamics," *Cliodynamica* (blog), September 3, 2012, https://peterturchin.com/cliodynamica/psychohistory-and-cliodynamics/.
8. James Gleick, *Chaos: Making a New Science*.
9. William C. Davis, *A Concise History of the Civil War* (Fort Washington, PA: Eastern National, 2007), http://npshistory.com/publications/civil_war_series/1/sec1.htm.
10. Peter Turchin et al., "War, space, and the evolution of Old World complex societies," *Proceedings of the National Academy of Sciences* 110, no. 41 (2013): 16384–89, https://doi.org/10.1073/pnas.1308825110.
11. 参见《超级社会》。
12. 参见 "American Civil War," GWonline, accessed August 10, 2022, https://gwonline.unc.edu/node/11653; and Guy Gugliotta, "New Estimate Raises Civil War Death Toll," *New York Times*, April 2, 2012, https://www.nytimes.com/2012/04/03/science/civil-war-toll-up-by-20-percent-in-new-estimate.html。
13. 《战争与和平与战争》第十章。
14. 参见 Hammad Sheikh, Ángel Gómez, and Scott Atran, "Empirical Evidence for the Devoted Actor Model," *Current Anthropology* 57, no. S13 (2016), https://doi.org/10.1086/686221; Nafees Hamid et al., "Neuroimaging 'will to fight' for sacred values: an empirical case study with supporters of an Al Qaeda associate," *Royal Society Open Science* 6, no. 6 (2019), https://doi.org/10.1098/rsos.181585; and Elaine Reese and Harvey Whitehouse, The Development of Identity Fusion," *Perspectives*

on Psychological Science 16, no. 6 (2021): 1398–1411, https://doi.org/10.1177/1745691620968761。
15. Thomas Carlyle, *On Heroes, Hero-Worship, and the Heroic in History* (London: James Fraser, 1841). 免费阅读可访问这里：https://www.gutenberg.org/files/1091/1091-h/1091-h.htm。
16. William James, "Great Men, Great Thoughts, and the Environment," *Atlantic Monthly,* October, 1880, https://www.theatlantic.com/magazine/archive/1880/10/great-men-great-thoughts-and-the-environment/632282/.
17. 参见 Karl R. Popper, *The Poverty of Historicism* (London: Routledge, 1957)。
18. Conway Zirkle, "The role of Liberty Hyde Bailey and Hugo de Vries in the rediscovery of Mendelism," *Journal of the History of Biology* 1, no. 2 (1968): 205–18, https://www.jstor.org/stable/4330495.
19. Jack A. Goldstone, "Demographic Structural Theory: 25 Years On," *Cliodynamics: The Journal of Quantitative History and Cultural Evolution* 8, no. 2 (2017), https://doi.org/10.21237/c7clio8237450.
20. Goldstone, "Demographic Structural Theory: 25 Years On."

附录二　历史的宏观镜

1. 就我们了解，半人马座的人没有性别之分。相反，每个个体都会经历类似于女性和男性的生命阶段。
2. 半人马座人的寿命相当于地球人的 250~300 岁。
3. "Seshat: Global History Databank," http://seshatdatabank.info/, accessed August 10, 2022.
4. 原话是："天才是 1% 的灵感加上 99% 的汗水。"
5. 另参见 "Domesday Book," Wikimedia Foundation, last modified September 25, 2022, 17:34, https://en.wikipedia.org/wiki/Domesday_Book。
6. Haihui Zhang, "What Are Chinese Local Gazetteers?" University of Pittsburgh, last updated April 28, 2021, https://pitt.libguides.com/chinese_local_gazetteers.

7. 例如，Jed O. Kaplan et al., "Holocene carbon emissions as a result of anthropogenic land cover change," *The Holocene* 21, no. 5 (2010): 775–91, https://doi.org/10.1177/0959683610386983。
8. *The Sopranos*, season 5, episode 10, "Cold Cuts," created by David Chase, aired May 9, 2004, on HBO, https://www.hbo.com/the-sopranos/season-5/10-cold-cuts.
9. David Reich, *Who We Are and How We Got Here: Ancient DNA and the New Science of the Human Past* (New York: Pantheon Books, 2018).
10. Richard H. Steckel, "Heights and human welfare: Recent developments and new directions," *Explorations in Economic History* 46, no. 1 (2009): 1–23, https://doi.org/10.1016/j.eeh.2008.12.001.
11. 原话是"一起死亡事件是一场悲剧，一百万起死亡事件就是数据"，这句话被广泛认为是斯大林说的，但这显然不准确。
12. 这是英国诺威奇的圣斯蒂芬教堂洗礼登记册上的一份真实记录。参见"Parish register," Wikimedia Foundation, last modified December 31, 2021, 07:25, https://en.wikipedia.org/wiki/Parish_register。
13. 读者如果想了解我对这个大问题的回答，可阅读我的畅销书《超级社会：一万年来人类的竞争与合作之路》（2016 年）以及一本更具技术性的书《全新世大转型》（将于 2023 年出版）。
14. Guy D. Middleton, "The show must go on: Collapse, resilience, and transformation in 21st-century archaeology," *Reviews in Anthropology* 46, no. 2–3 (2017): 78–105, https://doi.org/10.1080/00938157.2017.1343025.

参考文献

Ahlin, Charlotte. "Learn the History That Inspired the Lannisters & Impress All Your Friends." *Bustle,* December 4, 2018. https://www.bustle.com/p/the-inspiration-for-the-lannisters-from-game-of-thrones-came-from-a-number-of-fascinating-historical-figures-13222107.

Allen, Robert C. *Farm to Factory: A Reinterpretation of the Soviet Industrial Revolution.* Princeton: Princeton University Press, 2003.

Archer, John E. *Social Unrest and Popular Protest in England, 1780–1840.* New York: Cambridge University Press, 2000.

Associated Press. "College bribery scandal: students sue elite schools in class action." *The Guardian*, March 15, 2019. https://www.theguardian.com/us-news/2019/mar/14/college-admisisons-scandal-fraud-lawsuit-yale-usc-stanford.

Babb, Sarah, and Alexander Kentikelenis. "People have long predicted the collapse of the Washington Consensus. It keeps reappearing under new guises." *Washington Post*, April 16, 2021. https://www.washingtonpost.com/politics/2021/04/16/people-have-long-predicted-collapse-washington-consensus-it-keeps-reappearing-under-new-guises/.

Baker, Stephanie. "Broke Oligarch Says Sanctioned Billionaires Have No Sway Over Putin." *Bloomberg*, March 17, 2022. https://www.bloomberg.com/news/features/2022-03-17/broke-russian-oligarch-fridman-says-sanctioned-billionaires-can-t-sway-putin.

Baltzell, E. Digby. *Philadelphia Gentlemen: The Making of a National Upper Class.* Piscataway, NJ: Transaction Publishers, 1989.

Baltzell, E. Digby. *The Protestant Establishment Revisited*. New Brunswick, NJ: Transaction Publishers, 1991.

Banned.Video. "Oath Keeper Stewart Rhodes—'We're already at war, Trump needs to be a wartime president right now.'" BitChute, December 13, 2020. Video, 0:24. https://www.bitchute.com/video/w7ut83CCvRby.

Barstow, David, Susanne Craig, and Russ Buettner. "Trump Engaged in Suspect Tax Schemes as He Reaped Riches from His Father." *New York Times*, October 2, 2018. https://www.nytimes.com/interactive/2018/10/02/us/politics/donald-trump-tax-schemes-fred-trump.html.

BBC. "Ukraine crisis: Transcript of leaked Nuland-Pyatt call." BBC News, February 7, 2014. https://www.bbc.com/news/world-europe-26079957.

Blanchflower, David G., and Andrew J. Oswald. "Trends in Extreme Distress in the United States, 1993–2019." *American Journal of Public Health* 110, no. 10 (2020): 1538–44. https://doi.org/10.2105/ajph.2020.305811.

Bogel-Burroughs, Nicholas, Shaila Dewan, and Kathleen Gray. "F.B.I. Says Michigan Anti-Government Group Plotted to Kidnap Gov. Gretchen Whitmer." *New York Times*, April 13, 2021. https://www.nytimes.com/2020/10/08/us/gretchen-whitmer-michigan-militia.html.

Boll, Christina, Julian Leppin, Anja Rossen, and Andre Wolf. "Overeducation—New Evidence for 25 European Countries." HWWI Research Paper No. 173, Hamburg Institute of International Economics, Hamburg, Germany, 2016. https://www.econstor.eu/bitstream/10419/130613/1/85714214-3.pdf.

Borjas, George J. *We Wanted Workers: Unraveling the Immigration Narrative*. New York: W. W. Norton, 2016.

Boskin, Michael J. "The best solution for inequality? Economic growth." World Economic Forum, December 13, 2019, https://www.weforum.org/agenda/2019/12/economic-growth-is-the-answer.

Braudel, Fernand. *The Identity of France*. Vol. 2, bk. 2, *People and Production*. New York: HarperCollins, 1991.

Brzezinski, Zbigniew. *The Grand Chessboard: American Primacy and Its*

Geostrategic Imperatives. New York: Basic Books, 1997.

Burrough, Bryan. *Days of Rage: America's Radical Underground, the FBI, and the Forgotten Age of Revolutionary Violence*. New York: Penguin Books, 2016.

Case, Anne, and Angus Deaton. *Deaths of Despair and the Future of Capitalism*. Princeton: Princeton University Press, 2020.

Chase, David, creator. *The Sopranos*. Season 5, episode 10, "Cold Cuts." Aired May 9, 2004, on HBO. https://www.hbo.com/the-sopranos/season-5/10-cold-cuts.

Clark, David. "Will Zelenskyy target all Ukrainian oligarchs equally?" *UkraineAlert* (blog), Atlantic Council, July 10, 2021. https://www.atlanticcouncil.org/blogs/ukrainealert/will-zelenskyy-target-all-ukrainian-oligarchs-equally/.

Confessore, Nicholas. "How Tucker Carlson Stoked White Fear to Conquer Cable." *New York Times*, April 30, 2022. https://www.nytimes.com/2022/04/30/us/tucker-carlson-gop-republican-party.html.

Crockett, Zachary. "Donald Trump is the only US president ever with no political or military experience." *Vox*, January 23, 2017. https://www.vox.com/policy-and-politics/2016/11/11/13587532/donald-trump-no-experience.

Davis, David Brion. "Slavery, Emancipation, and Progress." In *British Abolitionism and the Question of Moral Progress in History*, edited by Donald A. Yerxa. Columbia, SC: University of South Carolina Press, 2012, 18–19.

Davis, William C. *A Concise History of the Civil War*. Fort Washington, PA: Eastern National, 2007. http://npshistory.com/publications/civil_war_series/1/sec1.htm.

Domhoff, G. William. "Power Elite Database." Who Rules America? Accessed August 10, 2022. https://whorulesamerica.ucsc.edu/power_elite/.

Domhoff, G. William. *Who Rules America?*, 5th ed., *Power, Politics, and Social Change*. New York: McGraw-Hill, 2006.

Domhoff, G. William, and Michael J. Webber. *Class and Power in the New Deal: Corporate Moderates, Southern Democrats, and the Liberal-Labor Coalition.* Redwood City: Stanford University Press, 2011.

Douglas, Karen M., Robbie M. Sutton, Mitchell J. Callan, Rael J. Dawtry, and Annelie J. Harvey. "Someone Is Pulling the Strings: Hypersensitive Agency Detection and Belief in Conspiracy Theories." *Thinking & Reasoning* 22, no. 1 (2016): 57–77. https://doi.org/10.1080/13546783.2015.1051586.

DQYDJ. "Average, Median, Top 1%, and all United States Net Worth Percentiles." DQYDJ. Accessed August 10, 2022. https://dqydj.com/average-median-top-net-worth-percentiles/.

Dupuy, Trevor N. *Understanding War: History and Theory of Combat.* St. Paul: Paragon House, 1987.

Ekins, Emily, and David Kemp. "E Pluribus Unum: Findings from the Cato Institute 2021 Immigration and Identity National Survey." Cato Institute. April 27, 2021. https://www.cato.org/survey-reports/e-pluribus-unum-findings-cato-institute-2021-immigration-identity-national-survey.

Federal Reserve Economic Data. "Federal Net Outlays as Percent of Gross Domestic Product." Economic Research, Federal Reserve Bank of St. Louis. Last modified April 1, 2022. https://fred.stlouisfed.org/series/FYONGDA188S.

Fogel, Robert William. *The Escape from Hunger and Premature Death, 1700–2100: Europe, America, and the Third World.* New York: Cambridge University Press, 2004.

Frank, Thomas. *The People, No: A Brief History of Anti-Populism.* New York: Metropolitan Books, 2020.

Frank, Thomas. *What's the Matter with Kansas? How Conservatives Won the Heart of America.* New York: Picador, 2005.

Fraser, Douglas. Resignation Letter from the Labor-Management Group, July 17, 1978. https://www.historyisaweapon.com/defcon1/fraserresign.html.

Freeman, Joanne B. "When Congress Was Armed and Dangerous." *New*

York Times, January 11, 2011. https://www.nytimes.com/2011/01/12/opinion/12freeman.html.

Garcia, Tonya. "CEO average pay climbed more than $1 million in 2016." *MarketWatch,* April 13, 2017. https://www.marketwatch.com/story/ceo-average-pay-climbed-more-than-1-million-in-2016-2017-04-12.

Gethin, Amory, Clara Martínez-Toledano, and Thomas Piketty. "How politics became a contest dominated by two kinds of elite." *The Guardian,* August 5, 2021. https://www.theguardian.com/commentisfree/2021/aug/05/around-the-world-the-disadvantaged-have-been-left-behind-by-politicians-of-all-hues.

Ghani, Ashraf, and Clare Lockhart. *Fixing Failed States: A Framework for Rebuilding a Fractured World.* New York: Oxford University Press, 2008.

Gilens, Martin, and Benjamin I. Page. "Testing Theories of American Politics: Elites, Interest Groups, and Average Citizens." *Perspectives on Politics* 12, no. 3 (2014): 564–81. https://doi.org/10.1017/s1537592714001595.

Gleick, James. *Chaos: Making a New Science.* New York: Viking Press, 1987.

Goldin, Claudia. "Enrollment in institutions of higher education, by sex, enrollment status, and type of institution: 1869–1995." Table Bc523-536 in *Historical Statistics of the United States, Earliest Times to the Present: Millennial Edition*, edited by Susan B. Carter, Scott Sigmund Gartner, Michael R. Haines, Alan L. Olmstead, Richard Sutch, and Gavin Wright. New York: Cambridge University Press, 2006. http://dx.doi.org/10.1017/ISBN-9780511132971.Bc510-736.

Goldstone, Jack A. "Demographic Structural Theory: 25 Years On." *Cliodynamics: The Journal of Quantitative History and Cultural Evolution* 8, no. 2 (2017): 85–112. https://doi.org/10.21237/c7clio8237450.

Goldstone, Jack A. *Revolution and Rebellion in the Early Modern World.* Berkeley: University of California Press, 1991.

Goldstone, Jack A., Robert H. Bates, David L. Epstein, Ted Robert Gurr, Michael B. Lustik, Monty G. Marshall, Jay Ulfelder, and Mark Woodward.

"A Global Model for Forecasting Political Instability." *American Journal of Political Science* 54, no. 1 (2010): 190–208. https://doi.org/10.1111/j.1540-5907.2009.00426.x.

Graetz, Michael J., and Ian Shapiro. *Death by a Thousand Cuts: The Fight over Taxing Inherited Wealth*. Princeton: Princeton University Press, 2006.

Greenhouse, Steven. "Bernie Sanders says Democrats are failing: 'The party has turned its back on the working class.' " *The Guardian*, January, 10 2022. https://www.theguardian.com/us-news/2022/jan/10/bernie-sanders-democrats-failing-working-class-interview.

Grinin, Leonid, and Andrey Korotayev. "The Arab Spring: Causes, Conditions, and Driving Forces." In *Handbook of Revolutions in the 21st Century: The New Waves of Revolutions, and the Causes and Effects of Disruptive Political Change,* edited by Jack A. Goldstone, Leonid Grinin, and Andrey Korotayev. Switzerland: Springer, 2022, 595–624. https://doi.org/10.1007/978-3-030-86468-2.

Gugliotta, Guy. "New Estimate Raises Civil War Death Toll." *New York Times*, April 2, 2012. https://www.nytimes.com/2012/04/03/science/civil-war-toll-up-by-20-percent-in-new-estimate.html.

Guilford, Gwynn, and Nikhil Sonnad. "What Steve Bannon Really Wants." *Quartz*, February 3, 2017. https://qz.com/898134/what-steve-bannon-really-wants/.

GWonline. "American Civil War." GWonline. Accessed August 10, 2022. https://gwonline.unc.edu/node/11653.

Haidt, Jonathan. "Why the Past 10 Years of American Life Have Been Uniquely Stupid." *The Atlantic*, April 11, 2022. https://www.theatlantic.com/magazine/archive/2022/05/social-media-democracy-trust-babel/629369/.

Hanauer, Nick. "The Pitchforks Are Coming... For Us Plutocrats." *Politico Magazine,* July/August 2014. https://www.politico.com/magazine/story/2014/06/the-pitchforks-are-coming-for-us-plutocrats-108014/.

Igielnik, Ruth, Scott Keeter, and Hannah Hartig. "Behind Biden's 2020 Victory." Pew Research Center, June 30, 2021. https://www.pewresearch.

org/politics/2021/06/30/behind-bidens-2020-victory/.

Johansmeyer, Thomas. "How 2020 protests changed insurance forever." *World Economic Forum*. February 22, 2021. https://www.weforum.org/agenda/2021/02/2020-protests-changed-insurance-forever/.

Kaplan, Jed O., Kristen M. Krumhardt, Erle C. Ellis, William F. Ruddiman, Carsten Lemmen, and Kees Klein Goldewijk. "Holocene Carbon Emissions as a Result of Anthropogenic Land Cover Change." *The Holocene* 21, no. 5 (2010): 775–91. https://doi.org/10.1177/0959683610386983.

Kolko, Gabriel. *The Triumph of Conservatism: A Reinterpretation of American History, 1900–1916*. New York: Free Press, 1963.

Komlos, John. *Foundations of Real-World Economics*. 3rd ed. New York: Routledge, 2023.

Komlos, John. "Growth of Welfare and Its Distribution in the U.S., 1979–2013." *Journal of Income Distribution* 28, no. 1 (2019): 1–19. https://doi.org/10.25071/1874-6322.40399.

Komlos, John, and Marieluise Baur. "From the Tallest to (One of) the Fattest: The Enigmatic Fate of the American Population in the 20th Century." Preprint, submitted September 14, 2003. https://doi.org/10.2139/ssrn.444501.

Korotayev, Andrey, and Julia Zinkina. "Egyptian Revolution: A Demographic Structural Analysis." *Entelequia* 13 (2011): 139–69.

Korotayev, Andrey, and L. Isaev. "The Anatomy of the Egyptian Counter-revolution." *Mirovaya Ekonomika i Mezhdunarodnye Otnosheniya* 8 (2014): 91–100.

Korotayev, Andrey, Julia Zinkina, Svetlana Kobzeva, Justislav Bozhevolnov, Daria Khaltourina, Artemy Malkov, and Sergey Malkov. "A Trap at the Escape from the Trap? Demographic-Structural Factors of Political Instability in Modern Africa and West Asia." *Cliodynamics: The Journal of Quantitative History and Cultural Evolution* 2, no. 2 (2011): 276–303. https://doi.org/10.21237/c7clio22217.

Kramer, Andrew E. "Islamic Battalions, Stocked with Chechens, Aid Ukraine in War with Rebels." *New York Times,* July 7, 2015. https://www.nytimes. com/2015/07/08/world/europe/islamic-battalions-stocked-with-chechens-aid-ukraine-in-war-with-rebels.html.

Krugman, Paul. *The Conscience of a Liberal.* New York: W. W. Norton, 2007.

Lizunov, V. S. "Origins." In *The Past Passes Before Me* [in Russian]. Orekhovo-Zuyevo: Bogorodsk-Noginsk, 2007. https://www.bogorodsk-noginsk.ru/articles/24_lizunov1.html.

Major Cities Chiefs Association. *MCCA Report on the 2020 Protests and Civil Unrest.* Salt Lake City, UT: Major Cities Chiefs Association, October 2020. https://majorcitieschiefs.com/wp-content/uploads/2021/01/MCCA-Report-on-the-2020-Protest-and-Civil-Unrest.pdf.

Mann, Michael. *The Sources of Social Power: A History of Power from the Beginning to A.D. 1760.* Cambridge, UK: Cambridge University Press, 1986.

Malamud, Bruce D., Gleb Morein, and Donald L. Turcotte. "Forest Fires: An Example of Self-Organized Critical Behavior." *Science* 281, no. 5384 (1998): 1840–42. https://doi.org/10.1126/science.281.5384.1840.

Marche, Stephen. "The next US civil war is already here—we just refuse to see it." *The Guardian*, January 4, 2022. https://www.theguardian.com/world/2022/jan/04/next-us-civil-war-already-here-we-refuse-to-see-it.

Mastrangelo, Dominick. "Jon Stewart rips 'dishonest propagandist' Tucker Carlson for Putin comments." *The Hill*, March 3, 2022. https://thehill.com/homenews/media/596764-jon-stewart-rips-dishonest-propagandist-tucker-carlson-for-putin-comments.

Maté, Aaron. "By using Ukraine to fight Russia, the US provoked Putin's war." *Aaron Mate* (Substack blog), March 5, 2022. https://mate.substack.com/p/by-using-ukraine-to-fight-russia.

McCarty, Nolan, Keith T. Poole, and Howard Rosenthal. *Polarized America: The Dance of Ideology and Unequal Riches.* Cambridge, MA: MIT Press, 2006.

McGhee, Heather. *The Sum of Us: What Racism Costs Everyone and How We*

Can Prosper Together. New York: One World, 2021.

Michel, Casey. "Who Is Ihor Kolomoisky?" *The Spectator,* March 13, 2022. https://www.spectator.co.uk/article/who-is-ihor-kolomoisky-.

Middleton, Guy D. "The show must go on: Collapse, resilience, and transformation in 21st-century archaeology." *Reviews in Anthropology* 46, no. 2–3 (2017): 78–105. https://doi.org/10.1080/00938157.2017.1343025.

Mishel, Lawrence, and Josh Bivens. "Identifying the policy levers generating wage suppression and wage inequality." Economic Policy Institute, May 13, 2021. https://www.epi.org/unequalpower/publications/wage-suppression-inequality/.

Mizruchi, Mark. *The Fracturing of the American Corporate Elite.* Cambridge, MA: Harvard University Press, 2013.

Nagle, Angela. "The Left Case Against Open Borders." *American Affairs,* 2, no. 4 (2018). https://americanaffairsjournal.org/2018/11/the-left-case-against-open-borders/.

Neef, Christian. "Yanukovych's Fall: The Power of Ukraine's Billionaires." *Der Spiegel,* February 25, 2014. https://www.spiegel.de/international/europe/how-oligarchs-in-ukraine-prepared-for-the-fall-of-yanukovych-a-955328.html.

Oates, Stephen B. *Abraham Lincoln: The Man Behind the Myths.* New York: Harper & Row, 1984.

OpenSecrets. "Lobbying Data Summary." OpenSecrets. Accessed August 10, 2022. https://www.opensecrets.org/federal-lobbying/summary.

OpenSecrets. "Election Trends." OpenSecrets. Accessed August 10, 2022. https://www.opensecrets.org/elections-overview/election-trends.

OpenSecrets. "Industries." OpenSecrets. Accessed August 10, 2022. https://www.opensecrets.org/federal-lobbying/industries.

OpenSecrets. "Our Vision and Mission: Inform, Empower & Advocate." OpenSecrets. Accessed August 10, 2022. https://www.opensecrets.org/about/.

Orlandi, Georg, Daniel Hoyer, Zhao Hongjun, James S. Bennett, Majid

Benam, Kathryn Kohn, and Peter Turchin. "Structural-Demographic Analysis of the Qing Dynasty (1644–1912) Collapse in China." Preprint, submitted November 2, 2022. https://osf.io/preprints/socarxiv/5awhk/.

Ortmans, Oscar, Elisabetta Mazzeo, Kira Meshcherina, and Andrey Korotayev. "Modeling Social Pressures Toward Political Instability in the United Kingdom After 1960: A Demographic Structural Analysis." *Cliodynamics: The Journal of Quantitative History and Cultural Evolution* 8, no. 2 (2017): 113–58. https://doi.org/10.21237/c7clio8237313.

Patriotic Millionaires. Accessed August 10, 2022. https://patrioticmillionaires.org/.

Phillips, Kevin. *Wealth and Democracy: A Political History of the American Rich*. New York: Broadway Books, 2002.

Phillips-Fein, Kim. *Invisible Hands: The Businessmen's Crusade Against the New Deal*. New York: W. W. Norton, 2009.

Piketty, Thomas. *Capital in the Twenty-First Century*. Cambridge, MA: Harvard University Press, 2014.

Platt, Stephen R. *Autumn in the Heavenly Kingdom: China, the West, and the Epic Story of the Taiping Civil War*. New York: Vintage Books, 2012.

Poole, Keith T., and Howard Rosenthal. *Congress: A Political-Economic History of Roll Call Voting*. Oxford: Oxford University Press, 2000.

Poole, Keith T., and Howard Rosenthal. "The Polarization of American Politics." *The Journal of Politics* 46, no. 4 (1984): 1061–79. https://doi.org/10.2307/2131242.

Popper, Karl R. *The Poverty of Historicism*. London: Routledge, 1957.

Potter, David M. *The Impending Crisis, 1848–1861*. New York: Harper & Row, 1976.

Putnam, Robert D. *Bowling Alone: The Collapse and Revival of American Community*. New York: Simon & Schuster, 2000.

Radosh, Ronald. "Steve Bannon, Trump's Top Guy, Told Me He Was 'a Leninist.'" *Daily Beast,* August 22, 2016. https://www.thedailybeast.com/steve-bannon-trumps-top-guy-told-me-he-was-a-leninist.

Reich, David. *Who We Are and How We Got Here: Ancient DNA and the New Science of the Human Past.* New York: Pantheon Books, 2018.

Ring, Trudy. "Maddow: Russians May Be Controlling Our Government." *Advocate,* March 10, 2017. https://www.advocate.com/politics/2017/3/10/maddow-russians-may-be-controlling-our-government.

Robinson, Andrew. "Did Einstein really say that?" *Nature* 557 (2018): 30. doi: https://doi.org/10.1038/d41586-018-05004-4.

Rosenberg, Susan. *An American Radical: Political Prisoner in My Own Country.* New York: Citadel Press, 2011.

Roser, Max. "Extreme poverty: how far have we come, how far do we still have to go?" Our World in Data. Accessed November 22, 2021. https://ourworldindata.org/extreme-poverty-in-brief.

Royle, Edward. *Revolutionary Britannia? Reflections on the Threat of Revolution in Britain, 1789–1848.* Manchester, UK: Manchester University Press, 2000.

Sauter, Michael B., Grant Suneson, and Samuel Stebbins. "The Net Worth of the American Presidents: Washington to Trump." *24/7 Wall St.,* March 2, 2020. https://247wallst.com/special-report/2020/03/02/the-net-worth-of-the-american-presidents-washington-to-trump-3/.

Scheiber, Noam. "Middle-Class Pay Lost Pace. Is Washington to Blame?" *New York Times,* May 13, 2021. https://www.nytimes.com/2021/05/13/business/economy/middle-class-pay.html.

Scheidel, Walter. *The Great Leveler: Violence and the History of Inequality from the Stone Age to the Twenty-First Century.* Princeton: Princeton University Press, 2018.

Scott, Mark. "Despite cries of censorship, conservatives dominate social media." *Politico,* October 26, 2020. https://www.politico.com/news/2020/10/26/censorship-conservatives-social-media-432643.

Scott, Robert E. "We can reshore manufacturing jobs, but Trump hasn't done it." Economic Policy Institute, August 10, 2020. https://www.epi.org/publication/reshoring-manufacturing-jobs/.

Seshat: Global History Databank. Accessed August 10, 2022. http://seshatdatabank.info/.

Silva, R., G. S. França, C. S. Vilar, and J. S. Alcaniz. "Nonextensive models for earthquakes." *Physical Review E* 73, no. 2 (2006): 1–5. https://doi.org/10.1103/physreve.73.026102.

Smith, Noah. "America Is Pumping Out Too Many Ph.D.s." *Bloomberg*, January 4, 2021.https://www.bloomberg.com/view/articles/2021-01-04/america-is-pumping-out-too-many-ph-d-s.

Southern Poverty Law Center. *The Year in Hate and Extremism 2019*. Montgomery, AL: Southern Poverty Law Center, 2020. https://www.splcenter.org/sites/default/files/yih_2020_final.pdf.

Southern Poverty Law Center. *The Year in Hate and Extremism 2021*. Montgomery, AL: Southern Poverty Law Center, 2022. https://www.splcenter.org/sites/default/files/splc-2021-year-in-hate-extremism-report.pdf.

Stanage, Niall. "Cruz, Rubio ramp up criticisms of big business." *The Hill*, May 3, 2021. https://thehill.com/homenews/campaign/551318-exclusive-cruz-rubio-ramp-up-criticisms-of-big-business/.

Standing, Guy. "Meet the precariat, the new global class fuelling the rise of populism." World Economic Forum. November 9, 2016. https://www.weforum.org/agenda/2016/11/precariat-global-class-rise-of-populism/.

Standing, Guy. *The Precariat: The New Dangerous Class*. London: Bloomsbury, 2011.

Stansbury, Anna, and Lawrence Summers. "Declining Worker Power and American Economic Performance." Paper presented at the BPEA Conference, March 19, 2020. https://www.brookings.edu/wp-content/uploads/2020/03/stansbury-summers-conference-draft.pdf.

Steckel, Richard H. "Heights and human welfare: Recent developments and new directions." *Explorations in Economic History* 46, no. 1 (2009): 1–23. https://doi.org/10.1016/j.eeh.2008.12.001.

Stiglitz, Joseph E. *The Price of Inequality: How Today's Divided Society Endangers Our Future*. New York: W. W. Norton, 2012.

Storey, R. L. *The End of the House of Lancaster*. New York: Stein and Day, 1967.

Taylor, Jennifer. "Here's How Much Every Living US President Is Worth: Where Does Biden Rank?" GOBankingRates. May 30, 2022. https://www.gobankingrates.com/net-worth/politicians/heres-how-much-every-living-us-president-is-worth/.

Teitelbaum, Benjamin R. *War for Eternity: Inside Bannon's Far-Right Circle of Global Power Brokers*. New York: Dey Street Books, 2020.

Thayer, Parker. "Living Room Pundit's Guide to Soros District Attorneys," Capital Research Center. January 18, 2022. https://capitalresearch.org/article/living-room-pundits-guide-to-soros-district-attorneys/.

Trevor-Roper, Hugh. "Re-inventing Hitler." *The Sunday Times,* February 18, 1973.

Turchin, Peter. *Ages of Discord: A Structural-Demographic Analysis of American History.* Chaplin, CT: Beresta Books, 2016.

Turchin, Peter. "Building nations after conflict." *Nature* 453 (2008): 986–87. https://doi.org/10.1038/453986a.

Turchin, Peter. "Modeling Periodic Waves of Integration in the Afro-Eurasian World-System." In *Globalization as Evolutionary Process,* edited by George Modelski, Tessaleno Devezas, and William R. Thompson. London: Routledge, 2007, 163–91.

Turchin, Peter. "A Theory for Formation of Large Empires." *Journal of Global History* 4, no. 2 (2009): 191–217. https://doi.org/10.1017/s1740022809000312x.

Turchin, Peter, Harvey Whitehouse, Sergey Gavrilets, Daniel Hoyer, Pieter François, James S. Bennett, Kevin C. Feeney, et al. "Disentangling the Evolutionary Drivers of Social Complexity: A Comprehensive Test of Hypotheses." *Science Advances* 8, no. 25 (2022). https://doi.org/10.1126/sciadv.abn3517.

Turchin, Peter, Nina Witoszek, Stefan Thurner, David Garcia, Roger Griffin, Daniel Hoyer, Atle Midttun, James Bennett, Knut Myrum Næss, and Sergey Gavrilets. "A History of Possible Futures: Multipath Forecasting of Social Breakdown, Recovery, and Resilience." *Cliodynamics: The Journal of Quantitative History and Cultural Evolution* 9, no. 2 (2018): 124–39. https://doi.org/10.21237/c7clio9242078.

United States Census Bureau. "Historical Income Tables: Households." United States Census Bureau. Last updated August 18, 2022. https://www.census.gov/data/tables/time-series/demo/income-poverty/historical-income-households.html.

US Department of Education, Institute of Education Sciences. "Immediate College Enrollment Rate." National Center for Education Statistics. Last updated May 2022. https://nces.ed.gov/programs/coe/indicator/cpa.

Veritasium. "The Surprising Secret of Synchronization." March 31, 2021. YouTube video, 20:57. https://www.youtube.com/watch?v=t-_VPRCtiUg.

Walker, Shaun. "Azov fighters are Ukraine's greatest weapon and may be its greatest threat." *The Guardian*, September 10, 2014. https://www.theguardian.com/world/2014/sep/10/azov-far-right-fighters-ukraine-neo-nazis.

Walter, Barbara F. *How Civil Wars Start: And How to Stop Them*. New York: Crown, 2022.

Ward, George, Jan-Emmanuel De Neve, Lyle H. Ungar, and Johannes C. Eichstaedt. "(Un)Happiness and Voting in U.S. Presidential Elections." *Journal of Personality and Social Psychology* 120, no. 2 (2021): 370–83. https://doi.org/10.1037/pspi0000249.

Weigel, David. "Bernie Sanders criticizes 'open borders' at Hispanic Chamber of Commerce." *Washington Post*, July 30, 2015. https://www.washingtonpost.com/news/post-politics/wp/2015/07/30/bernie-sanders-criticizes-open-borders-at-hispanic-chamber-of-commerce/.

Weymouth, Lally. "Interview with Ukrainian presidential candidate Petro Poroshenko." *Washington Post*, April 25, 2014. https://www.washingtonpost.com/opinions/interview-with-ukrainian-presidential-candidate-petro-poroshenko/2014/04/25/74c73a48-cbbd-11e3-93eb-6c0037dde2ad_story.html.

White, Jeremy B. "4 wealthy donors fuel overhaul of California's criminal justice system." *Politico,* July 17, 2021. https://www.politico.com/states/california/story/2021/07/17/four-wealthy-donors-fuel-overhaul-of-californias-criminal-justice-system-1388261.

Wolff, Edward N. "Household Wealth Trends in the United States, 1962 to 2019: Median Wealth Rebounds ... but Not Enough." NBER Working Paper No. 28383, National Bureau of Economic Research, Cambridge, MA, January 2021. https://www.nber.org/system/files/working_papers/w28383/w28383.pdf.

Zengerle, Jason. "The Rise of the Tucker Carlson Politician." *New York Times Magazine*, March 22, 2022, https://www.nytimes.com/2022/03/22/magazine/tucker-carlson-politician.html.

Zhang, Haihui. "What Are Chinese Local Gazetteers?" University of Pittsburgh. Last updated April 28, 2021. https://pitt.libguides.com/chinese_local_gazetteers.

Zirkle, Conway. "The Role of Liberty Hyde Bailey and Hugo de Vries in the Rediscovery of Mendelism." *Journal of the History of Biology* 1, no. 2 (1968): 205–18. https://www.jstor.org/stable/4330495.